本书受到国家社会科学基金一般项目
“汇率弹性增强背景下我国货币政策的有效性及其提升策略研究”（17BJY196）的资助。

汇率弹性增强与中国货币政策的有效性研究

周阳 著

山东人民出版社·济南
国家一级出版社 全国百佳图书出版单位

图书在版编目（CIP）数据

汇率弹性增强与中国货币政策的有效性研究/周阳著.--济南：山东人民出版社，2022.11
ISBN 978-7-209-14139-0

Ⅰ.①汇… Ⅱ.①周… Ⅲ.①人民币汇率—汇率波动—关系—货币政策—研究—中国 Ⅳ.①F832.63
②F822.0

中国版本图书馆 CIP 数据核字（2022）第 214522 号

汇率弹性增强与中国货币政策的有效性研究
HUILÜ TANXING ZENGQIANG YU ZHONGGUO HUOBI ZHENGCE DE
YOUXIAOXING YANJIU

周　阳　著

主管单位　山东出版传媒股份有限公司
出版发行　山东人民出版社
出 版 人　胡长青
社　　址　济南市市中区舜耕路 517 号
邮　　编　250003
电　　话　总编室（0531）82098914
　　　　　市场部（0531）82098027
网　　址　http://www.sd-book.com.cn
印　　装　济南万方盛景印刷有限公司
经　　销　新华书店

规　　格　16 开（170mm×240mm）
印　　张　13.25
字　　数　200 千字
版　　次　2022 年 11 月第 1 版
印　　次　2022 年 11 月第 1 次
ISBN 978-7-209-14139-0
定　　价　39.00 元

序 言

自著名的蒙代尔—弗莱明模型及经典的“不可能三角”理论提出以来，汇率弹性与货币政策的关系一直是学术界广受关注的热点问题。近年的研究成果发现，与发达国家的汇率弹性增强仅会对国内经济产生有限且滞后的效应不同，新兴市场国家汇率弹性的增强将会直接影响到本国的进出口状况，进而导致国内物价和产出的变化。

2005 年 7 月对外宣布实行有管理的浮动汇率制度之后，人民币汇率制度弹性改革逐步展开。当前，人民币正式加入 SDR 成为国际储备货币，其国际化进程也在持续推进，应该说，人民币汇率弹性将进一步增强，这会对国内经济的诸多方面产生较大影响，并最终作用于物价和产出水平。对于我国的货币政策来说，其需要维持国内物价及货币价值的稳定，并促进经济的增长。因而，将汇率弹性作为切入点，对汇率弹性增强与货币政策的有效性这一问题进行深入研究具有学术上的前瞻性和较为重要的应用价值。

基于此，本书以汇率弹性增强与中国货币政策的有效性为研究对象。在对人民币汇率制度弹性改革的基本事实进行梳理的基础上，使用“汇率弹性指数”对人民币汇率制度弹性进行测算，具体分析汇率弹性增强对货币政策有效性的影响机制，从理论和实证两个层面研究汇率弹性增强情况下我国货币政策的效果，并结合新兴市场国家的经验，总结归纳它们在汇率弹性改革中的货币政策实践，进而为我国制定对应的策略以推进汇率弹性改革并提升国内货币政策的有效性提供理论支撑与决策依据。全书共分为八章，具体结构安排如下：

第一章为绪论。本章阐述选题依据及研究价值，对国内外相关研究的学术史及研究动态进行梳理，明确本书的研究对象、研究内容与研究目标，并简要说明相关的研究方法、重点难点及创新之处。

第二章为人民币汇率弹性改革及其弹性增强的趋势。本章介绍国际汇率制度变革及其演变规律，梳理人民币汇率形成机制及汇率弹性改革的相关举措，从经济开放程度、贸易集中度、对外部门的多元化、资本市场开放程度及经济发展程度等方面探讨汇率弹性的决定因素，并依据汇率制度改革以来的数据，构造“汇率弹性指数”来度量人民币汇率的弹性程度，并进一步使用汇率干预指数和评估事实汇率机制的方法对人民币汇率的弹性进行分析。

第三章为汇率弹性增强对货币政策有效性的影响机制。本章在对汇率与货币政策相关理论进行阐述的基础上，重点探讨汇率弹性增强对货币政策有效性的影响机制。现有文献一般关注货币政策传导机制中的汇率渠道对货币政策的直接影响，但汇率弹性的增强还会通过资产负债表渠道、信贷渠道、资产价格渠道和预期渠道等对货币政策的有效性产生间接影响。本章通过以上渠道剖析了汇率弹性增强对货币政策有效性的作用机理。

第四章为弹性汇率制度下货币政策有效性的模型及分析。本章在参考现有文献研究成果的基础上，建立了符合我国经济结构特点的研究货币政策有效性的模型。模型的参与者包括家庭、企业、商业银行、进口商与中央银行这五个部分。在对模型参数进行校准的基础上，仿真研究在不同的汇率弹性安排下，中央银行货币政策对国内各主要变量的宏观经济效应。

第五章为汇率弹性增强与我国货币政策有效性的测评。本章首先对传统的向量自回归模型的局限性进行说明，然后构建因子增强的向量自回归模型来测评弹性汇率制度下我国货币政策的效果，进而采用 2005 年 7 月人民币汇率制度改革之后的数据，研究在汇率弹性增强的情况下，国内产出变量和价格变量在中央银行货币政策调节下的波动特征及动态效应。而且，鉴于汇率制度改革之后，人民币汇率弹性经历了一个渐变的过程，因此，根据人民币汇率弹性程度的不同，把整个样本期划分为不同的子区间，进一步对我国货币政策的有效性进行分析。

第六章为汇率弹性增强背景下新兴市场国家的货币政策实践及启示。由于很多新兴市场国家在向更富弹性的汇率制度的转换中，都经历了货币政策的调整以及货币政策效力提升的一个过程，所以本章将这些国家分为两类，分别对它们的货币政策实践进行了发掘、评介及总结。从较为成功的国家的经验来看，它们基本都是在稳定本国汇率机制的基础上，制定了很多针对性的措施来提高本国货币政策的有效性。

第七章为推进汇率弹性改革及提升货币政策有效性的政策设计。汇率是开放经济中居于核心地位的价格变量，在汇率弹性改革及向更富弹性的汇率安排的转换中，我国需要采取针对性的措施有效推进人民币汇率弹性改革，并提升货币政策的有效性，因此，本章分别对推进人民币汇率弹性改革和提升货币政策效果的相关措施进行政策设计，从而为中央银行等金融管理和决策部门提供可供借鉴且具可操作性的政策建议。

第八章为研究结论及研究展望。本章对全书的研究结论进行总结，说明研究中有待改进的方面及可能存在的局限，并展望未来的研究方向。

本书相对于已存的研究成果具有一定的创新性。学术观点上，明确提出货币政策的实施中需要关注汇率弹性这一因素，并具体分析了汇率弹性增强对我国货币政策有效性的影响机制，这对现有研究货币政策有效性的文献是一种深化和拓展。理论上，把汇率弹性引入货币政策的分析框架，基于我国企业的融资大多来源于国内银行部门及国内经济主体拥有大量美元资产和外汇储备的基本事实，构建了适合研究我国货币政策有效性的模型。研究方法上，考虑到我国政府公布和统计的数据不断增加的现实情况，使用前沿的因子增长的向量自回归模型全面测评了汇率弹性增强情况下我国货币政策的效果。

本书是在国家社会科学基金一般项目最终成果的基础上撰写完成的，包含了集体的智慧，是团队合作的成果，参与课题研究的人员包括卢欣生、冯传清、王晓燕、刘玉刚、綦岚鑫、任凯月等。本书在写作过程中也得到山东人民出版社领导和编辑的支持和帮助。在此一并向他们表示衷心的感谢。当然，文责自负，书中的不足乃至有待修正之处恳请读者指正。

周 阳

2022 年 11 月

目 录

第一章 绪 论

一、 选题依据及研究价值

自2001年12月正式加入世界贸易组织之后，我国的对外贸易快速增长。根据国家统计局对外发布的统计数据，我国的进出口总额已从2001年的4.22万亿元增加到2021年的39.10万亿元，二十余年间对外贸易额增加了9.27倍。同时，依据这一期间的年度数据计算，我国的对外贸易维持了年均12.62%的增速，这高于同期国内GDP的平均增速。而且，对外贸易占我国GDP的比例多年来一直高于30%，虽然中美贸易战的发生及逆全球化浪潮的出现给国内进出口贸易带来了一定的负面冲击，但2021年对外贸易额仍达到了国内GDP的34.19%，开放经济逐步成为现阶段我国经济运行过程中的重要特征。

汇率作为开放经济中处于核心地位的相对价格变量，根本上是对本国经济基本面的反映，其变化将对贸易、投资及产出等实体经济活动产生重要影响，进而影响到一国居民的福利水平及国内经济增长前景。参考著名的“原罪论”“浮动恐惧论”的观点，缺乏广度和深度的金融市场以及风险对冲工具的缺失将使一个国家金融体系表现出明显的脆弱性，这是众多新兴市场国家的“原罪”，并将导致这些国家对浮动汇率制度的恐惧。改革开放之后，考虑到我国的金融体制还极不完善，中国人民银行长期实行了事实上固定的汇率制度，这降低了进出口企业的汇率风险，为进出口贸易及国内经济持续增长做出了巨大贡献。但在贸易顺差持续扩大的情况下，我国的国际收支出现严重失衡，基于此，中国人民银行在 2005 年 7 月对外发布公告，宣布我国将实行有管理的浮动汇率制度，在这种背景下，人民币汇率制度弹性改革逐步展开。

由蒙代尔—弗莱明模型及经典的“不可能三角”理论可知，汇率稳定、资本自由流动与货币政策独立性这三个目标是不能同时实现的，开放经济中一国最多只能实现其中的两个目标。从发达国家的经验来看，由于经济体制完善、金融市场发达以及国内经济主体存在较强的风险管理能力等原因，这些国家普遍放弃了汇率稳定目标，采用了资本自由流动与货币政策独立性的政策组合。通常来说，发达国家做出这种选择的前提在于汇率弹性的放开仅对国内经济产生有限且滞后的效应，特别是在近年来这些国家物价水平持续走低的趋势下，汇率变动很难对这些国家的国内价格水平造成较大冲击。而且，发达国家相对更具弹性的汇率安排往往能发挥汇率自动调节机制的功能，从而自动隔绝汇率弹性放开所带来的影响。

但现有的研究成果发现，与发达国家不同，新兴市场国家汇率弹性的增强将会直接影响到本国的进出口状况，进而导致国内物价和产出的变化（Banerjee et al.，2016；Kassi et al.，2019；Ahmed et al.，2021）。对于我国的货币政策来说，其需要维持国内物价及货币价值的稳定，并促进经济的增长。由此引出的问题是，在人民币汇率弹性逐步增强的背景下，我国的货币政策中是否应该考虑汇率弹性这一因素？汇率弹性的增强将会如何对货币政策的有效性产生影响？我国是否应该和发达国家一样，对外让汇率自由浮动，货币政策主要关注通胀目标？进一步，在更富弹性的汇率安排下，如何提升我国货币政策的效果，从而避免国内经济的较大波动并实现国内经济的较快增长？以上都是有待重点关注的问题。

所以，将汇率弹性作为切入点，对汇率弹性增强背景下我国货币政策的有效性进行研究具有学术上的前瞻性和非常重要的应用价值。目前，借助“一带一路”倡议平台以及国内经济进一步对外开放等有利时机，人民币在国际金融市场上的接受度和认可度越来越高。从互动关系上来看，人民币国际化和我国汇率制度弹性增强是互为条件并相互促进的。汇率弹性增强是人民币国际化的前提条件，如果不放开对汇率的干预，人民币国际化就很难顺利推进，而人民币国际化也要求国内的金融管理当局继续增强人民币汇率弹性，让汇率弹性为下一步货币国际化的推进提供必要条件。在这种背景下，人民币汇率弹性势必进一步增强，这会对国内经济的诸多方面产生较大影响，此时，考虑把汇率弹性作为影响我国货币政策有效性的重要参考变量，有助于全面发挥我国货币政策的效果，并有助于实现我国宏观经济的持续增长及高质量发展。

而且，以现有开放经济的宏观经济模型为依据，在此基础上引入汇率弹性，构建与我国经济结构特点相符合的研究货币政策有效性的模型具备学术理论上的开拓性意义。在相关学者将封闭经济的货币政策推广到开放经济中之后，对货币政策中汇率弹性作用的研究主要集中于分析发达国家的情况，对新兴市场国家的研究相对较少，虽然也有部分学者对新兴市场国家的情况进行了考虑，并建立了符合新兴市场国家一般情况的模型，但与新兴市场国家的情况不同，我国宏观经济运行具有自身的特点，所以，参考国内经济结构的特点，探索构建汇率弹性情况下研究我国货币政策效果的模型，可以改进与丰富这一领域的研究。

此外，定量测评汇率弹性增强情况下我国货币政策的效果，研究货币政策有效性的提升策略对于创新和完善我国宏观调控方式提供了一条新的思路，同时，货币政策效果的发挥也可以避免我国经济的较大波动，这对于国内经济的转型升级及经济的持续增长具有重要的应用价值和实践意义。选择恰当的货币政策对我国经济进行宏观调控可以避免外部经济冲击成为国内经济的波动源，为我国经济的发展提供较好的外部环境。

二、国内外相关研究的学术史梳理及研究动态

围绕着以上研究主题，国内外相关研究主要集中在以下四个方面：

（一）汇率制度弹性及人民币汇率弹性的测度研究

自 1944 年 7 月建立布雷顿森林体系之后，发达国家构建了“美元与黄金

挂钩、其他国家货币与美元挂钩”的国际货币体系，而且，根据布雷顿森林体系通过的《国际货币基金协定》的相关条款，各国货币与美元挂钩时它们的货币与美元的汇率只能在法定汇率上下各1%的范围内变动。因此，布雷顿森林体系确立的国际货币体系本质上是以美元为中心的固定汇率制度安排。诚然，这一体系在战后保持了国际间货币金融的稳定，并推动了各国经济的发展和繁荣。但随着20世纪六七十年代美元币值的急剧变化及美国国内经济危机的多次爆发和蔓延，参与布雷顿森林体系的国家逐步发现维持本币和美元之间汇率的稳定具有高额的成本，而且，由于众所周知的“特里芬难题”的存在，这一制度本身也具有内在的不稳定性。所以，1971年8月，美国政府对外公开宣布结束布雷顿森林体系。基于此，很多国家开始放弃钉住或爬行钉住美元的汇率制度，并普遍采用了浮动的汇率制度安排。

但对于大多数国家而言，浮动的汇率制度带来了汇率风险，中央银行在一定程度上需要对国内汇率的走势进行干预，以避免这种汇率的过大波动对国内经济产生太大的冲击。在这种背景下，大量的学者开始关注各国汇率制度的弹性程度，其中，Holden et al.（1979）在这方面作出了开拓性的工作，他们首次提出了“汇率弹性指数”（exchange rate flexibility index）的概念，并应用这一指数来衡量一国汇率制度的弹性程度。

从现有的文献来看，用来测度各国汇率制度弹性的方法大致可以分为两类。一类是直接依据汇率本身的变动来度量汇率制度的弹性程度，这类方法认为汇率的波动幅度越大则汇率制度的弹性越强。Reinhart and Rogoff（2004）认为IMF依据各国官方发布的汇率数据来对各成员国的汇率制度进行分类的做法存在较大局限，他们提出采用市场决定的平行汇率数据来分析各国的汇率安排，并通过汇率波动方差的计算来衡量汇率制度的弹性程度，结果发现45%的宣布采用钉住汇率制度的国家实际上可被归类为有限弹性，或者有管理的浮动及自由浮动的汇率制度。Chow and Kim（2006）对后危机时期东亚国家汇率与货币政策的关系进行了探讨，使用一个双变量向量自回归—广义自回归条件异方差（VAR-GARCH）模型的研究表明，危机期间汇率更大的弹性程度仅能在短期内稳定政策利率，其中，他们将一国汇率对其竞争对手汇率的敏感性作为汇率弹性的测度指标。Cook and Devereux（2016）对零利率下限条件下的汇率政策进行了分析，他们认为当汇率的波动幅度更大，即汇率制度更具弹性时，这种汇率安排反而会恶化而不是减弱外部冲击的效应。Dabrowski and Wroblewska（2020）同样采用汇率的波动程度来衡量中东欧国家汇率制度的弹性程度，利用一个贝叶斯结构向量自回归（SVAR）模型的估计证明更富弹性的汇率制度仍然会在一定程度上隔绝外部经济冲击的影响。

另一类则是沿着 Holden et al.（1979）的思路，对“汇率弹性指数”进行改进和完善，并主要由汇率、外汇储备与利率的变动来构造指标，用以反映汇率的弹性程度。Calvo and Reinhart（2002）对新兴市场国家是否适合“角点解”（corner solutions）的汇率制度进行了验证，他们通过分析汇率、外汇储备及利率的行为来说明新兴市场国家向“角点解”移动的程度，对实行浮动汇率制度国家的研究表明这些国家大多存在着“浮动的恐惧”。Levy-Yeyati and Sturzenegger（2003，2005）认为法定与事实的汇率机制存在较大的不一致性，因而他们使用 1974—2000 年 IMF 所有成员国的汇率和外汇储备数据构造了事实汇率机制的分类方法，分析发现按照此种方法对汇率机制进行分类证实了文献中广泛报道的一些程式化事实。Jeisman（2005）运用澳大利亚的汇率和外汇储备数据建立了一个汇率市场压力（exchange market pressure）指标，在这一指标中他利用汇率相对于外汇储备的变化幅度来度量澳大利亚汇率的弹性程度。

沿着 Jeisman（2005）的思路，Frankel and Xie（2010）采用相同的方式来度量汇率制度的弹性，略有不同的是，他们在汇率市场压力指标中进一步引入了利率变量，研究认为当一国汇率在外部冲击下呈现出波动时，中央银行可以通过买卖外汇储备或调整利率这两种形式对汇率的走势进行干预，如果中央银行干预的程度较低，则意味着这个国家的汇率具有较高的弹性，反之，则汇率弹性较低。但由于在宏观经济调控中，利率一直被用作货币政策工具来调控宏观经济，因而，目前较多的文献仍使用包含汇率与外汇储备这两个变量的汇率市场压力变量来对各国的汇率弹性进行度量。比如，Combes et al.（2012）使用42个新兴市场国家的数据研究了资本流入对实际有效汇率的效应，结果发现在国内汇率波动时，如果中央银行通过外汇储备对本币汇率走势的干预较少，则这个国家具有弹性的汇率制度安排可更有效地冲销由资本流入所带来的货币升值压力。Liu et al.（2020）利用全球110个国家1984—2013年的数据对汇率机制和国家风险的关系进行了调查，在分析中他们同样使用仅包含汇率与外汇储备这两个变量的汇率市场压力指标对这些国家的汇率弹性进行了测度。

国内曾先锋（2006）通过一个汇率估算模型对人民币汇率的弹性进行了测算，结果表明人民币汇率的弹性范围应在其均衡汇率上下12%之内。刘晓辉和范从来（2009），崔红宇和万志宏（2016）考察了人民币最优汇率制度弹性，前者建立了一个小国开放经济模型，通过经验分析发现人民币的最优汇率弹性应处于0.2899和0.4951之间，后者从货币冲击的角度着手对人民币汇率波动的最优区间进行计算，认为将人民币兑美元的波动区间设定为2%是合理的。陆前进（2011）在央行的政策目标下，研究了人民币的最优汇率水平及汇率调整的可接受区间，他建议逐步放宽人民币兑美元及非美元货币的汇率波动范围。

周阳和唐齐鸣（2011），周阳等（2012）选择汇率、外汇储备及利率这三个变量，在给它们赋予相应权重的基础上，使用一个汇率市场压力变量对人民币汇率弹性进行了测度，研究发现中央银行对人民币汇率进行了大规模的干预，其中，干预的主要方式是外汇储备的频繁调整，央行较少使用利率来影响汇率走势。黄志刚和陈晓杰（2010），郑振龙等（2016）则对人民币每日波动限制的弹性区间进行了测算和评估，前者在克鲁格曼“不可能三角”理论框架下，通过定量测算表明将汇率日波动限制在0.5%的水平是合理的，后者测算认为2013年将汇率日波动区间限制在1.5%可保证外汇市场具有相对充分的弹性，而2014年将汇率日波动区间增加到2%是较为合意的。刘循循和朱莉莉（2020）从资本流动的视角对汇率改革中汇率弹性区间的研究发现，现阶段人民币汇率的弹性区间应在3%左右，因而需将人民币汇率的波动区间由2%向外扩大。

（二）货币政策的有效性及其影响因素研究

对货币政策有效性的研究较多，主要有以下几个角度：

经济开放与货币政策的有效性。如裴平等（2006）认为经济开放度的提高对国内货币政策的有效性具有较为深远的影响，他们使用一个产出与通胀增长率模型的实证检验发现，随着经济开放度的提升，中国货币政策的产出效应和价格效应均出现了下降。马勇和陈雨露（2014）构建了开放经济情景下的新凯恩斯模型，基于国内宏观经济变量1992—2012年数据的模拟分析表明，货币政策的有效性与经济开放度之间为负相关关系，经济开放度越高货币政策的有效性越弱。江春和赵欣颖（2017）集中研究了经济开放度与数量型货币政策有效性的关系，他们运用中国在内的12个新兴市场国家数据的分析认为，经济开放度越高，则数量型货币政策对产出的效应越小，而对通胀的效应则越大。杨翱等（2021）构建了一个包含中美在内的两国宏观经济模型，他们将经济开放度区分为贸易开放度和资本账户开放度，分析发现美国经济冲击不是通过资本账户开放而是经由贸易开放渠道对中国经济造成影响，在美国对国内经济进行调控时，如果我国不采取较为宽松的货币政策，则美国的这种调控将对中国经济产生挤出效应。

预期因素与货币政策的有效性。如Woodford（2003）较早提出了预期管理的概念，他认为公众可从央行的货币政策操作中获取未来货币政策的信号并调整预期，而央行亦可运用公众预期这一机制来提升国内宏观经济调控的效果。徐亚平（2009）发现公众对宏观经济的运行仅具有有限的认知，货币政策效果的发挥依赖于其预期引导功能。蒋海和储著贞（2014）研究了货币政策理性预期均衡的可学习性条件，通过1992—2011年的数据对国内货币政策效果的实证检验表明，预期管理可提升我国货币政策的效果。马理等（2016）对适应性预期的货币政策的传导机制进行了实证研究，研究结论证明货币政策可以影响市场经济主体的适应性预期，进而可作用于市场变化并引导宏观经济走向。隋建利和刘碧莹（2020）在货币政策可以改变私人部门预期这一前提假设下，通过一个理论模型确认了非预期货币政策冲击的传导中的确存在信息效应路径。严佳佳和何梅蓉（2021）关注了公众预期因素对经济外部冲击的缓解效应，他们使用一个结构向量自回归模型的比较研究认为，美国宽松抑或是紧缩的货币政策都会对国内经济和金融周期产生溢出效应，而公众预期的调整变化将对这种溢出效应产生显著的缓解效果。

银行信贷与货币政策的有效性。如李连发和辛晓岱（2012）使用一个Svensson扩展模型的考察发现，信贷总量与货币政策的有效性之间存在显著的联系。杨熠等（2013）认为信贷市场扭曲是阻碍货币政策有效性的重要因素，我国货币政策操作对国企和民企所获信贷规模的影响是存在显著差异的，这是货币政策的效果与既定目标有所脱节的主要原因。战明华和应诚炜（2015）在考虑我国转轨时期经济特征的基础上，构建了货币政策广义信贷渠道的理论模型，他们的研究证明货币政策的信贷渠道存在并具有明显的效果。杜力和钱雪松（2021）从影子银行的视角研究了国内货币政策信贷传导渠道的有效性，发现与传统的货币政策不同，在货币紧缩时与影子银行相关的委托贷款反而会显著增加。赵亮和沈坤荣（2021）运用一个内生信贷配给的动态随机一般均衡模型，探讨了新冠疫情下我国直达式货币政策工具的效果，分析显示直达工具可显著提升贷款的可获得性，这将增进产出并提振就业，但直达工具在很大程度上有赖于整个经济的宽松货币政策背景。

利率市场化与货币政策的有效性。如姜再勇和钟正生（2010）研究了我国货币政策的体制转换特征，发现1996年1月至2009年7月期间国内货币政策的利率传导渠道存在一次体制转换，同业拆借利率在体制转换完成之后的效果明显更好。金中夏等（2013）通过一个动态一般均衡模型的研究表明，利率市场化使货币政策的利率传导渠道更加通畅。郭路等（2015）认为利率市场化加大了名义经济变量的波动幅度，而减少了真实经济变量的波动。陆军和黄嘉（2021）通过一个多部门局部均衡模型的分析证明，利率市场化存在非线性的动态政策效应，目前通过推进利率市场化来提升我国货币政策的效果仍存在一定空间。刘达禹等（2021）关注了利率走廊击穿时期货币政策的有效性问题，结果证明在这种情况下利率调整将主要应对通胀，但此时利率调整仍难以完全平抑通胀大幅波动，因而，配合采用价格管制等行政干预措施将是一种有益的补充。

对货币政策有效性的影响因素来说，主要包括通货膨胀程度、资本市场活跃程度及金融创新因素等（刘启峰等，2007；孙永强等，2013；康立和曹湃，2018；宋清华等，2021；何剑和魏涛，2022）。

（三）货币政策有效性的测评研究

Sims（1980，1992）提出使用向量自回归模型（VAR）来测评货币政策的效果，他的研究发现，紧缩的货币政策带来了产出的下降，但却出现了价格上涨的“价格之谜”现象。Bernanke and Blinder（1992）采用向量自回归模型的研究表明，美国联邦基金利率的调整对实际经济产生了显著影响。随后，向量自回归模型逐步成为测评货币政策效果的标准方法。Kim（2001）使用向量自回归模型对美国货币政策的效果进行了测评，研究证明美国扩张的货币政策冲击推动了 6 个非美元国家经济的繁荣。Dungey and Fry（2009）通过一个结构向量自回归模型对货币政策冲击进行识别，分析结论显示新西兰的货币政策对通胀具有明显的反应，这一政策对通胀的调控也存在显著效果。Georgiadis（2015）运用向量自回归模型分析了欧元区统一的货币政策对区域内不同国家的影响，结果表明，由于存在经济结构特征的差异，货币政策在欧元区各国间的传导显示出明显的不对称性。Han and Hur（2020）对韩国货币政策的宏观经济效应进行了实证检验，通过一个时变系数向量自回归模型的研究发现，从 2005 年前后开始货币政策对产出的效应是下降的，但其仍是有效的。Tumala et al.（2021）利用向量自回归模型探讨了美国、欧盟和中国这三个主要经济体的货币政策冲击对尼日利亚和南非这两个非洲新兴经济体的效应，实证检验的证据证明，美国和欧盟紧缩的货币政策显著降低了尼日利亚的物价，但却导致了南非的通胀，而且，中美货币政策对尼日利亚和南非的效应大于欧盟类似的政策。

但是，近年来的研究发现，向量自回归模型存在着变量个数较少等局限，因此，Bernanke et al.（2005）建立了一个因子增强的向量自回归模型（FAVAR）来分析货币政策的效果，他们利用120个宏观经济变量的研究发现，这种模型可以很好地解释“价格之谜”现象。目前，很多学者在模型识别（Han，2015；Marcellino and Sivec，2016）、模型估计（Hwang，2009；Boivin et al.，2009；Bai et al.，2016）及模型推断（Goncalves and Perron，2014；Bai et al.，2016）等方面对因子增强的向量自回归模型进行了发展，并开始应用这一模型来研究货币政策的有效性。比如，Belke and Rees（2014）采用因子增强的向量自回归模型调查了金融全球化背景下货币政策的有效性，对宏观经济模型的估计发现全球流动性冲击将会显著影响世界经济，货币政策可以发挥其本身的效果。Fernald et al.（2014）通过因子增强的向量自回归模型验证了中国货币政策的有效性，研究认为我国利率的调整对实际经济活动和通胀都具有显著的效应。Potjagailo（2017）使用因子增强的向量自回归模型分析了欧元区货币政策的外溢效应，实证的结果发现，在欧元区货币政策扩张时大多数非欧元区国家的产出会增加，并且非欧元区国家的金融不确定性会降低。Ono（2021）运用因子增强的向量自回归模型探讨了俄罗斯货币政策的有效性，通过2004—2019年39个宏观经济序列的研究表明，紧缩的货币政策冲击带来了俄罗斯CPI的下降。

国内大多使用VAR模型以及与之紧密相关的结构向量自回归模型来分析货币政策的效果。如戴金平和金永军（2006）基于向量自回归模型的研究发现，经济不同行业对货币政策冲击具有不同的反应特征。曹永琴（2007）使用一个结构向量自回归模型的分析表明，中国的货币政策存在显著的区域效应，这种区域效应形成的原因是货币政策传导机制的差异。王君斌等（2013）应用结构向量自回归模型对比了我国数量型和价格型货币政策的效果，研究认为相较于数量型货币政策，以利率为代表的价格型货币政策对产出和通胀的调控更为有效。祝梓翔等（2020）使用一个均值波动率结构向量自回归模型的研究表明，正向的货币政策冲击可明显减弱宏观经济变量的波动率，不考虑不确定性的影响将弱化货币政策的效应。

（四） 汇率与货币政策关系的研究

对汇率与货币政策关系的研究可以追溯到 Mundell（1960，1963）和 Fleming（1962）的工作，他们较早关注了汇率稳定、资本自由流动和货币政策独立性这三个政策目标之间的关系。Krugman（1999）则在 Mundell-Fleming 模型的基础上，进一步研究认为，开放经济中任何一个国家只能同时实现其中一个或两个政策目标，而不能同时实现三个政策目标。近年来，由于越来越多的国家实现了从固定汇率制度向更富弹性的汇率制度的转换，这一领域受到了广泛关注，相关研究也日益深入。

汇率弹性增强对货币政策独立性的影响。Clarida et al.（2001）认为经济开放所带来的汇率弹性增强会影响到国内的价格水平，这需要作为利率的货币政策工具对这种变化作出反应。孙华妤（2007）基于误差修正模型及格兰杰因果关系检验的研究表明，事实上钉住美元的汇率政策并没有对我国货币政策的独立性带来显著制约。胡再勇（2010）对 2005 年国内汇率制度改革前后的货币政策进行了研究，结果发现汇改后人民币汇率弹性显著增强，这提高了我国价格型货币政策的自主性，但却限制了数量型货币政策效果的发挥。范小云等（2015）基于“三元悖论”与“二元悖论”的争论，分析认为具有弹性的汇率安排可吸收外部冲击，提升货币政策的独立性，而过度的汇率波动则会给宏观经济带来负面影响，削弱货币政策的独立性。王艳真等（2018）的实证研究发现，中国的货币政策冲销了国际资本流动产生的基础货币变化，所以，尽管人民币汇率弹性程度有限，但中国依然可保证较高的货币政策独立性。胡小文（2020）构建了“双目标双工具”的动态随机一般均衡宏观经济模型框架，研究表明汇率弹性增强可提高利率—汇率传导渠道的效率，这将提升我国货币政策的独立性和有效性。

汇率弹性与国内货币政策的选择。Gali and Monacelli（2005）构建了一个含有黏性价格的小国开放经济模型，他们讨论了国内通胀、CPI为基础的泰勒规则及汇率钉住这三种货币政策目标的宏观经济含义，发现汇率弹性增强情况下三种备选货币政策的关键区别在于货币当局如何对待汇率波动。黄炎龙等（2011）同样建立了一个小国开放经济模型，研究结果表明，宏观经济波动在较大程度上依赖于央行所选择的货币政策，有管理的浮动汇率制度有助于实现国内外均衡目标。王胜和周上尧（2018）基于零利率下限及不完全汇率传递的条件，认为采取汇率管制的货币政策将形成外部冲击的跨国传导，对本国福利带来损失，因而，应增加汇率弹性以完善货币政策的宏观调控框架。王学龙和石振宇（2021）构建了开放经济的新凯恩斯模型，研究结论显示货币政策有必要对内生性的汇率波动作出积极有效的反应。

浮动汇率制度下货币政策的操作模式。陈雨露和周晴（2004）借助于货币状况指数对浮动汇率制度下的货币政策操作模式进行了实证分析，结果证实我国央行调控国内宏观经济的主要方式为货币供应量，货币政策规则主要依据相机抉择。孙东升等（2017）探讨比较了不同形式的广义泰勒规则在中国的适用性问题，研究认为我国中央银行在出台货币政策规则时应纳入汇率因素，且需逐步扩大人民币汇率的波动区间。

汇率政策与货币政策的协调配合。范志勇（2005）研究发现，汇率政策和货币政策均对产出具有明显效应，且它们之间存在替代关系，短期而言，货币政策较汇率政策的时滞更短、影响更大。贺光宇（2013）认为汇率政策与货币政策分别为央行稳定币值和调控经济的重要方式，短期内应加强各种类型的货币政策工具的协调，长期内则应推动人民币实行弹性的汇率制度。沈悦等（2017）考察了汇率波动和货币政策调控的互动效应，研究结论显示人民币汇率和货币政策变量之间的联动效应显著，因此，国内货币政策需关注其对汇率波动的敏感性，并增强这两种政策之间的协调配合。Rohit and Dash（2019）的实证研究表明，相对于新兴市场经济国家而言，发达经济体实行更富弹性的汇率制度有助于隔绝货币政策外溢效应对本国经济的影响，新兴市场国家应注重本国汇率与货币政策的协调。

对汇率弹性与货币政策的有效性来说，这方面的研究较少。比如张翔等（2014）建立了一个结构向量自回归模型，研究认为汇率弹性增强之后我国货币政策的调控获得了更大的空间，且货币政策的自主性和灵活性都得到加强。周建和赵琳（2016）构建了汇率波动和货币政策间的影响机制模型，他们的研究发现，较大的汇率波动会干扰货币政策对宏观经济变量的调控，这在一定范围内削弱了中国货币政策的效果。田国强和尹航（2018）实证分析了汇率弹性和货币政策目标之间的关系，他们认为当汇率弹性较弱时，中央银行具有较好的通胀调控效率，而汇率弹性增强有助于提升经济增长动力。李若杨（2020）的研究表明，三元悖论对我国的经济来说仍是有效的，人民币汇率弹性应逐步增强，这便于维持我国货币政策的独立性并有利于提升货币政策反周期操作的效果。

上述成果为本研究的开展奠定了良好的基础，但通过梳理可以发现，现有的研究仍有不足：（1）国内外学者虽从不同角度研究了我国货币政策的有效性问题，但从汇率弹性这一视角切入来深入研究我国货币政策效果的文献却并不多见，而在人民币国际化的背景下，人民币汇率弹性必将进一步增强。（2）现有研究弹性汇率制度下货币政策效应的模型主要由国外学者提出，这些研究集中关注新兴市场国家无法通过国内银行进行融资，只有在国际金融市场上借贷美元的情况下，汇率弹性增强导致的本国货币贬值对国内经济及货币政策的冲击，而我国却有发展良好的银行部门，显然，这种模型与我国的情况不符，也无法准确刻画和描述弹性汇率制度下国内货币政策的效果。（3）近年来很多新兴市场国家在汇率弹性改革中同样面临着货币政策的有效性问题，这些国家的经验值得借鉴，但国内对此的系统研究并不多见。因此，亟待进一步深化研究。

三、研究对象、研究内容与研究目标

（一）研究对象

以汇率弹性增强背景下我国货币政策的有效性为研究对象。在对人民币汇率制度弹性改革的基本事实进行梳理的基础上，使用“汇率弹性指数”对人民币汇率制度弹性进行测算，具体分析汇率弹性增强对货币政策有效性的影响机制，从理论和实证两个层面研究汇率弹性增强情况下我国货币政策的效果，并结合新兴市场国家的经验，总结归纳它们在汇率弹性改革中的货币政策实践，进而为我国制定对应的策略以推进汇率弹性改革并提升国内货币政策的有效性提供理论支撑与决策依据。

（二）研究内容

1. 人民币汇率弹性改革及其汇率弹性增强的趋势。介绍国际汇率制度变革及其演变规律，梳理人民币汇率形成机制及汇率弹性改革的相关举措，从经济开放程度、贸易集中度、对外部门的多元化、资本市场开放程度及经济发展程度等方面探讨汇率弹性的决定因素，并依据汇率制度改革以来的数据，构造“汇率弹性指数”来度量人民币汇率的弹性程度，进一步，使用汇率干预指数和评估事实汇率机制的方法对人民币汇率的弹性进行分析。

2. 汇率弹性增强对货币政策有效性的影响机制。在对汇率与货币政策相关理论进行阐述的基础上，重点探讨汇率弹性增强对货币政策有效性的影响机制。现有的文献中一般关注货币政策传导机制中的汇率渠道对货币政策的直接影响，即中央银行通过货币供应量对短期利率进行调整，利率的变化带来汇率的升值或贬值，这会对一国的进出口产生影响，进而导致国内物价和产出的变化。但汇率弹性的增强还会通过以下渠道对货币政策的有效性产生间接影响：(1) 资产负债表渠道，如果家庭和企业拥有大量净的外币资产或负债，汇率的变化会影响到这些净的外币资产或负债的价值，由此带来的家庭和企业财富的变化会使它们的消费和投资行为发生变化。(2) 信贷渠道，假如商业银行从事跨国经营活动，它具有一定规模净的外币资产或负债，则汇率的变化将导致商业银行可贷资金的调整变化，这会增加或减少商业银行发放的信贷数量，并作用于消费和投资。(3) 资产价格渠道，如果企业拥有较多净的外币资产或负债，汇率的变化带来的这些净的外币资产或负债价值的变化也会对企业股票的价格产生影响，由此引起的股票投资者收入的增加或减少同样会使消费和投资行为发生变化。（4）预期渠道，随着中央银行采用货币供应量对利率进行调整，居民会形成对货币升值或贬值以及经济增长前景的预期，从而影响到他们的消费和投资，最终带来物价和产出的变化。

3. 弹性汇率制度下货币政策有效性的模型及分析。模型的构建主要参考Gali and Monacelli（2005）、Devereux et al.（2006）的文献，并借鉴了Senay and Sutherland（2019）文献中的基本思想。模型的参与者包括家庭、企业、商业银行、进口商与中央银行这五个部分。家庭通过消费国内企业生产的商品及进口商品以实现自身效用的最大化，其收入来源于提供劳动的收入、银行存款的利息收入以及购买美元债券的利息收入，企业使用资本和劳动生产商品，这些商品用于满足国内消费和投资的需要，并用于出口，商业银行吸收家庭的存款并向企业发放贷款，参考Devereux and Yetman（2010）的文献，汇率弹性对国内价格的影响通过进口商对国外商品的进口来引入，中央银行制定相应的货币政策，它可以选择物价稳定、产出稳定抑或汇率稳定目标。在对模型参数进行校准的基础上，仿真研究在不同的汇率弹性安排下，中央银行货币政策对国内各主要变量的宏观经济效应。

4. 汇率弹性增强与我国货币政策有效性的测评。借鉴Bernanke et al.（2005）的方法，建立因子增强的向量自回归模型来测评弹性汇率制度下我国货币政策的效果。其中，我国的宏观经济信息集共包括62个变量。参照模型建立的步骤，首先，对模型所需的数据进行选取，由于在相对固定的汇率制度安排下，汇率对货币政策的有效性几乎没有影响（Kireyev，2015），因此，所选择的62个宏观经济变量的数据都采用2005年7月人民币汇率制度改革之后的数据，其次，从高维的宏观经济信息集中提取关键因子，研究这些关键因子与汇率变量的关系，如Soares（2013）对欧盟的研究就发现，从宏观经济信息集中提取的7个关键因子中，有2个关键因子与汇率变量高度相关，最后，根据这些关键因子和可观测的变量共同建立因子增强的向量自回归模型，研究在汇率弹性增强的情况下，国内产出变量和价格变量在中央银行货币政策调节下的波动特征及动态效应。另外，鉴于汇率制度改革之后，人民币汇率弹性经历了一个渐变的过程，因此，这里将根据人民币汇率弹性程度的不同，把整个样本期划分为不同的子区间，进一步对我国货币政策的有效性进行深入分析。

5. 汇率弹性增强背景下新兴市场国家的货币政策实践及启示。很多新兴市场国家在向更富弹性的汇率制度的转换中，都经历了货币政策的调整以及货币政策效力提升的一个过程。这些国家大致可以分为两类，一类是在渐进的汇率制度弹性改革中完成货币政策调整的，另一类则是在汇率制度的快速转换中选择相应的货币政策的。从较为成功的国家的经验来看，它们基本都是在稳定本国汇率机制的基础上，制定了很多针对性的措施来提高本国货币政策的有效性。因此，需要对这些国家的经验进行归纳总结。

6. 推进汇率弹性改革及提升货币政策有效性的政策设计。汇率是开放经济中居于核心地位的价格变量，其弹性的放开及其调整变化必将对我国经济各方面带来多重影响，而且，从目前的情况来看，人民币汇率弹性改革还远没有完成，所以，在汇率弹性改革及向更富弹性的汇率安排的转换中，我国需要采取针对性的措施有效推进人民币汇率弹性改革，进而实现人民币的国际化，因此，这部分内容将分别对推进人民币汇率弹性改革和提升货币政策效果的相关措施进行政策设计，从而为中央银行等金融管理和决策部门提供可供借鉴且具有现实可操作性的政策建议。

7. 研究结论及研究展望。对研究结论进行总结，说明研究中有待改进的方面及可能存在的局限，展望未来的研究方向。

（三） 研究目标

1. 提出货币政策的有效性会受到汇率弹性的影响，并通过构造“汇率弹性指数”指标来度量人民币汇率的弹性程度，从直接渠道和间接渠道两个方面具体分析汇率弹性增强对我国货币政策有效性的影响机制。

2. 建立汇率弹性框架下研究货币政策有效性的理论模型，分析汇率弹性增强情况下国内货币政策的宏观经济效应，并通过因子增强的向量自回归模型实证分析我国货币政策的效果，为研究我国货币政策的有效性提供一个新的平台。

3. 对已完成汇率弹性改革国家的货币政策实践进行全面发掘、评介及总结，找出其不同，探索其共性和规律性，为弹性汇率制度下我国货币政策效力的提升提供政策建议，以供决策参考。

四、研究方法、重点难点及创新之处

（一）研究方法

1. 指标分析及统计指标方法。结合现有文献中已有的研究成果，选择目前学术界使用较多且广泛认可的经济开放程度、贸易集中度、经济发展程度等相关指标分析汇率弹性的决定因素。而且，运用汇率、外汇储备和利率构建“汇率弹性指数”，通过我国相关数据来计算不同时期的人民币汇率弹性指数，经由这一统计指标来测算人民币汇率的弹性程度。

2. 文献整理、理论分析与逻辑推导方法。整理国内外有关汇率和货币政策研究的相关文献，对汇率和货币政策的关系进行理论分析，并结合这些文献归纳总结汇率弹性增强对货币政策有效性的影响机制，通过逻辑推导方法阐述汇率弹性增强影响货币政策有效性的内在过程和相关渠道。

3. 动态规划、随机动态一般均衡与 MATLAB 仿真模拟方法。选择离散时间的动态规划方法来求解家庭、企业等经济行为人作出决策时的最优化条件，在此基础上，根据随机动态一般均衡方法建立理论模型，采用我国的宏观经济数据校准理论模型的参数，进一步使用 MATLAB 7.0 数据处理软件仿真模拟不同的汇率弹性安排下国内不同货币政策选择的宏观经济效应。

4. 因子增强的向量自回归模型、两步主成分及广义脉冲响应函数方法。根据我国的宏观经济信息集建立因子增强的向量自回归模型，宏观经济信息集中变量的选取原则是国内经济中具有代表性的宏观经济变量，在对模型参数进行识别的基础上，采用两步主成分法估计模型，并利用广义脉冲响应函数方法分析产出和价格在货币政策冲击下的动态效应，测评汇率弹性增强情况下我国货币政策的效果。

5. 文献发掘与比较归纳法。对目前研究新兴市场国家汇率弹性背景下货币政策实践的文献进行研读，特别是对IMF总结的新兴市场国家的经验进行深入挖掘，并结合新兴市场国家中央银行官方网站上对这一内容的表述，对比智利、波兰等国家在汇率弹性改革过程中的具体货币政策实践，分析这些货币政策的不同效果，集中对这些国家的成功做法和相关经验进行归纳，解析这一过程中相关国家政策效果欠佳的原因，进而结合我国经济的现实情况及汇率制度弹性的基本状况，对推进汇率弹性改革及提升货币政策有效性的政策进行设计。

（二）重点难点

1. 从人民币汇率弹性改革的基本事实出发，全面厘清汇率弹性增强对我国货币政策有效性的影响机制是本课题的第一个重点，也是难点。对传统的汇率渠道进行分析的基础上，主要关注汇率弹性增强对货币政策有效性的间接影响，深入剖析人民币汇率弹性增强对我国货币政策有效性的作用机理及影响机制。

2. 根据我国的宏观经济信息集构建因子增强的向量自回归模型，量化测评汇率弹性增强情况下我国货币政策的有效性是本课题的第二个重点。从现实情况来看，我国政府公布和统计的数据在不断增加，这为我们应用大数据集来分析我国货币政策的有效性提供了可能。

3. 研究新兴市场国家汇率弹性改革中的货币政策实践，搜集相关的原始资料，提供可操作性的政策建议以供决策参考是本课题的第三个重点。目前这方面有大量的原始资料可供查阅，IMF也有专门的研究报告，如，Moving to Greater Exchange Rate Flexibility: Operational Aspects Based on Lessons from Detailed Country Experiences 等。对这些资料进行搜集和整理，可以为我国制定相关策略以提升国内货币政策的有效性提供有价值的资料。

（三）创新之处

1. 学术观点上，明确提出货币政策的实施中需要关注汇率弹性这一因素，并具体分析了汇率弹性增强对我国货币政策有效性的影响机制，这对现有研究货币政策有效性的文献是一种深化和拓展。目前研究货币政策有效性的文献较多，但从汇率弹性这一视角来研究货币政策效应的文献却较为少见，本课题则明确提出了这一问题，并进行了深入研究。

2. 理论上，把汇率弹性引入货币政策的分析框架，建立了符合我国经济结构特点的研究货币政策有效性的模型。具体来说，我国经济的结构性特点主要表现在以下两个方面：第一，我国企业的融资大多来源于国内银行部门，很少企业在国际金融市场上借贷美元来组织生产；第二，我国经济主体拥有大量的美元资产和外汇储备，汇率弹性的增强特别是汇率的大幅波动可能会对我国经济主体带来较大的风险，但现有的研究却很少对这些情况予以考虑。

3. 研究方法上，克服了传统的向量自回归和结构向量自回归方法的局限，使用前沿的因子增强的向量自回归方法全面测评了汇率弹性增强情况下我国货币政策的效果。这一方法的优势在于它可以包含经济变量中的大量信息，对货币政策有效性的测评可以更为准确全面。从实际情况来看，中央银行制定货币政策时必然考虑了宏观经济基本面的各方面信息，此时，如果仍采用传统的向量自回归或结构向量自回归方法建立模型来分析货币政策的效果，注定与实际情况相去甚远，其结论的可信性也会大大降低。

第二章 人民币汇率弹性改革及其弹性增强的趋势

一、国际汇率制度变革及其演变规律

（一）国际汇率制度变革

不论是中国最早的货币天然海贝，还是古代小亚细亚的铸币，它们都在一定时期内充当了一般等价物，并在经济或贸易中发挥了一定的作用，但这些货币最终都没有成为公认的本位货币（科曼，2017）。从历史上来看，自19世纪70年代开始，黄金逐步成为各国的本位货币，并建立起以商品支持的世界货币体系，此时，各国货币之间的汇率是以黄金为基础的，这就是早期的金本位制度（原雪梅，2010）。如今，国际汇率制度已经过多次演变，各国的汇率制度也多种多样，形式众多。

通常来说，可将各国的汇率制度大致归为固定和浮动汇率制度这两类。在固定汇率制度安排下，一国货币与本位货币之间的汇率基本稳定在一个固定的中心平价上，并在这个中心平价上下的窄幅区间内波动。此种汇率制度下，当外部冲击使本币与本位货币之间的汇率产生较大的波动时，就需要中央银行对汇率的走势予以干预。在浮动汇率制度安排下，本币与本位货币之间的汇率一般由市场供求关系决定，中央银行对汇率的干预较少，当国内经济基本面的变化导致汇率发生变动或国内经济遭受外部冲击时，汇率在市场供求的作用下最终会自发调整到均衡状态。当然，由于各国历史、地理分布及经济发展阶段等的不同，这些国家选择的汇率制度也不尽相同。实际上，以上述两类最为基础的汇率制度安排为基准，各国在具体实施本国的汇率制度时往往又有所调整变化，很多国家选择了介于固定和浮动汇率制度之间的中间汇率制度安排等。

汇率制度本身具有其复杂性与多样性，但这种复杂性与多样性总是源于国际汇率制度变革。应该说，一国总是在这种变革中选择适合本国的汇率安排，以提升本国经济的发展与人民的福利水平。参考现有经典文献的通用做法（克鲁格曼等，2021），将国际汇率制度变革划分为金本位制、短暂的浮动汇率制、布雷顿森林体系下的固定汇率制与牙买加体系下的浮动汇率制四个阶段。

1. 金本位制阶段（19 世纪 70 年代初至 1914 年）。

在金本位制下，黄金是被各国广泛认可并接受的世界货币，一国会确定以本国货币代表的黄金的公开价格，于是，各国货币本身的含金量就相应地确立了它们的兑换比率，即货币之间的汇率水平。若汇率偏离了各国货币所代表的黄金的价值，那么，不计黄金的运输成本，就一定存在着套利机会。也就是说，在黄金可以在各国间不受限制地流入和流出的情况下，“黄金输送点”将使黄金从一国流入另一国，最终结果是各国汇率的调整和稳定，当然，国际收支也会在汇率的变化中趋于均衡状态。同时，国民也可较为自由地使用黄金铸造金币，并根据自身的意愿将金币融化形成金块或金条等，在金本位制下，由国家发行的金币则承担了一定的价值储藏和世界货币的功能。

金本位制具有较为突出的优势。第一，这种国际汇率制度稳定了各国之间的汇率水平，降低了汇率波动所可能带来的风险。本质上，国家之间货币的兑换比率是以铸币平价为前提的，汇率受到“黄金输送点”的限制只能在一定的区间内窄幅波动。第二，金本位制为商品和资本的跨国流动提供了较为便利的条件，特别是黄金的自由流动推动了各国物价水平的自动调节，使国际收支逐步向均衡调整，这种流动避免了本国经济遭受太大的外部冲击，并促进了资源在各国间的优化配置，整体上提升了经济效率。第三，这种制度对国内的宏观经济政策施加了相应的外部约束，若国内想采用扩张性的货币政策，则一方面这会受到本国黄金存量的约束，另一方面即使中央银行强力推行了这种政策，国内的通胀也会使国际收支出现逆差，并推动本国的物价回复到初始水平。

总体上，金本位制在促进全球贸易及推动全球经济发展繁荣方面发挥了较为重要的作用，但这一制度却具有一定的局限。最为主要的问题是，随着各国经济的快速发展及全球贸易的大幅增加，国家和居民的财富成倍的增长，各国的黄金存量越来越无法与国内需求相一致，世界经济发展与黄金存量有限的矛盾日趋尖锐，而且，为了开采更多的黄金，各国政府不得不在黄金的勘探、挖掘、冶炼及储存方面花费大量的资金，这在较大程度上增加了整个社会的成本。此外，在金本位制下有些国家并没有严格遵守制度规则，人为地对黄金的输入输出进行了干预，这也使这一制度的稳定性受到较大的损害。于是，在第一次世界大战爆发之后，各国为维护自己的国家利益，都正式退出了这种汇率制度安排。

2. 短暂的浮动汇率制阶段（1918 年至 1939 年，两次世界大战之间）。

在金本位制遭受严重削弱和濒临破产的情形下，许多国家随即将汇率制度变为金块本位制及金汇兑本位制。第一次世界大战之后，西方各国为了避免战争期间发行的纸币所可能造成的通胀，并重新推动国际贸易的发展，于 1922 年在意大利的热那亚召开了经济和金融会议，会议上各国代表力主恢复金本位制。然而，由于受到战争的影响不一，各国的经济实力已发生较为明显的变化，通胀亦存在一定的差异，多数国家在恢复金本位制上具有一定的困难，因而，在实行金本位制的过程中，只有美国的金本位制较为完整，老牌的英国和法国实行的实际上是金块本位制，而其他西方各国则实行的为金汇兑本位制。并且，为了促进各国之间的支付，西方各国共同推动了国际清算银行（Bank of International Settlements，BIS）的成立，位于瑞士巴塞尔的这家国际组织在结算德国战争赔款和协助各国管理它们的国际储备方面发挥了一定作用，时至今日，这家机构仍是国际货币合作的重要论坛，并成为经济金融研究的重要行业组织（丹尼尔斯和范胡斯，2016）。

在实行这种金本位制的过程中，为维持铸币平价，英镑被严重高估，作为世界经济中心的英国失业率高企，经济停滞不前，在多重政治压力下，英国政府在1931年对外宣布不再允许英镑和黄金之间的直接兑换，名义上的金本位制被取消。随后，美国颁布了《斯穆特—霍利法案》，这种以贸易保护主义为主旨的法规在相当程度上限制了国际贸易活动，直接后果是1933年的全球对外贸易额下降到不足1929年三分之一的水平，世界经济陷入了大萧条，在这种情况下，美国也于1933年宣布它将放弃金本位制，而到1936年时多数的西方国家都不再实行金本位制。与此同时，一些国家实行了自由浮动的汇率制度，这样的汇率制度一直持续到二战的发生。

3. 布雷顿森林体系下的固定汇率制阶段（1946年至1971年）。

二战期间，西方国家认识到各国之间稳定的货币秩序至关重要，而且，二战后欧洲、日本等受到战争破坏的地区和国家亟待重建和恢复，这需要建立保障各国支付的汇率体系。于是，1944年由44个国家参与的布雷顿森林会议在美国布雷顿森林的一个旅游度假村召开，美国经济学家怀特（White）和英国经济学家凯恩斯（Keynes）主导设计了布雷顿森林体系（丹尼尔斯和范胡斯，2016），并签署协议，各国一致同意建立一个新的汇率体系。另外，这次会议还就成立国际货币基金组织、世界银行及关贸总协定达成共识，以分别向出现明显外汇储备短缺的国家提供贷款，为战后重建和经济恢复的国家提供资金融通以及降低贸易壁垒并促进国际贸易的发展。

布雷顿森林体系的核心在于实行以美元为中心的国际货币体系，它本质上是在各国之间建立一种固定的汇率制度安排。美国规定了美元和黄金之间的兑换比率，即1盎司黄金等于35美元，各国的中央银行可将其持有的美元按照这一价格向美国政府兑换黄金，对于各国的货币来说，它们需要和美元挂钩，遵照协定的要求，各国的汇率水平只能在法定中心平价上下1%的范围内波动，如果各国汇率的波动范围超出了这一限制，其中央银行就有责任和义务进行直接干预以让汇率返回到波动范围之内。当然，在一国的国际收支平衡出现较为严重问题，该国的中央银行已无力维持这种既定的法定中心平价的情况下，才能对中心平价进行调整，让其对美元贬值或升值。若法定中心平价的调整在10%以内，则各国可依据国内的经济状况进行自主调整，并通知国际货币基金组织进行确认，但若该国3年累计的调整幅度超过10%的界限的话，则需要得到国际货币基金组织的审批才能实施。总体上来说，在这一体系下美元为主要的国际储备货币，而且，它正式确立了美元在全球货币中的中心地位。

布雷顿森林体系的建立填补了国际货币秩序的空缺，在一定程度上解决了各国之间清偿能力不足的困境，为战后西方各国经济的恢复和发展作出了较大的贡献。而且，这一体系在官方上规定了各国货币之间的兑换比率，它使汇率的波动受到严格的限制，因此，在一个相对较长的时期内各国汇率之间维持了相对稳定，这降低了各国货币的汇率风险，为世界范围内国际贸易的发展创造了较为平稳的贸易环境，在某种程度上推进了国际贸易繁荣。此外，与金本位制不同，布雷顿森林体系下各国也更注重国内经济的内部均衡，这相对于仅注重外部均衡的金本位制是一个进步，它更好地促进了各国经济的健康发展。最为重要的是，在国际货币基金组织、世界银行及关贸总协定上的共识为国际间的交流合作搭建了相应的平台，这些国际组织或协定仍具有重要的国际影响，并发挥着不可替代的作用。

在布雷顿森林体系的汇率制度安排下，美元是具有双重身份的，一方面它是美国国内的法定货币，另一方面在国际经济交往中它发挥着国际货币的职能。这种情况下，作为国内的法定货币，它的发行必然受到国内经济发展状况的影响，受限于黄金储备规模的约束，然而，作为国际经济交往中的国际货币，它的发行需要满足各国经济发展和贸易增长对外汇的需求，这就将美元推向了两难境地，如果美国只考虑国内经济利益，专注于国内需求，并追求国际收支平衡，就无法满足国际社会对美元的需求，如果美国更多地考虑各国的需要向它们提供美元，则美国将会承担巨额的贸易赤字。最终的结果是各国争相将美元兑换为黄金，美国政府维持美元和黄金兑换比率的努力失败，所以，1971年8月美国总统尼克松在一次电视讲话中，明确表示暂停美元和黄金之间的兑换，布雷顿森林体系正式走向终结。

4. 牙买加体系下的浮动汇率制（弹性汇率制）阶段（1973 年至今）。

为重建国际货币秩序，1971 年 12 月持有国际货币基金组织份额最多的 10 个国家于美国华盛顿史密森协会举行会议，并签署了《史密森协议》，这一协议确立了新的汇率平价，它的许多方面与布雷顿森林体系相似，但遗憾的是，《史密森协议》仅仅维持了短短的 15 个月就寿终正寝。因而，尽管各国希望恢复的是某种形式固定的汇率制度，但实际情况是各国最后都采用了浮动或称弹性的汇率制度。

1975 年，美国和法国就可能实行的汇率制度举行磋商，两国都同意采用浮动的汇率制度，但它们认为在必要时可以对汇率的走势进行干预以稳定本币汇率，并且，合作干预在国际金融市场上也相当重要。1976 年，国际货币基金组织的成员国在岛国牙买加举行会议，并达成了《牙买加协议》。《牙买加协议》赋予了浮动汇率制度的合法地位，国际货币基金组织的成员国可自主选择本国的汇率制度，这些国家可实行固定汇率制度安排，亦可实行浮动汇率制度安排，国际货币基金组织没有硬性要求。在《牙买加协议》下，各国货币本身不需要再和贵金属或国际主要货币挂钩，各国发行的货币的价值完全由法律规定和保障，信用货币制度得以建立。而且，这次会议开拓性地将特别提款权作为成员国的储备资产，在一定程度上多元化了国际储备货币体系。

与布雷顿森林体系下单一的固定汇率制度相比，牙买加体系下各国的汇率制度是相对多样的。大多数西方国家都采用了自由浮动的汇率制度，特别是美国、英国、日本及欧盟等主要国家和地区的汇率制度基本都是完全浮动的，受到的干预整体较少，而对于大多数的新兴市场国家来说，它们选择了钉住单一货币（美元或欧元）或一篮子货币的汇率安排，当然，随着新兴市场国家经济的发展，再加上国内金融体系的逐渐完善，这些国家的汇率制度也表现出一定的浮动特征。

最后，牙买加体系也同样存在一定的局限。第一，浮动汇率制度的推广及盛行使各国货币汇率的波动幅度加大，这增加了汇率风险，因而，家庭、企业和商业银行等经济主体都要对这种汇率风险进行管理，有时这种汇率风险可能会带来较大成本。第二，牙买加体系下虽然储备货币已经多元化，但主要的储备资产仍然是美元，美元在国际货币体系中还处于主导地位，很多国家甚至采用了完全钉住美元的汇率安排（周阳，2018，2021），在国际经济和贸易交往中美元也发挥了主要作用，这使美国享受着国际铸币税的特权。第三，浮动的汇率制度安排造成了国际收支的不平衡，各国之间的贸易摩擦时有发生，虽然国际收支失衡的原因较为多样，但汇率的浮动乃至均衡汇率水平的失当可能也是国际收支不平衡的重要原因，尤其是对于较多的新兴市场或发展中国家而言，由于国内经济发展水平不高，金融体系也极为脆弱等原因，这些国家承担了更大的汇率风险。

（二）国际汇率制度的演变规律

1. 从事实上固定到浮动或更富弹性的汇率制度的演变。

早期的金本位制是较为典型的固定汇率制度，在这种国际汇率制度下，各国都确定了本国货币代表的黄金价格，也就是说，一国货币与另一国货币之间的汇率水平由两国货币本身的含金量来确定，一般来说，中央银行不会对一国货币的含金量进行调整，因此，货币之间的汇率水平是较为固定的。虽然在一战后国际汇率制度曾经历短暂的浮动汇率制度阶段，但这种浮动汇率制度是一种临时的汇率制度安排。布雷顿森林体系则重新确立了“双挂钩”的固定汇率制度，1盎司兑换35美元的比率是固定的，各国货币可兑换的美元的中心平价也是固定的，虽然在一定的情况下，一国可对中心平价进行调整，但这种调整受到较为严格的限制，所以，自19世纪70年代初到1971年布雷顿森林体系的终结，事实上固定的汇率制度维持了一个相当长的时期。

从各种形式的固定汇率制度来看，它们都存在不可维持的缺陷。于是，布雷顿森林体系之后，国际社会达成了牙买加体系，浮动或更富弹性的汇率制度成为各国的重要选择，目前虽然仍有一些国家或地区选择固定的汇率制度安排，但对于全球大部分国家而言，它们的汇率制度已表现出一定或完全的弹性，很多新兴市场国家实现了从固定汇率制度到弹性汇率制度的转换，我国也正在进行人民币汇率形成机制改革，其中，增强汇率制度弹性是我国汇率形成机制改革的重要内容。对于全球经济或金融环境来说，各国经济的融合进一步加深，资本在跨国之间的流动加速，从事全球性的生产和融资日益成为一种发展趋势，这都要求各国采用更富弹性的汇率制度安排，应该说，目前浮动的汇率制度安排能更好地适应本国经济发展的需要，也与国际经济和金融发展的客观规律更为符合。

2. 从中央银行对汇率的严重干预到以市场供求为基础的汇率制度的演变。

金本位制是政府直接规定本币的含金量，由此决定了各国之间的汇率水平，这种制度安排是完全由国家主导的，几乎没有市场因素。而在布雷顿森林体系下，为保持本币与美元之间的汇率稳定，各国的中央银行实际上在本国外汇市场上对汇率进行了较为严重的干预，尤其是在本国经济遭受冲击，本币面临急剧的升贬值压力时，主要的西方国家甚至会协调行动对汇率走势进行联合干预，并将汇率水平重新调回到合适的波动区间。这种对汇率较为严重的干预使各国的汇率水平与本国的经济基本面偏离，比较有代表性的情形是，第二次世界大战之后，德国和日本的经济都在战后快速恢复，并经历了本国经济的飞速发展时期，这两个国家的整体经济实力得到较大幅度的跃升，但依据布雷顿森林体系的固有汇率制度安排，德国马克和日元兑换美元的比率仍旧维持不变，所以，布雷顿森林体系是通过中央银行的严重干预人为地将一国的汇率限制在一个事先确定的水平，这种汇率水平不能反映本国货币所代表的价值，对世界范围内各国国际收支的均衡也是不利的。

在牙买加体系下，很多国家特别是广大新兴市场和发展中国家为了增加出口进而促进国内经济的增长，它们的中央银行通常倾向于低估本国货币的价值，以相对偏低的汇率水平，即货币的相对贬值来推动国内企业对国际市场的大量出口，但在本国经济经过一个较长时期的增长之后，就应该对本国的汇率安排进行调整，并实行浮动或更富弹性的汇率制度，此时，中央银行不能再使用外汇储备等对本币汇率的走势进行大规模的干预，否则，国内的货币价值必将大幅偏离均衡的汇率水平，这一方面不利于国内资源的优化配置，提升经济的效率，另一方面将会导致本国产生较大的国际收支顺差，给其他国家挑起贸易争端或发动贸易战提供口实。从相应的汇率制度实践来看，东欧的转轨制国家，拉美以及亚洲的新兴市场和发展中国家都已逐步减少对汇率市场的干预，并逐步实现或已开始向更富弹性的汇率制度安排的过渡。

3. 汇率制度依据世界经济环境和各国经济发展阶段不同而演变。

一国选择汇率制度的最终目的还是为国内经济发展服务，对于国际汇率制度的选择而言，依据当时经济的现实需要选择汇率制度是相对合适的，在确立这些汇率制度的初期，它们都在一定程度上带来了这个国家经济的较快发展，但随着世界经济环境和各国经济发展阶段的变化，过去选择的汇率制度可能已不再能适应经济发展的需要，从而出现各种尖锐且无法克服的矛盾。从金本位制到牙买加体系，最具有代表性的问题是各国在固定和浮动汇率制度之间的选择，即固定和浮动汇率制度之争，实际上，在布雷顿森林体系下，就有很多学者提出浮动的汇率制度更适合经济发展的需要，比如，美国著名经济学家弗里德曼自 20 世纪 50 年代起就认为浮动的汇率制度更为合适。而在 20 世纪 90 年代，仍有学者研究发现对外宣称实行浮动汇率制度的国家事实上采用的仍是固定的汇率制度，从而产生了“固定汇率制度的幻觉”（Obstfeld and Rogoff，1995）。总之，一国选择的汇率制度应适应世界经济环境的变化，并根据国内经济发展阶段的不同而作出调整，这应该也是国际货币体系中各国汇率制度不断演变的原因。

4. 从单一的储备资产黄金到国际储备资产多元化的演变。

金本位制下各国的储备资产都是黄金，一国拥有的黄金的存量决定了这个国家发行货币的数量，也就是说，在金本位制下黄金应该说是各国普遍接受的储备资产。在布雷顿森林体系下，“双挂钩”的汇率制度安排使美元成为新的储备资产，美元是各国都愿意接受的货币，它几乎与黄金等同。在牙买加体系下，各国同意创设特别提款权作为新的储备资产，它在一定程度上可以代替黄金，国际储备资产逐步多元化，而且，随着各国货币国际化的加快，世界范围内具有较大影响的欧元、日元和英镑也成为各国备选的储备资产，在 2016 年

10月正式加入SDR之后，人民币也开始成为国际上重要的储备资产。

二、人民币汇率制度安排及弹性改革

（一）1994年的汇率制度安排及弹性改革

1994年汇率制度改革之前，人民币官方汇率和市场调剂汇率并存，这使得我国的外汇管理制度较为复杂并带来了一系列问题，这种不透明且非市场化的汇率制度安排与市场经济的改革方向不符，为彻底改变这一局面，国务院于1993年12月对外发布了《进一步改革外汇管理体制的通知》，宣布自1994年1月1日开始，我国将对汇率制度进行改革，这次改革的内容主要有以下几个方面：

第一，实行官方汇率和市场调剂汇率的并轨，并轨后的人民币汇率制度安排是以市场供求为基础的、单一的、有管理的浮动汇率制度。这一汇率制度强调了市场在决定人民币汇率中的作用，这预示着我国中央银行将会逐步减少对汇率的行政干预，并通过更加市场化的经济与法律手段来调节汇率。而且，这一汇率制度也明确了人民币仍将参考单一的货币美元来调整其汇率水平，中央银行仍有可能对人民币汇率进行大规模的干预，以实现对这种浮动汇率制度的有效管理。

第二，建立全国范围内一体化的银行间外汇交易市场，1994年2月成立了中国外汇交易中心，其总部设在上海，国内银行间的外汇交易主要通过这一交易中心来完成。这改变了原有的官方市场和分散的场外市场同时存在的情况，因而，人民币外汇市场由本质上分割的市场转变为集中的，具有一定市场因素并相对封闭管理的银行间交易市场，它在交易场所、参与主体及市场结构等方面都具有较大的进步。

第三，取消外汇留成制，实行结售汇制。不允许企业等再开设外汇账户和持有外汇收入，各经济主体取得的外汇收入需要到外汇指定银行进行结汇，从而使外汇收入汇集到了国家手中，境内的企业、政府机关及社会团体等的对外支付用汇，可到外汇指定银行统一办理售汇，禁止企业不经过全国银行间外汇市场直接进行外汇交易。

第四，不再实行外汇收支的指令性计划，主要依据市场经济手段来对外汇供求进行相应的调控，并进一步规定，人民币为我国境内唯一合法的货币，其他所有货币不能在国内流通并用于计价。

总体来说，1994 年的汇率制度改革使我国的汇率安排发生了较大变化，特别是汇率的并轨和全国银行间外汇市场的形成活跃了人民币外汇市场，并将市场因素更多地引入到人民币汇率机制之中，应该说，这一汇率安排中汇率弹性的成分有所增加。但国内大量的研究却发现，事实上从 1994 年开始，人民币实行的仍旧是紧钉美元的汇率安排，我国的汇率制度本质上还是钉住美元的固定汇率制度（李婧，2002；周阳和唐齐鸣，2011），这一汇率制度是完全没有弹性的。

（二） 2005 年的汇率制度安排及弹性改革

随着经济的开放与资本项目的逐步放开，人民币事实上钉住美元的汇率制度安排对我国货币政策的独立性带来较大冲击，而且，选择美元为名义锚来稳定国内经济的理论前提并不成立，中美之间存在明显的工资、价格差异，加上两国的经济周期并不完全一致，这使完全锚定美元的汇率制度安排给国内经济主体带来了较高的成本。在这种背景下，中国人民银行在 2005 年 7 月 21 日对外宣布进一步推进人民币汇率形成机制改革，相关的内容包括：

第一，我国实行以市场供求为基础、参考一篮子货币进行调节、有管理的浮动汇率制度（周阳等，2012）。以市场供求为基础要求人民币汇率水平必须考虑外汇的供求变化，有管理的汇率制度要求中央银行要维持人民币在合理均衡水平上的基本稳定，而且，人民币不再完全依照美元汇率的变动来调整自己的价值，中央银行规定一篮子货币是人民币汇率调整的重要参考，根据 2005 年 8 月时任中国人民银行行长周小川阐述的货币篮子的组成原则，我国主要依据各国贸易在我国对外贸易中的总体占比来选取篮子货币，其披露的 11 种货币中，美元、欧元、日元和韩元为最为主要的四种货币。

第二，在 2005 年 7 月 21 日 19 时，对人民币兑美元汇率进行一次性调整，人民币由汇改之前的 1 美元等于 8.27 元人民币的汇率水平升值到 1 美元等于 8.11 元人民币的汇率水平，这次人民币虽然升值的幅度并不大，但它在一定程度上缓解了人民币升值压力。这一新的汇率水平也成为次日银行间外汇市场人民币兑美元汇率交易的中间价，各家银行可根据这一中间价调整它们对客户的报价。

第三，中央银行在每个交易日结束后，向社会发布当日银行间市场美元等货币与人民币汇率的收盘价，并将其作为下一个交易日这些货币和人民币汇率交易的中间价格。

第四，中央银行规定，在每个交易日美元兑人民币汇率的波动幅度限定在中间价 3‰的范围内，而其他货币和人民币汇率之间的波动幅度则应在中间价一定的范围内。

与之前事实上钉住美元的汇率制度不同，2005 年 7 月的汇率制度改革开始逐步放开人民币汇率弹性。这种汇率制度弹性主要表现在：（1）中央银行明确人民币汇率的形成是以市场供求为基础的，也就是说，在人民币汇率决定中市场对外汇的需求和供给是最为重要的，这一汇率不是官方通过行政手段给定的，而是由市场确定的；（2）中央银行确定了人民币货币篮子，这和原有的只能钉住美元的汇率制度形成了较为鲜明的对比，相对于单一的货币美元来说，货币篮子对人民币汇率更具参考价值，而且，由于这一货币篮子选择的标准是贸易占比，所以，它更能真实地反映我国经济的实际情况，相对来说，这种汇率制度更加灵活，人民币可根据一篮子货币的价值更方便地调整自身的价值，而不再仅局限于美元价值的变化来调整自身的价值，显然，这种汇率安排下人民币汇率制度更富弹性；（3）中央银行允许人民币和美元及其他货币之间存在一定的波动，对于美元来说，银行间外汇交易的波动幅度范围在 3‰以内，而其他货币和人民币之间的波动幅度则可以更大，这表明中央银行对汇率波动的干预趋于减少，人民币与各货币之间的汇率更多地反映了市场供求。

（三）后续的汇率制度安排及弹性改革

对人民币汇率波动限制的进一步放开。鉴于国内外汇市场的市场化程度日渐加深，风险管理工具日趋丰富，经济主体管理风险的能力日益提升，中央银行对银行间即期外汇市场人民币兑美元交易价浮动幅度的限制进行了调整，2007年5月，中国人民银行决定将这一浮动幅度由3‰扩大到5‰，2012年4月，这一浮动幅度则由5‰扩大到1%，2014年3月，再次将浮动幅度从1%扩大到2%。可以发现，随着中央银行对人民币兑美元汇率波动限制的减少，人民币汇率能够更多地反映市场供求在汇率决定中的作用，而且，通过人民币和美元之间的交易也可促进外汇市场价格发现功能的实现，继续增强人民币汇率弹性。此外，人民币兑其他货币交易价浮动幅度的限制也在放开，比如，2012年4月，人民币兑欧元、英镑、日元和港元汇率的浮动幅度已扩大到3%，人民币兑卢布、马来西亚林吉特汇率的浮动幅度甚至扩大到了5%，这些货币汇率波动范围的加大都在一定程度上增强了人民币汇率弹性。

对人民币兑美元中间价定价机制的完善。2015年8月，中国人民银行发布消息称，外汇做市商在报出中间价时需要参考上一个交易日的收盘汇率，让市场供求在做市商的报价中得到反映，2015年12月，中国外汇交易中心（CFETS）开始发布人民币汇率指数，指出人民币汇率形成中要更加注重参考一篮子货币的力度，以更好地稳定人民币汇率水平，由此形成了“收盘汇率+一篮子货币汇率变化”的中间价定价机制。对于人民币兑美元来说，做市商在进行报价时，需要综合考虑以上两个部分的内容，一方面，上一个交易日16时30分收市时银行间外汇市场人民币和美元之间的收盘汇率是做市商报价的参考，另一方面，人民币兑美元汇率的调整幅度受限于一篮子货币汇率的变化，即一篮子货币的汇率变化也是做市商报价的参考。在此中间价定价机制下，人民币汇率趋于稳定，供求因素也在汇率中得到体现，人民币兑美元的汇率弹性呈现出增强趋势。

对人民币兑美元报价模型的改进。2017年5月，为对冲市场情绪的顺周期波动，中国人民银行宣布在人民币兑美元的报价模型中增加“逆周期因子”，让人民币汇率更多地反映国内经济基本面的变化。这次对报价模型的改进在较大程度上避免了人民币的大幅波动，特别是对外汇市场上的非理性投资者来说，“从众”或“盲从”心理往往会导致“羊群效应”等的出现，这一因子则限制了投资者的这种行为对外汇市场的冲击，因此，市场愈发理性，经济基本面在人民币汇率变动中的作用也越来越重要。

对金融危机下人民币汇率制度的选择。2005 年 7 月的汇率制度改革之后，人民币相对于美元具有一个相对较长的升值期，但在 2008 年发生全球性的金融危机以后，中国人民银行对人民币汇率的干预迅速增加，在这一时期人民币实际上实行了重新钉住美元的汇率安排，以此来稳定人民币汇率水平，并增强我国货币抵御外部风险的能力，应该说，中央银行在金融危机下的这种汇率制度选择为国内经济提供了较好的外部环境，也为后续危机条件下汇率制度的选择提供了参照。随着国际经济形势的变化，金融危机对我国经济的影响逐步减弱，于是，2010 年 6 月，中国人民银行决定进一步推进汇率制度改革，增加人民币汇率制度弹性。之后，人民币汇率重新呈现出浮动的特征，市场供求在汇率决定中日渐得到体现。

综上所述，随着人民币汇率形成机制改革的日益深入，我国的汇率制度安排越来越多地反映了市场供求的变化，经济基本面在汇率波动中的作用愈发重要，人民币汇率弹性逐步得到增强。实际上，更富弹性的汇率制度有助于国内经济结构的转型升级，对我国国际收支账户的均衡及人民币国际化的深入推进都有较为重要的现实意义。

三、 汇率弹性的决定因素

（一） 经济开放程度

一国汇率制度的选择主要由经济方面的因素决定，其中，经济开放程度对汇率制度的选择影响深远。从目前的研究来看，大多数的研究使用进出口贸易总额与GDP之比来衡量经济开放程度，如果一国经济的开放程度较高，则表明该国生产的商品已广泛进入国际市场，同时，国内居民也消费大量的国外商品，企业也较多地使用国外商品进行投资。在经济开放程度较高时，如果国内仍然实行固定的汇率制度安排，则国外经济的随机冲击可能会给国内经济带来较大影响，因为这个国家并没有让汇率自由浮动来自动隔离这种冲击，因此，在国内经济开放程度较高的情况下，一国的货币当局一般倾向于采用相对弹性的汇率制度。当然，当一国的进出口贸易总额占GDP的比重较大时，本币汇率的过度波动也可能给国内经济平稳增长带来较大威胁，这需要中央银行适度对外汇市场进行干预，并逐步增强国内各经济主体有效管理汇率风险的能力。

根据国家统计局的数据，在改革开放初期的1980年我国的GDP规模为4587.6亿元，进出口贸易总额为570亿元，按此数据计算当年国内经济开放程度为0.124。但随着外向型经济发展方式的推广以及国内经济对外开放步伐的加快，1990年和2000年国内经济的开放程度则分别达到了0.295和0.392。在2005年我国实行汇率制度改革，放弃事实上完全固定的汇率制度，并放开汇率弹性之后，国内经济开放程度进一步提升，2006年时我国的GDP规模为219438.5亿元，进出口贸易总额为140974.7亿元，经济开放程度甚至高达0.642。随后，进出口贸易总额占GDP的比率有所降低，2015年时这一比率已低于0.4，但目前国内经济的开放程度仍维持在较高水平；2017—2021年进出口贸易总额占GDP的比率分别达到了0.334、0.332、0.320、0.316和0.345，这种经济开放程度要求我国实行具有一定汇率弹性的汇率制度。

（二）贸易集中度

多数学者采用赫芬达尔指数（HHI）的思想来衡量一个国家的贸易集中度，它是某个国家与其他国家或地区贸易额占这个国家总贸易额百分比的平方，相应的计算公式为：$HHI=\sum_{i=1}^{N}(X_i/X)^2$，其中，$X_i$ 表示某国与第 i 个国家或地区的贸易额，X 表示这个国家总的贸易额。赫芬达尔指数越大，则这个国家的贸易集中度越高。一般来说，一个国家对外贸易市场越集中，它的贸易多元化程度就越低，在国际贸易市场中就越被动，该国国际贸易的发展受到全球贸易环境的影响也越大。特别是对于广大新兴市场国家来说，它们对原材料或初级产品的出口往往依赖于有限的几个主要市场，贸易集中度较高，这个国家本币的汇率也深受主要贸易国的影响。此时，这个国家与其主要贸易伙伴之间贸易关系的较大变化可能会给这个国家带来较大冲击，这不利于国内经济的发展，也不利于这个国家实行较为弹性的汇率制度。

从贸易集中度来看，我国与世界各国之间建立了较为广泛的贸易联系，东盟、美国、欧洲以及大量的“一带一路”国家等都与我国贸易关系较为密切，这种较低的贸易集中度对于我国实行较为弹性的汇率制度是有利的。但应该看到，目前我国的国际贸易环境呈现出一定恶化的趋势，国际贸易保护主义抬头，中美贸易战以及突如其来的“新冠”疫情冲击等都有可能对我国对外贸易带来负面影响，此时，更加注重我国贸易的多元化程度尤为重要。应进一步加强我国与“一带一路”国家及广大新兴市场国家之间的贸易关系，持续扩大对外开放，将相对集中的贸易度适度分开，有效扩大我国对外贸易在全球贸易中的影响力，降低对特定经济体在贸易上的依赖，提高我国对外贸易的抗风险能力，切实推动人民币汇率弹性改革。

（三）对外部门的多元化

在经济开放程度一定的情况下，对外部门越是多元化，则该国遭受的外来冲击越容易被其他部门抵消掉，因此，当中央银行不对外汇市场进行干预时，对外部门的多元化将会导致汇率相对更小的波动。一般来说，一国的对外部门生产的产品包括劳动密集型、资本密集型及技术密集型产品，这些产品如果在一国的出口中都占有一定的比例，则说明这个国家对外部门的多元化程度更好。比如，如果国际市场对劳动密集型产品的需求突然减少，则这个国家可及时对国内产品的出口策略进行调整，适当地增加资本和技术密集型产品的出口来弥补这一缺口，此时，这一事件不会对国内经济产生太大冲击，也不会给本币的汇率带来较大影响。所以，当一国对外部门的多元化程度越好时，则这个国家可以实行更为弹性的汇率制度。

改革开放初期，我国的出口产品主要来源于“三来一补”企业，这些产品基本都属于劳动密集型的，这种情况下，如果实行弹性的汇率制度，当发生经济危机或出现外部冲击时，势必给人民币汇率带来较大的波动，这不利于国内经济的稳步增长。目前我国出口产品的构成已发生较大的变化，劳动密集型产品在我国出口中的占比多年来一直呈现出下降的走势，相反，资本密集型和技术密集型的产品逐步增加，这在较大程度上改变了我国对外部门较为单一化的状况，也为人民币实行较为弹性的汇率制度安排提供了相应的条件。

（四）资本市场开放程度

资本市场开放与汇率弹性涉及“不可能三角”理论，即一国在货币政策独立性、资本自由流动和汇率稳定三者之间只能选择其中的两个。对于一个国家来说，如果要保持货币政策独立性，资本市场又要逐步开放，就需要接受较大的汇率弹性，因而，一国如果优先选择货币政策独立性目标，则资本市场开放程度越高则要求这个国家具有更大的汇率弹性。当然，对于一个国家来说，如果放弃货币政策独立性，资本市场又要对外开放，则这个国家可以实行固定的汇率安排，所以，一国如果放弃货币政策独立性目标，则资本市场开放程度与汇率弹性之间的联系并不密切。因此，资本市场开放与汇率弹性之间的关系本身较为复杂，中央银行究竟应该如何选择在学术界仍存在争议。但对于全球具有较大影响力的发达经济体或新兴市场经济体而言，它们一般会将货币政策独立性目标置于优先位置，这就意味着资本市场的开放需要一国的汇率更富弹性。

从实际情况来看，我国资本市场在不断开放，由第一阶段向境内居民开放B股市场，发行外资股，为境外投资者进入国内资产市场提供相应的渠道，到第二阶段正式出台QDII、QFII和RQFII制度，打通境外资金投资A股的渠道，为中国资本市场吸纳境外资金提供了更立体化的制度保障，再到第三阶段沪港通、深港通、沪伦通的推出，进一步打通了A股和全球重要市场的互联互通机制，促进了双向资金的自由流动。这三个阶段使得我国资本市场实现了由单向开放向双向开放的转变，国内资本市场开放程度不断提高。与此同时，从中国人民银行对外发布的数据来看，2005年汇率制度改革之后，经过逐步调整，人民币汇率初步呈现出有升有贬，双向浮动的趋势。尤其是2017年中央银行在人民币汇率形成机制中引入“逆周期因子”之后，人民币汇率波动愈发与经济基本面相一致，它日益根据国内宏观经济基本面的变化来调整自身的汇率水平，人民币汇率弹性不断增强。

（五） 经济发展程度

衡量一国经济发展程度一般采用人均GDP指标，通常情况下，经济发展程度越低的国家更加倾向于采用固定或钉住汇率制度安排。一方面，由于国内商品市场和要素市场的发展水平较低，它无法生产出国内经济发展急需进口品的替代品，这时，这个国家只能通过出口一些初级产品换取外汇来进口国内急需的进口品，如果任由汇率波动，则国内初级产品的出口可能会受到较大的影响，从而导致国际贸易环境恶化，进而不利于对进口品的进口，另一方面，当国内经济发展程度较低时，这个国家也无法拥有较多的外汇储备对汇率的较大波动进行干预，如果这个国家的货币遭受国外投机资本的攻击，中央银行在外汇市场上买卖外汇时，时常会发生外汇储备不足的情况。汇率不稳会影响到国内产出和物价水平，最终对国内经济造成较大影响，因而，经济发展程度和汇率弹性之间存在正相关关系。

根据世界银行统计的人均GDP数据，1980、1990及2000年中国的人均GDP分别为194.80、317.88和959.37美元，一直到2001年中国的人均GDP才超过1000美元，达到了1053.11美元，这说明虽然在改革开放之后经历了一个较长时期的经济增长，我国总体经济实力得到了较大提升，但2001年之前中国的经济发展还主要是满足人民基本生活的需要，国内经济发展平均来说仍处于较低水平和阶段。随后，中国的人均 GDP 经历了一个相对较快的发展时期，2006、2008、2010 和 2011 年国内的人均 GDP 分别突破 2000、3000、4000 和 5000 美元大关，2019 年的人均 GDP 则越过了 10000 美元，达到 10216.63 美元的水平，2020 年虽然受到了新冠疫情危机的较大影响，但中国的人均 GDP 仍保持了逆势增长态势，达到了 10500.40 美元的较高水平，2021 年则更进一步达到了 12551 美元的水平。根据世界银行的标准，人均 GDP 高于 10000 美元意味着中国已进入中高等收入国家的行列，这说明中国人民的生活水平得到较大程度的改善，居民的消费水平稳步提高，国内经济发展初步实现了良性循环。事实上，可以发现，在 2001 年之后中国人均 GDP 在将近 20 年的时间内实现了多次跨越，这为人民币开始汇率弹性改革并实行弹性的汇率制度提供了相应的保障。

（六）通胀之间的收敛性

两国之间相似的通胀率是维持这两个国家之间汇率稳定的重要条件，一般而言，通胀率之间的差异主要源于各国生产效率、货币政策及经济周期的不同，如果一个国家与它的贸易伙伴之间存在着通胀之间的较大差异，则这个国家很难维持其和贸易伙伴货币之间较为稳定的汇率。典型的情况是，在欧元区建立之前，实际上参加欧元区的国家都实行了通胀目标的货币政策，这些国家最后的通胀目标是趋于一致的，即它们的通胀最终是收敛到一个水平的，这样就可维持它们之间汇率的稳定，并实现了向统一货币的过渡。

我国的通胀率在改革开放之后经历了两个上涨较快的时期，一个时期是 20 世纪 80 年代末期，国内的 CPI 经历了较快上涨，1988 和 1989 年居民消费价格指数分别上涨 18.8%和 18%，另一个时期是 20 世纪 90 年代初期，国内的 CPI 同样上涨较为迅速，1993—1995 这三年居民消费价格指数分别上涨 14.7%、24.1%和 17.1%。应该说，这两个时期较高的通胀率是与我国粗放的经济增长方式相关的，央行为了促进经济增长投放了大量的货币。但此后，我国的通胀率一直处于较低水平，2000 年之后国内最高的通胀率是 2008 年的 5.9%，其余大部分年份的通胀率基本都处于3%以下。这种较低的通胀率与主要经济体美国、欧盟、日本的通胀率虽然仍存在一定的差异，但这种差异是不大的。仍需要注意的问题是，我国的生产效率、经济周期和货币政策可能与主要经济体之间还存在一定的差异，所以，国内的通胀率基本不会出现向这些经济体的通胀率收敛的情况，因而，有必要保持人民币与美元、欧元及日元等主要货币之间汇率的弹性。

四、人民币汇率弹性指数及其汇率弹性增强的趋势

（一）人民币汇率弹性指数构建

绝大多数的研究表明，完全固定或自由浮动的汇率制度并不是各国选择的主要汇率制度，大部分国家实行的是居于两者之间的具有一定弹性的汇率安排。传统的研究一般认为，如果一个国家的汇率在一定的时期内波动的幅度越大，则这个国家的汇率弹性越强。现有的文献中，大多数研究使用一国的汇率、外汇储备及利率指标，在按照事实汇率机制的方法对汇率制度进行分类的基础上，通过构建一个综合指标的形式来度量各国汇率制度弹性的强弱。Calvo and Reinhart（2002）假定一国经济是封闭的，在排除外部经济变量对国内主要经济变量的冲击之后，他们运用汇率和外汇储备这两个指标构建了一个汇率弹性指数（exchange rate flexibility index）来度量汇率制度的弹性。目前，许多学者在Calvo and Reinhart（2002）文献的基础上，对汇率弹性指数进行了扩展，其中，Levy-Yeyati and Sturzenegger（2003，2005）的研究具有较好的代表性，他们推导了汇率弹性指数的完整形式。

在构建汇率弹性指数时，不可避免地涉及中央银行对外汇市场的干预。当前的汇率制度安排中，没有一个国家是完全不干预汇率走势的，在日常的汇率波动中，中央银行或多或少都会对汇率进行干预。中央银行干预汇率的方式一般分为两种，一种是在外汇市场上通过买卖外汇储备的方式来干预汇率，这种

干预方式是大多数中央银行经常使用的，另一种是通过调整利率的方式来影响汇率，一般来说，这种方式是不多见的，因为短期利率通常被用作中央银行价格型的货币政策工具，尤其是对于希望采取自主性货币政策的国家来说，它们不会不顾国内宏观经济的状况来调整利率应对汇率的变动。

参考现有文献中汇率弹性指数的基本思想，当一个国家汇率波动时，如果中央银行并没有过多地采用外汇储备或利率对汇率的波动进行干预，则市场因素在决定这个国家的汇率中发挥了较大的作用，这个国家的汇率制度是富于弹性的，相反，当一个国家汇率波动时，如果中央银行通过外汇储备或利率对汇率进行了严重的干预，使汇率重新回调或回复到初始水平，则这个国家的汇率是受到政府严格管制的，它的汇率制度的弹性是相对较小的。依据目前大多数文献的通常做法，这里构建如下形式的人民币汇率弹性指数：

$$erfi_t^{RMB}=\frac{\sigma_{et}^2}{\sigma_{rt}^2+\sigma_{it}^2} \tag{2.1}$$

其中，$erfi_t^{RMB}$ 代表人民币汇率弹性指数，σ_{et}^2、σ_{rt}^2分别代表人民币兑美元汇率及我国外汇储备变化的方差，σ_{it}^2代表利率相对于其前期值差分的方差。采用国内的相关数据对（2.1）式进行计算，如果计算结果显示人民币汇率弹性指数为 0，则表示在人民币汇率波动时，中央银行通过外汇储备的买卖或利率的调整推动汇率重新回复到了初始水平，人民币汇率是完全缺乏弹性的，同样地，如果计算结果显示人民币汇率弹性指数为一个较大的正值，这表示虽然在汇率波动时，中央银行通过外汇储备和利率对汇率走势进行了干预，但这种干预的幅度较小，对汇率本身并没有产生太大的影响，因此，这时人民币汇率是具有较大弹性的。

（二）人民币汇率弹性增强的趋势

需要强调的是，考虑到我国需要自主的货币政策对经济进行调控，中央银行一般并不会变动短期利率水平来影响汇率，所以，这里选择较少变动的三个月期的存款利率作为利率数据的代表来计算汇率弹性指数，利率、汇率及外汇储备的数据都从 Wind 数据库得到。由于我国进行汇率制度改革，开始放开汇率制度弹性发生于 2005 年 7 月，因而，选择 2005 年 7 月至 2021 年 6 月的数据来进行分析，具体数据如表 2.1 所示。

表 2.1　人民币汇率、外汇储备和我国存款利率的数据

月份	汇率	外汇储备	存款利率	月份	汇率	外汇储备	存款利率
2005-7	8.108	7327	1.71	2007-7	7.574	13852	2.34
2005-8	8.097	7532	1.71	2007-8	7.561	14086	2.61
2005-9	8.093	7690	1.71	2007-9	7.511	14336	2.88
2005-10	8.084	7849	1.71	2007-10	7.469	14548	2.88
2005-11	8.080	7942	1.71	2007-11	7.400	14969	2.88
2005-12	8.070	8188	1.71	2007-12	7.305	15282	3.33
2006-1	8.061	8451	1.71	2008-1	7.185	15898	3.33
2006-2	8.042	8536	1.71	2008-2	7.106	16471	3.33
2006-3	8.017	8750	1.71	2008-3	7.019	16821	3.33
2006-4	8.017	8950	1.71	2008-4	7.000	17566	3.33
2006-5	8.019	9250	1.71	2008-5	6.947	17969	3.33
2006-6	7.996	9411	1.71	2008-6	6.859	18088	3.33
2006-7	7.973	9545	1.71	2008-7	6.839	18451	3.33
2006-8	7.959	9720	1.80	2008-8	6.835	18841	3.33
2006-9	7.909	9879	1.80	2008-9	6.818	19055	3.33
2006-10	7.879	10096	1.80	2008-10	6.826	18796	2.88
2006-11	7.844	10387	1.80	2008-11	6.835	18847	1.98
2006-12	7.809	10663	1.80	2008-12	6.835	19460	1.71
2007-1	7.778	11046	1.80	2009-1	6.838	19134	1.71
2007-2	7.741	11573	1.80	2009-2	6.838	19120	1.71
2007-3	7.734	12020	1.98	2009-3	6.836	19537	1.71
2007-4	7.706	12465	1.98	2009-4	6.825	20088	1.71
2007-5	7.651	12926	2.07	2009-5	6.832	20894	1.71
2007-6	7.616	13326	2.07	2009-6	6.832	21316	1.71

续表

月份	汇率	外汇储备	存款利率	月份	汇率	外汇储备	存款利率
2009-7	6.832	21746	1.71	2011-12	6.301	31811	3.10
2009-8	6.831	22108	1.71	2012-1	6.312	32536	3.10
2009-9	6.829	22725	1.71	2012-2	6.292	33096	3.10
2009-10	6.828	23282	1.71	2012-3	6.294	33049	3.10
2009-11	6.827	23887	1.71	2012-4	6.279	32989	3.10
2009-12	6.828	23991	1.71	2012-5	6.336	32061	3.10
2010-1	6.827	24152	1.71	2012-6	6.325	32400	2.85
2010-2	6.827	24245	1.71	2012-7	6.332	32399	2.60
2010-3	6.826	24470	1.71	2012-8	6.345	32729	2.60
2010-4	6.826	24905	1.71	2012-9	6.341	32850	2.60
2010-5	6.828	24395	1.71	2012-10	6.300	32874	2.60
2010-6	6.791	24542	1.71	2012-11	6.289	32976	2.60
2010-7	6.775	25388	1.71	2012-12	6.286	33115	2.60
2010-8	6.811	25478	1.71	2013-1	6.300	34100	2.60
2010-9	6.701	26483	1.71	2013-2	6.278	33954	2.60
2010-10	6.691	27608	1.91	2013-3	6.269	34426	2.60
2010-11	6.676	27678	1.91	2013-4	6.221	35344	2.60
2010-12	6.623	28473	2.25	2013-5	6.180	35148	2.60
2011-1	6.589	29316	2.25	2013-6	6.179	34966	2.60
2011-2	6.575	29913	2.60	2013-7	6.179	35478	2.60
2011-3	6.556	30446	2.60	2013-8	6.171	35530	2.60
2011-4	6.499	31458	2.85	2013-9	6.148	36626	2.60
2011-5	6.485	31659	2.85	2013-10	6.143	37365	2.60
2011-6	6.472	31974	2.85	2013-11	6.133	37894	2.60
2011-7	6.444	32452	3.10	2013-12	6.097	38213	2.60
2011-8	6.369	32624	3.10	2014-1	6.105	38666	2.60
2011-9	6.355	32016	3.10	2014-2	6.121	39137	2.60
2011-10	6.323	32737	3.10	2014-3	6.152	39480	2.60
2011-11	6.348	32209	3.10	2014-4	6.158	39787	2.60

续表

月份	汇率	外汇储备	存款利率	月份	汇率	外汇储备	存款利率
2014–5	6.170	39838	2.60	2016–10	6.764	31206	1.10
2014–6	6.153	39932	2.60	2016–11	6.887	30515	1.10
2014–7	6.168	39662	2.60	2016–12	6.937	30105	1.10
2014–8	6.165	39688	2.60	2017–1	6.859	29982	1.10
2014–9	6.153	38877	2.60	2017–2	6.875	30051	1.10
2014–10	6.146	38529	2.60	2017–3	6.899	30090	1.10
2014–11	6.135	38473	2.35	2017–4	6.893	30295	1.10
2014–12	6.119	38430	2.35	2017–5	6.863	30535	1.10
2015–1	6.137	38134	2.35	2017–6	6.774	30567	1.10
2015–2	6.148	38015	2.35	2017–7	6.728	30807	1.10
2015–3	6.142	37300	2.10	2017–8	6.601	30915	1.10
2015–4	6.114	37481	2.10	2017–9	6.637	31085	1.10
2015–5	6.120	37111	1.85	2017–10	6.640	31092	1.10
2015–6	6.114	36938	1.60	2017–11	6.603	31192	1.10
2015–7	6.117	36513	1.60	2017–12	6.534	31399	1.10
2015–8	6.389	35573	1.35	2018–1	6.334	31614	1.10
2015–9	6.361	35141	1.35	2018–2	6.329	31344	1.10
2015–10	6.350	35255	1.10	2018–3	6.288	31428	1.10
2015–11	6.396	34382	1.10	2018–4	6.339	31248	1.10
2015–12	6.494	33303	1.10	2018–5	6.414	31106	1.10
2016–1	6.552	32308	1.10	2018–6	6.617	31121	1.10
2016–2	6.545	32023	1.10	2018–7	6.817	31179	1.10
2016–3	6.461	32125	1.10	2018–8	6.825	31097	1.10
2016–4	6.459	32196	1.10	2018–9	6.879	30870	1.10
2016–5	6.579	31917	1.10	2018–10	6.965	30530	1.10
2016–6	6.631	32051	1.10	2018–11	6.936	30616	1.10
2016–7	6.651	32010	1.10	2018–12	6.863	30727	1.10
2016–8	6.691	31851	1.10	2019–1	6.703	30879	1.10
2016–9	6.678	31663	1.10	2019–2	6.690	30901	1.10

续表

月份	汇率	外汇储备	存款利率	月份	汇率	外汇储备	存款利率
2019-3	6.734	30987	1.10	2020-5	7.132	31016	1.10
2019-4	6.729	30949	1.10	2020-6	7.080	31123	1.10
2019-5	6.899	31010	1.10	2020-7	6.985	31543	1.10
2019-6	6.875	31192	1.10	2020-8	6.861	31646	1.10
2019-7	6.884	31036	1.10	2020-9	6.810	31425	1.10
2019-8	7.088	31071	1.10	2020-10	6.723	31279	1.10
2019-9	7.073	30924	1.10	2020-11	6.578	31784	1.10
2019-10	7.053	31051	1.10	2020-12	6.525	32165	1.10
2019-11	7.030	30955	1.10	2021-1	6.471	32106	1.10
2019-12	6.976	31079	1.10	2021-2	6.471	32049	1.10
2020-1	6.888	31154	1.10	2021-3	6.571	31700	1.10
2020-2	7.007	31067	1.10	2021-4	6.467	31981	1.10
2020-3	7.085	30606	1.10	2021-5	6.368	32218	1.10
2020-4	7.057	30914	1.10	2021-6	6.460	32140	1.10

表 2.2 是人民币汇率弹性指数的测算结果。总体上，从 2005 年 7 月至 2021 年 6 月的整体样本数据来看，人民币汇率弹性指数的测算结果为 0.3186。这意味着经过十多年的汇率制度改革，人民币汇率已具备一定的弹性程度，也就是说，中国人民银行并不是随时对人民币汇率走势进行干预，使它维持与美元之间汇率的固定，这就和 2005 年 7 月之前形成了鲜明对比，因为当时人民币实际上实行的是完全钉住美元的汇率制度安排，中央银行通过外汇储备和利率，特别是使用外汇储备在外汇市场上对人民币汇率走势进行了较为严重的干预，这在较大程度上限制了人民币汇率的波动，当然，这种汇率制度安排也无法真实反映市场供求及国内宏观经济基本面的变化。

根据以上构建的汇率弹性指数可知，它是由汇率的变化相对于外汇储备和利率的变化之和求得的，所以，具体的测算结果为 0.3186 表示在人民币汇率发生变动时，中央银行仍会通过外汇储备和利率的调整来限制人民币汇率的变动，但这种限制是处于一定范围内的，市场供求在决定汇率的变化上的确开始发挥基础性的作用。而且，从现有的研究成果来看，人民币汇率的走向越来越充分地反映了国内经济基本面的状况，如果国内经济增长较快，各宏观经济指标持续向好，则人民币会表现出一定的升值趋势，相反，当国内对经济结构进行调整，实现经济转型升级并导致经济增长暂时放缓时，人民币汇率会表现出一定的贬值趋势，这也说明中央银行对人民币汇率的干预并没有根本上改变人民币汇率的走势。

当然，在整个样本期内，不同的阶段人民币汇率波动可能呈现出完全不同的特征，因而，有必要分阶段讨论人民币汇率制度弹性的程度。鉴于人民币兑美元汇率的走势在汇率制度改革初期时主要是对美元单边升值，并没有表现出双向浮动的趋势，而 2010 年 6 月进一步放开汇率制度弹性以后，人民币兑美元汇率逐步摆脱单边走势，并初步呈现出双边浮动的特征，所以，将整个样本期分为汇率升值期和汇率双向浮动期来测算汇率弹性指数，进一步，由于 2008 年 7 月发生了世界性的金融危机，这给我国经济带来了一定冲击，国内的汇率安排也进行了调整，因此，再次将汇率升值期区分为汇率快速升值期和金融危机时期两个子样本（见表 2.2）。

表 2.2　人民币汇率弹性指数的测算结果

总体	测算结果		
	整体样本（2005.7—2021.6）		
汇率弹性指数	0.3186		
分阶段	阶段 1：汇率升值期（2005.7—2010.6）		阶段 2：汇率双向浮动期（2010.7—2021.6）
	汇率快速升值期（2005.7—2008.6）	金融危机时期（2008.7—2010.6）	
汇率弹性指数	0.1751	0.0087	0.6174

各个时期汇率弹性指数的测算结果如表 2.2 所示，2005 年 7 月至 2008

年6月汇率快速升值期人民币汇率弹性指数为0.1751。正如表2.1的汇率数据所呈现出的，这一阶段人民币汇率从2005年7月的1美元兑换8.108元人民币的汇率水平快速升值至2008年6月的1美元兑换6.859元人民币的汇率水平，这一期间只有2006年5月人民币相对美元有一个非常小的贬值，其他各个月份人民币都是升值的，但从汇率弹性指数的具体数值来看，它的汇率弹性程度是弱于整个样本期的，也就是说，虽然在这一时期人民币汇率呈现出单边走势，但为了避免人民币相对于美元升值幅度过大，中央银行事实上对人民币汇率走势进行了明显的干预，这在一定程度上避免了人民币汇率短期内的大幅升值，为国内进出口企业等经济主体适应货币升值环境争取了一段相对较长的时间。

2008年7月金融危机发生之后，世界各国汇率波动较为剧烈，为了防止这种外部冲击对国内经济产生较大影响，也为了承担起世界经济大国的责任，我国重新对人民币汇率走势进行了大量的干预，所以，从这一时期人民币汇率弹性指数的测算结果来看，它降低到0.0087的水平，这说明人民币汇率在金融危机时期相对于美元的波动幅度是很小的。根据现有的研究成果来看，在这一较为特殊的时期，人民币实际上重新实行了钉住美元的汇率制度。具体从表2.1中人民币兑美元汇率的数据来看，它基本上长期固定在1美元兑换6.82到6.84元人民币的汇率水平。

2010年7月至2021年6月汇率的双向浮动期人民币汇率弹性指数的测算结果为0.6174，这意味着经过一个较长时期的汇率制度改革，并在2010年6月进一步放开汇率制度弹性之后，人民币汇率制度弹性相对于原来的汇率制度安排具有一个较大的跃升，这一时期人民币兑美元汇率的双向浮动特征较为明显，从表2.1的汇率数据来看，人民币在2010年6月之后仍然呈现出了一定升值趋势，但这种升值中人民币在一些月份是贬值的，比如2010年8月、2011年11月、2012年1月、2012年5月人民币都是贬值的，随后，人民币就呈现出了有升有贬的双向浮动态势，特别是在2015年8月到2016年12月人民币经历了一个较长时期的贬值，2017年5月，中国人民银行在人民币兑美元汇率的波动中引入了“逆周期因子”，可以发现，之后，人民币汇率的双向浮动特征愈加明显，它越来越多地反映了经济基本面的变化。

表 2.3　不考虑利率时人民币汇率弹性指数的测算结果

<table>
<tr><td rowspan="2">总体</td><td colspan="3">测算结果</td></tr>
<tr><td colspan="3">整体样本（2005.7—2021.6）</td></tr>
<tr><td>汇率弹性指数</td><td colspan="3">0.3202</td></tr>
<tr><td rowspan="2">分阶段</td><td colspan="2">阶段 1：汇率升值期（2005.7—2010.6）</td><td rowspan="2">阶段 2：汇率双向浮动期（2010.7—2021.6）</td></tr>
<tr><td>汇率快速升值期（2005.7—2008.6）</td><td>金融危机时期（2008.7—2010.6）</td></tr>
<tr><td>汇率弹性指数</td><td>0.1771</td><td>0.0089</td><td>0.6199</td></tr>
</table>

中国是一个发展中的新兴市场国家，经济规模较大，通常情况下不会应用利率来调控汇率。因而，有必要重新对不考虑利率时的人民币汇率弹性指数进行测算，具体的测算结果如表 2.3 所示。从表 2.3 可以看出，不考虑利率时人民币汇率弹性指数的测算结果相对来说有所增加，这说明如果我国中央银行调整利率的目的主要是对国内的宏观经济进行调控，而不是依靠短期利率的调整来影响汇率的走势，也就是说，如果中国人民银行仅仅是通过在外汇市场上买卖外汇储备来干预汇率，则人民币的汇率弹性在各个时期是增加的。与考虑利率时的结果相一致，2005 年 7 月至 2008 年 6 月的汇率快速升值期人民币汇率的弹性程度虽有一个较大幅度的增加，但为了避免过快的升值，中央银行实际上对人民币汇率走势进行了干预，人民币汇率弹性指数的测算结果为 0.1771，2008 年 7 月至 2010 年 6 月金融危机的背景下，中央银行对人民币汇率走势进行了严重的干预，人民币汇率弹性指数为 0.0089，它是一个较小的正值，2010 年 7 月至 2021 年 6 月汇率的双向浮动期人民币汇率弹性指数较大，具体的测算结果为 0.6199，这说明在一系列汇率制度改革措施的推动下，人民币汇率开始富于弹性，这较好地反映了我国经济基本面的变化。

（三）进一步对人民币汇率弹性的分析

与汇率弹性指数相对，学术界也较早提出了汇率干预指数（exchange rate intervention index）的概念（Girton and Roper，1977），并应用这一指数来度量各国央行对本国汇率的干预程度。相对于汇率弹性指数而言，汇率干预指数主要通过汇率干预程度的强弱来衡量一国汇率的弹性程度，显然，如果中央银行对汇率的干预较强，则本国汇率的弹性较弱，如果中央银行较少干预汇率，则本国汇率的弹性较强。而且，汇率干预指数可以计算各个时点上一国汇率的干预状况，这与汇率弹性指数注重对一定时期内汇率弹性程度的度量形成了差异，从这一角度来说，汇率干预指数具有一定的相对优势，它对汇率弹性指数是一种有效补充。

参考现有文献中通常的做法（Bayoumi and Eichengreen，1998；Jeisman，2005；Ozcelebi，2020），使用如下汇率干预指数来测量人民币汇率的弹性程度：

$$exii_t^{RMB}=\frac{\gamma_1\Delta r_t+\gamma_2\Delta i_t}{EM_t} \tag{2.2}$$

其中，γ_1、γ_2 均为相应变量的占比系数，Δr_t 和 Δi_t 则为我国外汇储备的变动及存款利率的差分，EM_t 为汇率市场压力（exchange market pressure）变量，它们各自的计算公式可表示为：

$$\gamma_1=-\sqrt{\frac{\text{var}\ (\Delta e_t)}{\text{var}\ (\Delta r_t)}},\ \gamma_2=\sqrt{\frac{\text{var}\ (\Delta e_t)}{\text{var}\ (\Delta i_t)}},\ EM_t=\Delta e_t+\gamma_1\Delta r_t+\gamma_2\Delta i_t \tag{2.3}$$

上式中，var 表示求变量的方差，Δe_t 为人民币兑美元汇率的变动。当然，与汇率弹性指数的方法类似，在不考虑利率时，汇率干预指数可相应地调整为：

$$exii_t^{RMB}=\frac{\gamma_1\Delta r_t}{EM_t} \tag{2.4}$$

上式中参数的计算公式可表示为：

$$\gamma_1 = -\sqrt{\frac{\text{var}\ (\Delta e_t)}{\text{var}\ (\Delta r_t)}},\ EM_t = \Delta e_t + \gamma_1 \Delta r_t \tag{2.5}$$

由以上汇率干预指数可知，如果中央银行没有采用外汇储备或利率在外汇市场上对人民币汇率的走势进行干预，则我国外汇储备的变动以及存款利率的差分都为 0，此时，式（2.2）和（2.4）的汇率干预指数都为 0，这表示人民币汇率具有完全的弹性。相反，如果中央银行采用外汇储备或利率对人民币汇率走势进行了严重的干预，则汇率干预指数将为一个正值，而且，中央银行干预的程度越强则汇率干预指数的值就越大，此时，人民币汇率的弹性程度较弱。

表 2.4 是人民币汇率干预指数的测算结果，这里，与汇率弹性指数的样本期一致，仍采用 2005 年 7 月至 2021 年 6 月的数据来进行分析。总体上来看，在整个样本期内，人民币汇率干预指数大部分都为正值，这意味着虽然我国自 2005 年 7 月开始放开汇率制度弹性，但汇率弹性的放开并不预示着人民币汇率不再受中央银行干预，经常性地对汇率进行干预仍是弹性汇率安排中的重要特征。从具体的 191 个月份的汇率干预指数来看，有共计 62 个月份的汇率干预指数大于 0.9，这说明在将近三分之一的样本期内，中国人民银行通过外汇储备和利率在外汇市场上对人民币汇率进行了较为严重的干预，此时，汇率波动的幅度较小，人民币汇率的弹性较弱，而且，有共计 29 个月份的汇率干预指数居于 0.7—0.9 区间之内，实际上，这一区间的汇率干预指数表明人民币汇率仍是受到中央银行干预较多的汇率，进一步，有共计 48 个月份的汇率干预指数居于 0—0.5 区间之内，这证明有超过四分之一的样本期内，中国人民银行对汇率的干预较弱，人民币具有相对较大的弹性程度。

表 2.4 人民币汇率干预指数的测算结果

月份	汇率干预指数	月份	汇率干预指数	月份	汇率干预指数	月份	汇率干预指数
2005-7	—	2005-9	0.960	2005-11	0.931	2006-1	0.941
2005-8	0.920	2005-10	0.912	2005-12	0.933	2006-2	0.706

续表

月份	汇率干预指数	月份	汇率干预指数	月份	汇率干预指数	月份	汇率干预指数
2006-3	0.818	2008-8	0.953	2011-1	0.762	2013-6	1.059
2006-4	1	2008-9	0.720	2011-2	1.151	2013-7	1
2006-5	1.014	2008-10	1.044	2011-3	0.775	2013-8	0.390
2006-6	0.773	2008-11	1.018	2011-4	−0.167	2013-9	0.822
2006-7	0.735	2008-12	1	2011-5	0.626	2013-10	0.933
2006-8	0.643	2009-1	0.956	2011-6	0.736	2013-11	0.830
2006-9	0.593	2009-2	1	2011-7	1.618	2013-12	0.446
2006-10	0.764	2009-3	0.977	2011-8	0.204	2014-1	1.245
2006-11	0.783	2009-4	0.907	2011-9	1.261	2014-2	1.618
2006-12	0.768	2009-5	1.049	2011-10	0.714	2014-3	−43.333
2007-1	0.834	2009-6	1	2011-11	0.700	2014-4	1.286
2007-2	0.847	2009-7	1	2011-12	−17.832	2014-5	−0.593
2007-3	0.889	2009-8	0.985	2012-1	1.158	2014-6	0.326
2007-4	0.850	2009-9	0.982	2012-2	0.753	2014-7	0.612
2007-5	0.652	2009-10	0.989	2012-3	0.717	2014-8	0.433
2007-6	0.790	2009-11	0.990	2012-4	−0.757	2014-9	1.200
2007-7	0.094	2009-12	1.063	2012-5	0.641	2014-10	1.288
2007-8	1.169	2010-1	0.963	2012-6	0.937	2014-11	0.914
2007-9	2.399	2010-2	1	2012-7	1.059	2014-12	−0.320
2007-10	0.597	2010-3	0.973	2012-8	1.557	2015-1	0.598
2007-11	0.635	2010-4	1	2012-9	0.768	2015-2	0.497
2007-12	2.183	2010-5	0.976	2012-10	0.060	2015-3	0.902
2008-1	0.574	2010-6	0.385	2012-11	0.501	2015-4	0.375
2008-2	0.644	2010-7	0.890	2012-12	0.833	2015-5	1.075
2008-3	0.491	2010-8	−0.607	2013-1	1.155	2015-6	0.946
2008-4	0.900	2010-9	0.573	2013-2	−2.270	2015-7	0.930
2008-5	0.628	2010-10	0.838	2013-3	0.845	2015-8	−0.130
2008-6	0.227	2010-11	0.390	2013-4	0.660	2015-9	2.741
2008-7	0.794	2010-12	3.778	2013-5	−0.908	2015-10	0.926

续表

月份	汇率干预指数	月份	汇率干预指数	月份	汇率干预指数	月份	汇率干预指数
2015-11	0.663	2017-4	0.815	2018-9	0.345	2020-2	0.085
2015-12	0.543	2017-5	0.506	2018-10	0.335	2020-3	0.433
2016-1	0.659	2017-6	0.043	2018-11	0.276	2020-4	0.589
2016-2	1.271	2017-7	0.394	2018-12	0.162	2020-5	−0.214
2016-3	0.122	2017-8	0.094	2019-1	0.106	2020-6	0.210
2016-4	0.801	2017-9	−1.329	2019-2	0.172	2020-7	0.360
2016-5	0.211	2017-10	−0.392	2019-3	−0.316	2020-8	0.093
2016-6	−0.431	2017-11	0.245	2019-4	−14.275	2020-9	−1.135
2016-7	0.194	2017-12	0.263	2019-5	−0.047	2020-10	−0.258
2016-8	0.320	2018-1	0.110	2019-6	0.487	2020-11	0.294
2016-9	2.384	2018-2	1.194	2019-7	0.684	2020-12	0.455
2016-10	0.391	2018-3	0.189	2019-8	−0.022	2021-1	−0.143
2016-11	0.413	2018-4	0.287	2019-9	4.745	2021-2	1
2016-12	0.514	2018-5	0.180	2019-10	0.450	2021-3	0.288
2017-1	−0.258	2018-6	−0.009	2019-11	−1.157	2021-4	0.238
2017-2	−1.264	2018-7	−0.037	2019-12	0.227	2021-5	0.213
2017-3	−0.267	2018-8	0.560	2020-1	0.097	2021-6	0.087

具体从各阶段的汇率干预指数来看，2005 年 7 月至 2008 年 6 月的汇率快速升值期中央银行对汇率干预较多，尤其是在 2006 年 7 月之前人民币汇率干预指数都大于 0.7，这说明在放开汇率制度弹性的初期，为了避免人民币汇率过大幅度的波动，中国人民银行通过外汇储备和利率影响了汇率的走势，而在 2006 年 7 月之后人民币汇率干预指数有一个波动调整的过程，但整体趋势是汇率干预指数呈现一定程度的下降，这说明人民币汇率弹性得以增强，从表 2.4 中可以发现，在 2007 年 7 月、2008 年 3 月及 2008 年 6 月汇率干预指数的测算结果分别为 0.094、0.491 和 0.227，它们都低于 0.5，因此，在经过 2005 年的汇率制度改革并放开汇率弹性之后，人民币汇率开始具有一定程度的弹性。

2008 年 7 月金融危机发生之后，中央银行对人民币汇率进行了强烈干预，在2010年6月之前汇率干预指数都大于0.7，甚至在2008年12月、2009年2月、2009年6月和7月、2010年2月和4月汇率干预指数都为1，这证明在这6个月份中央银行的干预使人民币汇率重新回复到了初始水平，人民币汇率是固定的，当然，这些月份人民币汇率显然是没有弹性的，这就再次证明了金融危机情况下人民币实际实行的为钉住美元的固定汇率制度安排。

2010年7月至2021年6月汇率的双向浮动期中央银行在各个月份的汇率干预程度存在一定的差异，相对于金融危机期间的汇率安排来说，2010年7月中央银行强调增加汇率弹性之后人民币汇率干预指数明显降低，一些月份这一汇率干预指数变化的幅度也较大，但在2015年12月之前，事实上中国人民银行在不同月份仍使用外汇储备和利率对汇率走势进行了较强干预，很多月份测算的汇率干预指数都大于0.7，而进入2016年之后，人民币汇率干预指数总体上趋于走低，2016—2020各年汇率干预指数处于0—0.5之间的月份分别有6、5、8、5和8个，在2021年的6个月中，有4个月份的汇率干预指数较低，它们处于0—0.3区间，因此，这一时期人民币汇率弹性是较为充足的。此外，需要说明的是，在汇率的双向浮动期人民币汇率干预指数出现了一些异常值，个别月份的汇率干预指数测算结果为负值，参考现有的文献（Jeisman，2005），这种情况出现的可能原因是中央银行干预加剧了市场波动，或者是外汇市场上的参与者对汇率干预的反应过度有关，所以，中央银行的干预最终导致了汇率的异常波动，这应该也是外汇市场中经常会出现的现象。

此外，考虑到利率主要用作我国的货币政策工具，它较少在汇率干预中得到使用，因而，表2.5进一步报告了不考虑利率时人民币汇率干预指数的测算结果。可以看出，在整个样本期内，汇率干预指数的大部分数值与含有利率时汇率干预指数的测算结果完全一致，这是因为中央银行存款利率的调整频次较低。具体来说，在2005年7月至2008年6月汇率快速升值期共有7个汇率干预指数与前述测算值是不同的，而且，这些值集中于2007年3月到12月，这说明这一时期存款利率进行了多次调整；在2008年7月至2010年6月的金融危机时期，只有2008年10月和11月汇率干预指数是不同的，分别从前述的

1.044、1.018 调整到 0.868 与 7.113，这说明在金融危机时期中央银行对汇率的干预主要是通过对外汇储备的买卖来完成的，在实际操作的过程中，如果人民币具有升值趋势，中央银行就会在银行间外汇市场上买入大量的美元，这样就将向市场中投入一定规模的人民币，此时，人民币的升值趋势就会得到冲销，相反，如果人民币呈现出贬值趋势，中央银行就会在外汇市场上抛售我国的美元储备资产，市场中流通的人民币将会被收回，此时，人民币的贬值趋势同样会被冲销；在 2010 年 7 月至 2021 年 6 月的汇率双向浮动期，汇率干预指数还是具有一定差异的，这种差异主要集中于三个时期，这三个时期是 2010 年 10 月至 2011 年 7 月、2012 年 6 月至 7 月及 2014 年 11 月至 2015 年 10 月，这说明这三个时期中央银行实际上对利率是有调整的。

表 2.5　不考虑利率时人民币汇率干预指数的测算结果

月份	汇率干预指数	月份	汇率干预指数	月份	汇率干预指数	月份	汇率干预指数
2005-7	—	2006-11	0.783	2008-3	0.491	2009-7	1
2005-8	0.920	2006-12	0.768	2008-4	0.900	2009-8	0.985
2005-9	0.960	2007-1	0.834	2008-5	0.628	2009-9	0.982
2005-10	0.912	2007-2	0.847	2008-6	0.227	2009-10	0.989
2005-11	0.931	2007-3	0.960	2008-7	0.794	2009-11	0.990
2005-12	0.933	2007-4	0.850	2008-8	0.953	2009-12	1.063
2006-1	0.941	2007-5	0.742	2008-9	0.720	2010-1	0.963
2006-2	0.706	2007-6	0.790	2008-10	0.868	2010-2	1
2006-3	0.818	2007-7	0.798	2008-11	7.113	2010-3	0.973
2006-4	1	2007-8	0.847	2008-12	1	2010-4	1
2006-5	1.014	2007-9	0.600	2009-1	0.956	2010-5	0.976
2006-6	0.773	2007-10	0.597	2009-2	1	2010-6	0.385
2006-7	0.735	2007-11	0.635	2009-3	0.977	2010-7	0.890
2006-8	0.854	2007-12	0.475	2009-4	0.907	2010-8	−0.607
2006-9	0.593	2008-1	0.574	2009-5	1.049	2010-9	0.573
2006-10	0.764	2008-2	0.644	2009-6	1	2010-10	0.940

续表

月份	汇率干预指数	月份	汇率干预指数	月份	汇率干预指数	月份	汇率干预指数
2010-11	0.390	2013-4	0.660	2015-9	2.741	2018-2	1.194
2010-12	0.668	2013-5	−0.908	2015-10	0.514	2018-3	0.189
2011-1	0.762	2013-6	1.059	2015-11	0.663	2018-4	0.287
2011-2	0.843	2013-7	1	2015-12	0.543	2018-5	0.180
2011-3	0.775	2013-8	0.390	2016-1	0.659	2018-6	−0.009
2011-4	0.679	2013-9	0.822	2016-2	1.271	2018-7	−0.037
2011-5	0.626	2013-10	0.933	2016-3	0.122	2018-8	0.560
2011-6	0.736	2013-11	0.830	2016-4	0.801	2018-9	0.345
2011-7	0.659	2013-12	0.446	2016-5	0.211	2018-10	0.335
2011-8	0.204	2014-1	1.245	2016-6	−0.431	2018-11	0.276
2011-9	1.261	2014-2	1.618	2016-7	0.194	2018-12	0.162
2011-10	0.714	2014-3	−43.333	2016-8	0.320	2019-1	0.106
2011-11	0.700	2014-4	1.286	2016-9	2.384	2019-2	0.172
2011-12	−17.832	2014-5	−0.593	2016-10	0.391	2019-3	−0.316
2012-1	1.158	2014-6	0.326	2016-11	0.413	2019-4	−14.275
2012-2	0.753	2014-7	0.612	2016-12	0.514	2019-5	−0.047
2012-3	0.717	2014-8	0.433	2017-1	−0.258	2019-6	0.487
2012-4	−0.757	2014-9	1.200	2017-2	−1.264	2019-7	0.684
2012-5	0.641	2014-10	1.288	2017-3	−0.267	2019-8	−0.022
2012-6	0.774	2014-11	−0.851	2017-4	0.815	2019-9	4.745
2012-7	0.016	2014-12	−0.320	2017-5	0.506	2019-10	0.450
2012-8	1.557	2015-1	0.598	2017-6	0.043	2019-11	−1.157
2012-9	0.768	2015-2	0.497	2017-7	0.394	2019-12	0.227
2012-10	0.060	2015-3	1.100	2017-8	0.094	2020-1	0.097
2012-11	0.501	2015-4	0.375	2017-9	−1.329	2020-2	0.085
2012-12	0.833	2015-5	0.851	2017-10	−0.392	2020-3	0.433
2013-1	1.155	2015-6	1.590	2017-11	0.245	2020-4	0.589
2013-2	−2.270	2015-7	0.930	2017-12	0.263	2020-5	−0.214
2013-3	0.845	2015-8	0.253	2018-1	0.110	2020-6	0.210

续表

月份	汇率干预指数	月份	汇率干预指数	月份	汇率干预指数	月份	汇率干预指数
2020-7	0.360	2020-10	−0.258	2021-1	−0.143	2021-4	0.238
2020-8	0.093	2020-11	0.294	2021-2	1	2021-5	0.213
2020-9	−1.135	2020-12	0.455	2021-3	0.288	2021-6	0.087

除上述汇率干预指数之外，评估各国事实汇率制度的方法亦可用来测算汇率的弹性程度。这一方法提出的背景在于各国对外公布和实际执行的汇率制度之间存在显著差异（Calvo and Reinhart，2002；Frankel et al.，2000），所以，学术界提出了许多方法来对各国事实上的汇率制度进行识别。其中，Frankel and Wei（2008）、Frankel and Xie（2010）提出的方法不仅可以分析一国货币所参考的一篮子货币中各主要货币的权重，还能测定这个国家汇率制度的弹性程度，依据这一方法的基本思想，结合我国的现实情况，这里设定如下模型来对事实上的人民币汇率制度安排进行研究：

$$\Delta\log\left(\frac{RMB}{NZD}\right)=\alpha_0+\alpha_1\Delta\log\left(\frac{USD}{NZD}\right)+\alpha_2\Delta\log\left(\frac{EUR}{NZD}\right)+\alpha_3\Delta\log\left(\frac{GBP}{NZD}\right)+\alpha_4\Delta\log\left(\frac{JPY}{NZD}\right)+\omega EM_t+\zeta_t \tag{2.6}$$

$$EM_t=\Delta e_t+\gamma_1\Delta r_t+\gamma_2\Delta i_t,\ EM_t=\Delta e_t+\gamma_1\Delta r_t \tag{2.7}$$

$$\gamma_1=-\sqrt{\frac{\text{var}\ (\Delta e_t)}{\text{var}\ (\Delta r_t)}},\ \gamma_2=\sqrt{\frac{\text{var}\ (\Delta e_t)}{\text{var}\ (\Delta i_t)}} \tag{2.8}$$

$$\alpha_1+\alpha_2+\alpha_3+\alpha_4=1 \tag{2.9}$$

其中，式（2.6）为评估人民币事实汇率制度的主要方程，这里，根据近年来的实际情况，将世界主要货币美元、欧元、英镑及日元选为人民币货币篮子中的参考货币，即人民币汇率主要参考这些货币价值的变化来调整自身的汇率水平，它们都采取了对数差分的表示形式，依据目前大部分文献的做法（Kawai and Pontines，2016；Ito，2017），选择一单位的新西兰元作为人民币与这些世界主要货币的计价货币。式（2.6）中，估计系数 α_1、α_2、α_3 及 α_4 就是世界各主要货币在人民币货币篮子中的权重，一般来说，它们的权重之和应该为1，即式（2.6）的估计要受限于式（2.9）的约束。EM_t 同样为汇率市场压力变量，它的表达式如式（2.7）所示，γ_1、γ_2 同样均为相应变量的占比系数，它的表达式如式（2.8）所示。EM_t 的估计系数 ω 即为测算人民币汇率弹性的参数，若估计系数 $\omega=0$ 或不显著，则人民币汇率是没有弹性的，但若估计系数 $\omega>0$ 且显著，则人民币汇率具有明显的弹性，而且，ω 的值越大则汇率弹性越强。

由于汇率弹性与汇率市场压力变量紧密相关，因而，这里首先分析人民币汇率市场压力。从式（2.7）汇率市场压力变量的表达式来看，如果人民币有升值压力，此时，这种压力可通过三种方式来缓解，第一种方式是让人民币汇率升值（$\Delta e_t<0$），第二种方式是在外汇市场上买入美元投放人民币，抑制人民币升值的压力（$\Delta r_t>0$），第三种方式是在利率市场上降低本国利率水平，使国际资本外流以抑制人民币升值的压力（$\Delta i_t<0$），由于 γ_1 小于0而 γ_2 大于0，所以，依据式（2.7）在人民币面临升值压力时，计算出的汇率市场压力变量的值应为负，即 $EM_t<0$，相反，如果人民币有贬值压力，则可推导出 $EM_t>0$。

图2.1是计算出的人民币汇率市场压力变量的变化趋势图。从图中可以发现，在2005年7月放开汇率制度弹性之后，汇率市场压力变量的值都是小于0的，这意味着人民币在此期间一直面临着升值的压力，这和现实情况是比较符合的，实际上，在2005年7月至2008年6月的汇率快速升值期只有3个月份汇率市场压力变量的值是大于0的，从表2.6的具体测算结果可知，这3个月份是2007年8月、9月和12月，相应的汇率市场压力变量的值分别为0.010、0.005和0.011，所以，在汇率快速升值期人民币面临的汇率市场压力主要是升值压力，贬值压力较少在人民币汇率中得到体现。

从图2.1可以看出，在2008年7月至2010年6月的金融危机时期，人民币汇率市场压力变量的波动幅度较大，特别是在金融危机发生的初始期，人民币面临着非常大的升值压力，正如表2.6中的测算结果所表明的，2008年11月人民币汇率市场压力变量的值为−0.071，虽然之后人民币汇率市场压力变量的值有所回调，并分别于2008年12月和2009年1月达到−0.039、0.010

的水平，但之后人民币汇率市场压力变量重新出现走低趋势，这预示着人民币汇率升值压力继续加大，随后，人民币汇率市场压力变量在波动中有所调整，总体来说，与汇率快速升值期相比，金融危机时期人民币面临的汇率市场压力仍主要是升值压力，并在一定程度上具有加大的态势，其面临的贬值压力相对较小，事实上，金融危机时期也只有 3 个月份的汇率市场压力变量的值是小于 0 的，它们分别为 2009 年 1 月、2 月和 2010 年 5 月，相应的汇率市场压力变量的值分别是 0.010、0.001 和 0.012。

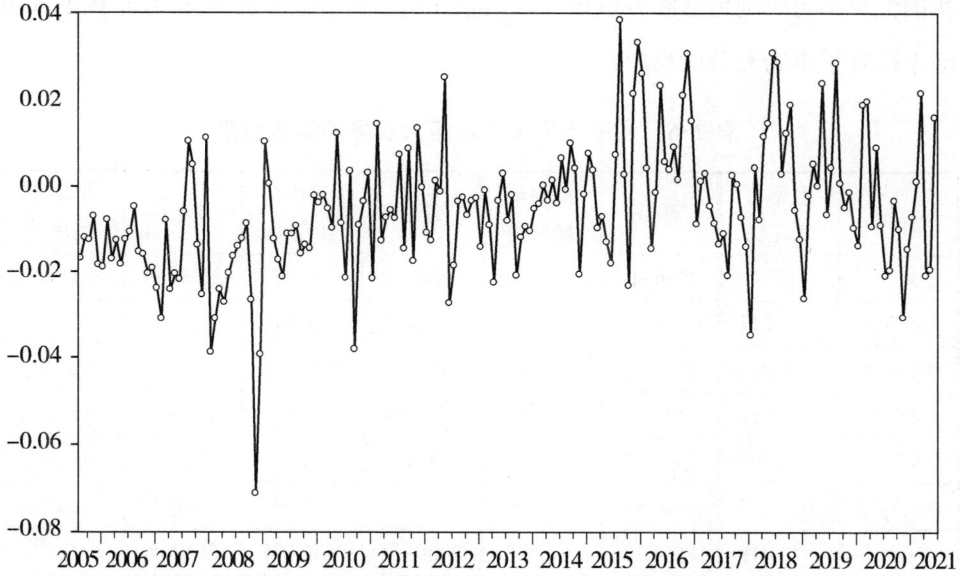

图 2.1　人民币汇率市场压力变量的变动趋势

最后，如图 2.1 所示，在 2010 年 7 月至 2021 年 6 月的汇率双向浮动期人民币在升值压力和贬值压力交替中调整。如表 2.6 所示，整体上来看，在共计 132 个月份中，有 78 个月份人民币面临着升值压力，剩余的 54 个月份人民币面临着贬值压力，也就是说，比较而言，人民币受到的升值压力更大。但仔细观察可以发现，在不同的阶段，人民币的升贬值压力实际上是存在一定不同的。如在 2010 年 7 月至 2012 年 5 月这一期间，人民币汇率市场压力变量在 0 值附近上下波动，时而人民币面临升值压力，时而人民币面临贬值压力，而在 2012 年 6 月至 2013 年 5 月人民币汇率市场压力变量的值都小于 0，显然，人民币在此期间只面临升值压力。又如在 2013 年 7 月至 2014 年 2 月人民币汇率市场压力变量也都是小于 0 的，也就是说，这一时期人民币同样只面临升值压力，而在 2014 年 3 月至 2015 年 7 月人民币汇率市场压力变量再次在 0 值附近上下波动，在升值和贬值压力下交替调整。再如在 2015 年 8 月至 2021 年 6 月这一期间，人民币汇率市场压力变量的值明显增大，有较多的月份人民币面临较大的贬值压力，从图 2.1 来看，汇率市场压力变量的值在 0 值上下分布的更为均匀，这就说明了随着汇率制度改革的深入，人民币汇率更趋于均衡状态，我国汇率不再单纯地面临升值压力或贬值压力，应该说，经济基本面在汇率波动中得到了更为充分的反映。

表 2.6　人民币汇率市场压力变量的测算结果

月份	汇率市场压力	月份	汇率市场压力	月份	汇率市场压力	月份	汇率市场压力
2005-7	—	2006-12	−0.019	2008-5	−0.020	2009-10	−0.014
2005-8	−0.017	2007-1	−0.024	2008-6	−0.016	2009-11	−0.015
2005-9	−0.012	2007-2	−0.031	2008-7	−0.014	2009-12	−0.002
2005-10	−0.013	2007-3	−0.008	2008-8	−0.012	2010-1	−0.004
2005-11	−0.007	2007-4	−0.024	2008-9	−0.009	2010-2	−0.002
2005-12	−0.019	2007-5	−0.021	2008-10	−0.027	2010-3	−0.005
2006-1	−0.019	2007-6	−0.022	2008-11	−0.071	2010-4	−0.010
2006-2	−0.008	2007-7	−0.006	2008-12	−0.039	2010-5	0.012
2006-3	−0.017	2007-8	0.010	2009-1	0.010	2010-6	−0.009
2006-4	−0.013	2007-9	0.005	2009-2	0.001	2010-7	−0.022
2006-5	−0.018	2007-10	−0.014	2009-3	−0.013	2010-8	0.003
2006-6	−0.013	2007-11	−0.025	2009-4	−0.017	2010-9	−0.038
2006-7	−0.011	2007-12	0.011	2009-5	−0.021	2010-10	−0.009
2006-8	−0.005	2008-1	−0.039	2009-6	−0.011	2010-11	−0.004
2006-9	−0.015	2008-2	−0.031	2009-7	−0.011	2010-12	0.003
2006-10	−0.016	2008-3	−0.024	2009-8	−0.009	2011-1	−0.022
2006-11	−0.021	2008-4	−0.027	2009-9	−0.016	2011-2	0.014

续表

月份	汇率市场压力	月份	汇率市场压力	月份	汇率市场压力	月份	汇率市场压力
2011-3	−0.013	2013-8	−0.002	2016-1	0.026	2018-6	0.031
2011-4	−0.007	2013-9	−0.021	2016-2	0.004	2018-7	0.029
2011-5	−0.006	2013-10	−0.012	2016-3	−0.015	2018-8	0.003
2011-6	−0.008	2013-11	−0.010	2016-4	−0.002	2018-9	0.012
2011-7	0.007	2013-12	−0.011	2016-5	0.023	2018-10	0.019
2011-8	−0.015	2014-1	−0.005	2016-6	0.006	2018-11	−0.006
2011-9	0.008	2014-2	−0.004	2016-7	0.004	2018-12	−0.013
2011-10	−0.018	2014-3	0.001	2016-8	0.009	2019-1	−0.026
2011-11	0.013	2014-4	−0.003	2016-9	0.001	2019-2	−0.002
2011-12	−0.001	2014-5	0.001	2016-10	0.021	2019-3	0.005
2012-1	−0.011	2014-6	−0.004	2016-11	0.031	2019-4	−0.001
2012-2	−0.013	2014-7	0.006	2016-12	0.015	2019-5	0.024
2012-3	0.001	2014-8	−0.001	2017-1	−0.009	2019-6	−0.007
2012-4	−0.001	2014-9	0.010	2017-2	0.001	2019-7	0.004
2012-5	0.025	2014-10	0.004	2017-3	0.003	2019-8	0.029
2012-6	−0.027	2014-11	−0.021	2017-4	−0.005	2019-9	0.001
2012-7	−0.019	2014-12	−0.002	2017-5	−0.009	2019-10	−0.005
2012-8	−0.004	2015-1	0.007	2017-6	−0.014	2019-11	−0.002
2012-9	−0.003	2015-2	0.004	2017-7	−0.011	2019-12	−0.010
2012-10	−0.007	2015-3	−0.010	2017-8	−0.021	2020-1	−0.014
2012-11	−0.004	2015-4	−0.007	2017-9	0.002	2020-2	0.019
2012-12	−0.003	2015-5	−0.013	2017-10	0.001	2020-3	0.020
2013-1	−0.014	2015-6	−0.018	2017-11	−0.007	2020-4	−0.010
2013-2	−0.001	2015-7	0.007	2017-12	−0.014	2020-5	0.009
2013-3	−0.009	2015-8	0.039	2018-1	−0.035	2020-6	−0.009
2013-4	−0.023	2015-9	0.003	2018-2	0.004	2020-7	−0.021
2013-5	−0.003	2015-10	−0.023	2018-3	−0.008	2020-8	−0.020
2013-6	0.003	2015-11	0.021	2018-4	0.011	2020-9	−0.004
2013-7	−0.008	2015-12	0.033	2018-5	0.014	2020-10	−0.010

续表

月份	汇率市场压力	月份	汇率市场压力	月份	汇率市场压力	月份	汇率市场压力
2020-11	－0.031	2021-1	－0.007	2021-3	0.022	2021-5	－0.020
2020-12	－0.015	2021-2	0.001	2021-4	－0.021	2021-6	0.016

图 2.2 是不考虑利率时人民币汇率市场压力变量的变动趋势。可以发现，人民币汇率市场压力在一些月份发生了变化。如表 2.7 所示，从汇率快速升值期来看，此期间共有 7 个月份的汇率市场压力变量与考虑利率时不同，比较而言，如果不考虑利率，人民币的升值压力总体是有所增加的。从金融危机时期来看，此期间共有 3 个月份的汇率市场压力变量与考虑利率时存在差异，具体而言，2008 年 10 月、11 月和 12 月汇率市场压力变量分别从－0.027、－0.071及－0.039 变化到 0.009、－0.001 及－0.018，应该说，若不考虑利率，人民币的升值压力有所降低。从汇率双向浮动期来看，此期间共有 13 个月份的汇率市场压力变量与考虑利率时不同，这种不同主要集中于 2010 年 10 月至 2011 年 7 月，2014 年 11 月至 2015 年 10 月这两个时期，在前一个时期人民币的升值压力总体上有所加大，而在后一个时期人民币的升值压力有所下降。

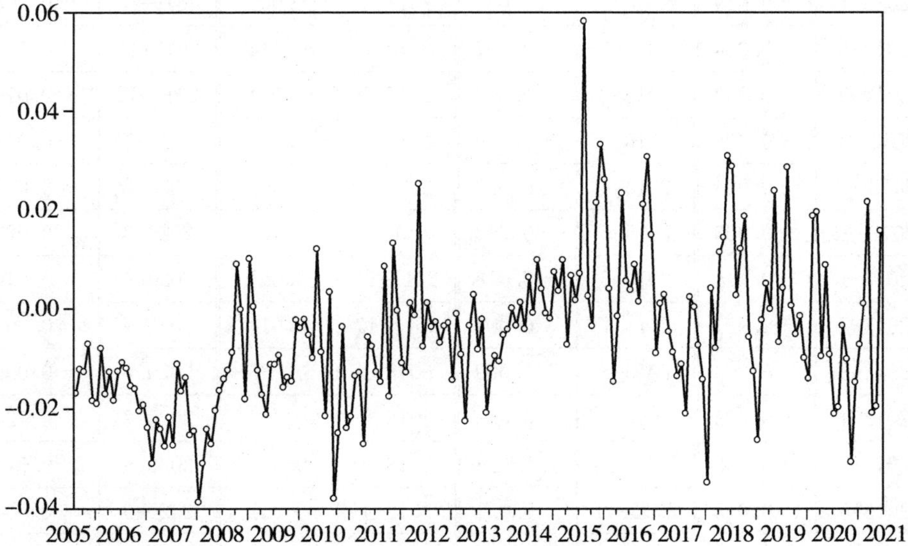

图 2.2　不考虑利率时人民币汇率市场压力变量的变动趋势

表 2.7　不考虑利率时人民币汇率市场压力变量的测算结果

月份	汇率市场压力	月份	汇率市场压力	月份	汇率市场压力	月份	汇率市场压力
2005-7	—	2007-11	−0.025	2010-3	−0.005	2012-7	0.001
2005-8	−0.017	2007-12	−0.025	2010-4	−0.010	2012-8	−0.004
2005-9	−0.012	2008-1	−0.039	2010-5	0.012	2012-9	−0.003
2005-10	−0.013	2008-2	−0.031	2010-6	−0.009	2012-10	−0.007
2005-11	−0.007	2008-3	−0.024	2010-7	−0.022	2012-11	−0.004
2005-12	−0.019	2008-4	−0.027	2010-8	0.003	2012-12	−0.003
2006-1	−0.019	2008-5	−0.020	2010-9	−0.038	2013-1	−0.014
2006-2	−0.008	2008-6	−0.016	2010-10	−0.025	2013-2	−0.001
2006-3	−0.017	2008-7	−0.014	2010-11	−0.004	2013-3	−0.009
2006-4	−0.013	2008-8	−0.012	2010-12	−0.024	2013-4	−0.023
2006-5	−0.018	2008-9	−0.009	2011-1	−0.022	2013-5	−0.003
2006-6	−0.013	2008-10	0.009	2011-2	−0.014	2013-6	0.003
2006-7	−0.011	2008-11	−0.001	2011-3	−0.013	2013-7	−0.008
2006-8	−0.012	2008-12	−0.018	2011-4	−0.027	2013-8	−0.002
2006-9	−0.015	2009-1	0.010	2011-5	−0.006	2013-9	−0.021
2006-10	−0.016	2009-2	0.001	2011-6	−0.008	2013-10	−0.012
2006-11	−0.021	2009-3	−0.013	2011-7	−0.013	2013-11	−0.010
2006-12	−0.019	2009-4	−0.017	2011-8	−0.015	2013-12	−0.011
2007-1	−0.024	2009-5	−0.021	2011-9	0.008	2014-1	−0.005
2007-2	−0.031	2009-6	−0.011	2011-10	−0.018	2014-2	−0.004
2007-3	−0.022	2009-7	−0.011	2011-11	0.013	2014-3	0.001
2007-4	−0.024	2009-8	−0.009	2011-12	−0.001	2014-4	−0.003
2007-5	−0.028	2009-9	−0.016	2012-1	−0.011	2014-5	0.001
2007-6	−0.022	2009-10	−0.014	2012-2	−0.013	2014-6	−0.004
2007-7	−0.027	2009-11	−0.015	2012-3	0.001	2014-7	0.006
2007-8	0.011	2009-12	−0.002	2012-4	−0.001	2014-8	−0.001
2007-9	−0.017	2010-1	−0.004	2012-5	0.025	2014-9	0.010
2007-10	−0.014	2010-2	−0.002	2012-6	−0.008	2014-10	0.004

续表

月份	汇率市场压力	月份	汇率市场压力	月份	汇率市场压力	月份	汇率市场压力
2014-11	-0.001	2016-7	0.004	2018-3	-0.008	2019-11	-0.002
2014-12	-0.002	2016-8	0.009	2018-4	0.011	2019-12	-0.010
2015-1	0.007	2016-9	0.001	2018-5	0.014	2020-1	-0.014
2015-2	0.004	2016-10	0.021	2018-6	0.031	2020-2	0.019
2015-3	0.010	2016-11	0.031	2018-7	0.029	2020-3	0.020
2015-4	-0.007	2016-12	0.015	2018-8	0.003	2020-4	-0.010
2015-5	0.007	2017-1	-0.009	2018-9	0.012	2020-5	0.009
2015-6	0.002	2017-2	0.001	2018-10	0.019	2020-6	-0.009
2015-7	0.007	2017-3	0.003	2018-11	-0.006	2020-7	-0.021
2015-8	0.058	2017-4	-0.005	2018-12	-0.013	2020-8	-0.020
2015-9	0.003	2017-5	-0.009	2019-1	-0.026	2020-9	-0.004
2015-10	-0.004	2017-6	-0.014	2019-2	-0.002	2020-10	-0.010
2015-11	0.021	2017-7	-0.011	2019-3	0.005	2020-11	-0.031
2015-12	0.033	2017-8	-0.021	2019-4	-0.001	2020-12	-0.015
2016-1	0.026	2017-9	0.002	2019-5	0.024	2021-1	-0.007
2016-2	0.004	2017-10	0.001	2019-6	-0.007	2021-2	0.001
2016-3	-0.015	2017-11	-0.007	2019-7	0.004	2021-3	0.022
2016-4	-0.002	2017-12	-0.014	2019-8	0.029	2021-4	-0.021
2016-5	0.023	2018-1	-0.035	2019-9	0.001	2021-5	-0.020
2016-6	0.006	2018-2	0.004	2019-10	-0.005	2021-6	0.016

在对人民币汇率市场压力变量进行分析的基础上，下面将采用式(2.6)—(2.9)评估事实汇率制度的方法对人民币汇率机制进行研究，并探讨人民币汇率的弹性程度。从国际货币基金组织（IMF）官方网站获得以1SDR表示的人民币、美元、欧元、英镑、日元及新西兰元的月度汇率数据，通过转换将人民币、美元、欧元、英镑和日元的汇率数据表示为以新西兰元为计价货币的形式。模型的估计结果如表2.8所示。

表 2.8　人民币汇率弹性程度的测算结果

模型参数	模型参数估计值			
	整体样本（2005.7—2021.6）	阶段 1：汇率升值期（2005.7—2010.6）		阶段 2：汇率双向浮动期（2010.7—2021.6）
		汇率快速升值期（2005.7—2008.6）	金融危机时期（2008.7—2010.6）	
常数项	0.001** (0.001)	−0.003** (0.001)	0.000 (0.001)	0.001 (0.001)
美元权重	0.969*** (0.028)	1.017*** (0.038)	0.995*** (0.027)	0.995*** (0.034)
欧元权重	−0.051** (0.023)	0.147*** (0.053)	−0.024 (0.019)	−0.069** (0.028)
英镑权重	0.071*** (0.024)	−0.183*** (0.045)	0.014 (0.020)	0.033 (0.029)
日元权重	0.011 (0.019)	0.019 (0.030)	0.015 (0.018)	0.041* (0.023)
弹性参数	0.423*** (0.033)	0.087 (0.056)	0.029 (0.046)	0.634*** (0.042)

注：***、**和*分别代表模型参数估计值在1%、5%与10%的显著性水平下显著，模型参数估计值下面括号内的值为参数估计的标准误。表 2.9 同。

从整个样本期来看，人民币货币篮子中参考的货币包括美元和英镑，其中美元的权重为 0.969，英镑的权重为 0.071，参数都在 1%的显著性水平下显著，这说明与 2005 年 7 月汇率制度改革之前完全钉住美元的汇率制度相比，人民币货币篮子中的货币已呈现出多样化趋势，不再仅仅是参考美元的价值来调整自身的价值。但应该看到，在人民币货币篮子中各种货币的构成中，美元仍占主导地位，它在人民币货币篮子中的权重仍高达 96.9%，当然，这一方面是由于美元目前在国际货币体系中还是最具有国际影响力的货币，其他国际货币的地位还无法与美元相比，另一方面则与我国传统的汇率制度安排有关，人民币从货币篮子中 100%是美元货币向一篮子货币的转变需要一个过程。而且，可以发现，欧元的权重为−0.051，它在 5%的显著性水平下显著，这意味着人民币与欧元价值的变化之间是负向的，这可能与欧元区和我国经济周期不同导致的货币价值调整不一致有关，所以，人民币不会参考欧元的价值来调整汇率。日元的权重为 0.011，它也不显著，因此，人民币也不会参考日元的价值来调整汇率。从模型弹性参数的估计值来看，它为 0.423，并在 1%的显著性水平下显著，这证明在面临升值或贬值压力时，除通过外汇储备和利率对人民币汇率走势进行干预以外，这种升贬值压力同样通过人民币自身汇率的变化得到了释放，也就是说，人民币的汇率弹性已经开始放开，其参数估计值为 0.423 预示着人民币汇率已具备较大的弹性程度。

从汇率快速升值期来看，这一时期人民币货币篮子中参考的货币为美元和欧元，其中，美元的权重为 1.017，欧元的权重为 0.147，它们都在 1%的显著性水平下显著，这和当时的情况是较为符合的。因为这一时期我国刚从完全钉住美元的汇率制度退出，美元在人民币货币篮子中的权重接近 100%是可以理解的；同时，在 1999 年正式推出欧元之后，欧元实际上在国际货币体系中发挥的作用越来越大，因而欧元在人民币货币篮子中也占有 14.7%的权重，英镑、日元权重参数的估计值分别为－0.183 和 0.019，它们并没有被纳入人民币货币篮子。模型弹性参数的估计值为 0.087，这一数值并不显著，这说明人民币汇率在这一时期的汇率弹性还不具有显著性，即汇率制度改革之后人民币汇率弹性虽然已经开始增强，但中央银行的干预仍较强，这种弹性并没有呈现出统计上的显著性。

从金融危机时期来看，美元权重的估计值为 0.995，它在 1%的显著性水平下显著，其他货币欧元、英镑及日元的估计值分别为－0.024、0.014 和 0.015，但它们都不显著，这就证明了金融危机时期人民币重新采取了紧钉美元的汇率安排。一般来说，在危机发生的条件下，美元仍是全球范围内唯一的避险货币（safe-haven currency）（Cheng et al.，2021），此时，紧钉美元有助于稳定我国汇率水平，并为国内各经济主体创造一个相对平稳的国际贸易环境，所以，现有的研究也认为这一时期选择这样的货币篮子是恰当的。就模型弹性参数的估计值来说，它为 0.029，并不显著，因而，金融危机时期人民币也是没有显著弹性的，因为这一时期放弃对人民币汇率的干预有可能给国内经济带来较大风险。

从汇率双向浮动期来看，人民币货币篮子中参考的货币包括美元和日元，其中，美元的权重为 0.995，它在 1%的显著性水平下显著，日元的权重为 0.041，它在 10%的显著性水平下显著，这表明这一时期人民币主要依据美元和日元价值的变化来调整自身的价值。值得关注的是，这一时期欧元的估计系数为−0.069，它并没有成为人民币货币篮子中的参考货币，这似乎与预期不符，因为金融危机之前事实上欧元已经进入人民币货币篮子，通常来说，在 2010 年 6 月人民币进一步进行汇率制度改革之后，欧元理应重新被纳入人民币货币篮子，出现这种结果的可能原因是，始于 2009 年底和 2010 年初的欧债危机迅速蔓延，对希腊、葡萄牙甚至德国等欧洲国家的经济带来了较大冲击，欧洲股市普遍走低，欧元相对于其他货币的汇率大幅下挫，这应该是欧元没有被纳入人民币货币篮子的原因。英镑的权重为 0.033，这一数值不显著，也没有被纳入人民币货币篮子。对于模型弹性参数的估计值而言，它的值为 0.634，并在 1%的显著性水平下显著，这预示着在汇率双向浮动期人民币汇率弹性有较大幅度的提升，也就是说，相对而言，这一时期中央银行通过外汇储备和利率对人民币汇率走势的干预已明显减少，在升值或贬值压力下，中央银行已让人民币通过自身的升值或贬值来应对外部的升贬值压力，这种让市场供求或经济基本面来决定人民币实际价值的行为使人民币汇率弹性具有了较大的跃升。

表 2.9 是不考虑利率时人民币汇率弹性程度的测算结果。对于整个样本期来说，人民币货币篮子中参考的货币为美元，它的估计值为 1.045，在 1%的显著性水平下显著，其他货币则没有被纳入人民币货币篮子，模型弹性参数的估计值为 0.546，在 1%的显著性水平下显著，这说明人民币在整个样本期具有显著的弹性。对于汇率快速升值期来说，人民币货币篮子中参考的货币为美元和欧元，它们的估计值分别为 1.023 和 0.110，分别在 1%和 5%的显著性水平下显著，英镑和日元则没有被纳入人民币货币篮子，模型弹性参数的估计值为 0.257，在 1%的显著性水平下显著，这表明如果不考虑利率，则这一时期人民币具有显著的弹性程度。对于金融危机时期来说，人民币货币篮子中参考的货币仍为美元，它的估计值为 0.999，在 1%的显著性水平下显著，其他货

币则不是人民币调整货币价值的参考，模型弹性参数的估计值为0.047，并不显著，这证明了金融危机时期人民币是不具有弹性的。对于汇率双向浮动期来说，人民币货币篮子中参考的货币同样为美元，其估计值为显著的1.073，其他货币并没有被纳入人民币货币篮子，对模型弹性参数的估计值来说，它为0.687，并在1%的显著性水平下显著，这证明即使不考虑利率时，人民币汇率仍呈现出较为明显的弹性程度。

表 2.9　不考虑利率时人民币汇率弹性程度的测算结果

模型参数	模型参数估计值			
	整体样本（2005.7—2021.6）	阶段1：汇率升值期（2005.7—2010.6）		阶段2：汇率双向浮动期（2010.7—2021.6）
		汇率快速升值期（2005.7—2008.6）	金融危机时期（2008.7—2010.6）	
常数项	0.002*** (0.000)	0.001 (0.002)	0.000 (0.001)	0.001 (0.000)
美元权重	1.045*** (0.025)	1.023*** (0.034)	0.999*** (0.034)	1.073*** (0.030)
欧元权重	−0.071*** (0.019)	0.110** (0.049)	−0.024 (0.022)	−0.089*** (0.024)
英镑权重	0.025 (0.020)	−0.140*** (0.042)	0.006 (0.019)	0.011 (0.025)
日元权重	0.001 (0.016)	0.007 (0.027)	0.019 (0.018)	0.005 (0.019)
弹性参数	0.546*** (0.030)	0.257*** (0.081)	0.047 (0.114)	0.687*** (0.036)

第三章 汇率弹性增强对货币政策有效性的影响机制

一、相关理论基础

（一）米德冲突

在开放经济框架下，一国经济可大致区分为“国内产品生产部门”和“出口产品生产部门”，于是，国家的整个经济体系就有两类经济活动，专门从事国内经济活动的部门与专门从事对外经济活动的部门，一般来说，以上两个部门的经济活动不是相互独立，而是彼此作用且相互影响的。如果让从事国内经济活动的部门达到均衡，一国的宏观经济管理当局就需要推出相应的政策推动这一均衡的实现，同样地，如果让从事对外经济活动的部门达到均衡，宏观经济管理当局也需要实行相应的政策推动这一部门向均衡状态移动，这就有可能出现国内经济活动部门和对外经济活动部门要求不一致的现象，由此就会产生内外均衡的冲突。

英国著名经济学家米德（Meade）于 1951 年在其出版的专著《国际收支》一书中，最早提出了开放经济下内外均衡冲突的问题，并对这种内外均衡矛盾进行了阐述和详细分析。他在对内外均衡矛盾进行研究时，基于的假设前提是固定汇率制度的情形，所以，宏观经济管理当局只能通过对社会总需求的调节来调整内外均衡。一般来说，内部均衡的目标有经济增长、充分就业和物价稳定，外部均衡的目标为国际收支平衡。所以，在一国实行固定汇率制度的前提下，中央银行就无法选择汇率政策来调控宏观经济。之后，荷兰经济学家Tinbergen（1952）进一步将内外均衡冲突细化为内外部均衡目标和政策工具不匹配的冲突，他研究认为，在米德冲突存在的条件下，一国可选择放弃汇率政策，并借助财政政策与货币政策的搭配来达成内外均衡目标，在这种政策搭配中，财政政策可用来集中调控国内经济，从而实现国内经济的内部均衡目标，货币政策可用来集中调控国际收支的失衡，从而实现一国经济的外部均衡目标。

固定汇率制度下，一国不能通过本币的升贬值来影响进出口并作用于经济，因此，根据凯恩斯的有效需求理论，宏观经济管理当局要达到内外均衡目标，就需通过支出调整政策改变总需求来对经济进行调节。这主要适用于两种情况：（1）若一国经济繁荣，就业充分，物价上涨较快，同时国际收支处于逆差状态，此时，宏观经济管理当局降低国内的总需求就可改变这种经济内外失衡的状态；（2）若一国经济萧条，失业率较高，物价走低，同时国际收支处于顺差状态，则宏观经济管理当局提升国内的总需求就能扭转这种经济内外失衡的局面。但在特定的条件下，就会出现内外均衡的矛盾和冲突，这时，就不能通过总需求的政策来进行宏观经济调节，只能通过财政政策和货币政策的搭配来达成内外均衡目标。这同样适用于两种情况：（1）若一国经济繁荣，就业充分，物价上涨较快，同时国际收支处于顺差状态，这种情况下，如果实行紧缩性的财政政策就能应对国内经济过热的情形，使用扩张性的货币政策增加进口就可改变国内收支顺差的状态；（2）若一国经济萧条，失业率较高，物价走低，同时国际收支处于逆差状态，此种情况下，如果实行扩张性的财政政策就能促进国内经济的恢复和发展，使用紧缩性的货币政策减少进口就可改善国际收支逆差的状态。

（二）蒙代尔—弗莱明模型

20世纪60年代，蒙代尔（Mundell）和弗莱明（Fleming）对IS-LM模型进行了扩展，他们放开了封闭经济条件的假设，进一步考虑了国际贸易及国际收支平衡问题，讨论了开放经济条件下国内外均衡的调节。蒙代尔—弗莱明模型主要聚焦于经济开放且资本可自由流动的背景下，一国不同的汇率制度安排对国内财政政策和货币政策效果的影响。与原有的 IS-LM 模型集中于关注利率与产出之间的关系不同，蒙代尔—弗莱明模型集中于描述短期内汇率和产出之间的关系。它涉及商品、货币及国内收支的均衡，现有的文献中一般使用 BP 曲线表示国际收支均衡，因而这一模型又被称之为 IS-LM-BP 模型。

对于商品市场来说，相应的均衡条件可表示为：

$$Y=C+I+G+NX \tag{3.1}$$

其中，Y 代表一国的总产出或总供给，它等于国内的总需求，总需求则由消费（C）、投资（I）、政府购买（G）和净出口（NX）构成。通常情况下：

$$C=C(Y-T,i-E(\pi)) \tag{3.2}$$

$$I=I(i-E(\pi),Y_{-1}) \tag{3.3}$$

$$NX=NX(e,Y,Y^{*}) \tag{3.4}$$

以上式子中，T 为税收，i 为利率水平，E（π）为预期通胀率，Y_{-1} 为前一期的产出，e 为实际汇率水平，Y^{*} 为国外的产出水平。由于 G 为外生的变量，因而，综合式（3.1）—（3.4）可知商品市场均衡条件的 IS 曲线满足的方程为：

$$Y=C(Y-T,i-E(\pi))+I(i-E(\pi),Y_{-1})+G+NX(e,Y,Y^{*}) \tag{3.5}$$

对于货币市场来说，相应的均衡条件可表示为：

$$M/P=L(Y,i) \tag{3.6}$$

上式中，等式左边表示货币供给，M 为货币供给量，P 为总体价格水平，一般假定货币供给是外生的变量，由一国的货币当局决定本国货币的发行量。等式右边表示货币需求，根据凯恩斯的货币需求理论，公众持有货币的数量与收入正向变动，与利率反向变动。

同时考虑产品市场和货币市场均衡时的模型即为 IS-LM 模型，在开放经济情况下，一国通过进出口与国外经济建立相应的联系，此时有可能出现国际收支的顺差或逆差，当国际收支处于均衡时，BP 曲线满足的条件为：

$$BP=CA+KA \tag{3.7}$$

CA 为经常账户，KA 为资本和金融账户。通常情况下：

$$CA=NX \tag{3.8}$$

$$KA=z(i-i^*)+k \tag{3.9}$$

其中，z 为资本流动水平，i^* 为国外利率水平，k 为与国内利率 i 不相关的资本和金融账户的额度。因而，综合式（3.7）—（3.9）可知完整的 BP 曲线的表达式为：

$$BP=NX+z(i-i^*)+k \tag{3.10}$$

以上就为完整的蒙代尔—弗莱明模型的形式。这一模型通常分固定汇率制度和浮动汇率制度两种情况来分析财政政策和货币政策的效果。在固定汇率制度下，由于中央银行要维持汇率的固定，因此，央行扩张的货币政策是无效的，原因在于外汇市场上抛售外币买入本币的汇率干预抵消了扩张性货币政策的影响，相反，财政政策则具有良好的效果，因为扩张的财政政策带来的利率上升使央行在外汇市场上抛售本币买入外币，这会导致经济中货币供应量的增加。在浮动汇率制度下，汇率主要随市场供求的变化而变动，当一国实行扩张的货币政策时，更多的货币供应量被投入市场，国内利率下降导致本币贬值，出口的增加带动国内总需求的提升，最终是均衡产出的明显增加，货币政策有效，但实施扩张性的财政政策时，国内利率的上升将使本币升值，这会减少出口并推动总产出回复到初始位置，因而，财政政策是无效的。

（三）“不可能三角”理论

美国经济学家克鲁格曼（Krugman）于 1999 年在参考蒙代尔—弗莱明模型基本思想的基础上，依据亚洲金融危机发生发展的基本事实，提出了著名的“不可能三角”理论，这一理论得到了学术界和实务界的广泛认可，被认为是资本流动背景下研究汇率政策与货币政策之间关系的重要准绳。

“不可能三角”理论是开放经济条件下汇率稳定、资本自由流动和货币政策独立性这三个目标之间三选二的关系。其中，汇率稳定是保护本国货币免遭投机性冲击，资本自由流动是不设定外在的硬性约束限制短期内资本的流入和流出，货币政策独立性是一国中央银行执行货币政策反周期调节的能力。根据“不可能三角”理论，在汇率稳定、资本自由流动和货币政策独立性三个目标之间只能进行以下三种选择：

第一，一国选择资本自由流动和维护货币政策独立性的政策目标，就应该牺牲汇率稳定目标，以实行浮动的汇率制度。目前大多数西方发达国家选择了这一政策组合。一国如果选择让资本自由流入和流出国内市场，则这些资本较为频繁的进出将使国际收支处于不稳定状态，同时，中央银行维护货币政策的独立性要求其不对国际收支的变化作出反应，此时，国内货币的汇率必然会随着外汇市场上资金供求的变化而变动，选择浮动的汇率制度会对这种国际收支的失衡进行自动的修正和调节。如果国际金融市场上的资金从一国流出，则外汇市场上对本币的需求小于供给，本币贬值，这将带来出口的增加和进口的减少，国际收支改善，由于国际贸易中需要更多的本币进行交易，因而，外汇市场上对本币的需求将上升，所以，浮动的汇率制度具有一定的自动调节机制来稳定汇率的波动。诚然，这种自动调节机制本身具有其缺陷，有时可能达不到预期的效果，但对浮动汇率制度的选择的确是解决“不可能三角”的一种办法，最为重要的是，在这一政策组合中货币政策可以从汇率政策中解脱出来。

第二，一国选择稳定本币汇率并维护货币政策独立性的政策目标，就应该牺牲资本自由流动目标，进行较为严格的资本管制。大多数新兴市场国家，包括我国都倾向于选择这种政策组合。比如，对于一些经济体量较大的新兴市场国家来说，它国内的经济发展及经济呈现出的波动本身具有特殊性，国内经济的周期可能与世界经济周期存在一定差异，此时，货币当局不可能放弃国内货币政策的自主性任由本国经济遭受国外经济冲击。所以，这些国家一般会选择维护国内货币政策的独立性，这时，货币当局可以灵活选择各种货币政策工具对国内经济进行调节和干预，而且，相对稳定的汇率制度安排能够稳定本币汇率，为国内进出口企业提供一个相对较好的贸易环境。试想，如果货币当局仍然允许短期内资本的自由流入和流出，则必然会引起汇率频繁的波动，对于大多数新兴市场国家而言，金融体制的不健全特别是金融监管体系的缺失有可能给国内经济带来较为严重的后果，所以，此种情况下货币当局通常会牺牲资本自由流动来稳定本币汇率并维护货币政策的独立性。

第三，一国选择资本自由流动和稳定本币汇率的政策目标，就应该牺牲货币政策独立性目标，让国内经济周期与世界经济周期趋于一致。目前主要是一些小国开放经济体选择了这一政策组合。依据前述的蒙代尔—弗莱明模型，在固定汇率制度且资本可自由流动的前提下，国内货币政策的任何操作效果都会被其引起的资本流动所抵消，此时，很难按照国内经济的现实需要来实施独立的货币政策。一些小国开放经济体，比如新加坡选择这种政策组合的原因在于它的经济是完全开放的，进出口贸易在国内经济中占有非常高的比重，独立的货币政策能发挥的效果应该是较小的。

在经济全球化与世界经济一体化的背景下，逐步放开资本管制并允许资本在国内国际市场间的自由流动逐步成为全球经济的一种趋势。显然，资本的流入将给流入国带来较为充足的资金来源，但资本大规模的进出将使国内汇率稳定目标受到冲击，这种情况下，如果仍决定维持固定的汇率制度就必然不能开放资本账户，不能享受资本流入给国内经济发展带来的利益。因此，在逐步放开资本管制的同时，实行更富弹性的汇率制度将是经济全球化下一国经济的重要选择，这有助于为国内经济发展提供帮助并提升国内经济的效率。

（四）利率平价理论

大多数西方国家基本都采用了以短期利率为主的价格型货币政策工具，所以，现有的文献中经常使用经典的利率平价理论来说明汇率和货币政策之间的关系。如果两种类似金融工具的预期收益率不相等，投资者就会将资金从一种金融工具转移到另一种金融工具上，当处于均衡状态时，这两种金融工具的利率应相等。如果投资者可选择在国内金融市场和国际金融市场上进行投资，则不同国家间的利率和汇率之间将存在一种均衡关系，此时不会再发生资金的跨国流动。根据投资者是否在外汇市场上对远期汇率做了套期保值，利率平价理论可分为抛补的利率平价理论和非抛补的利率平价理论。

1. 抛补的利率平价理论。

假定本国金融工具的利率水平为 i，国外金融工具的利率水平为 i^*，投资者可选择在国内金融市场上和国际金融市场上进行投资，如果直接标价法下的即期汇率水平为 S，投资者通过进入外汇远期合约多头的方式获得的远期汇率水平为 F，则投资者选择在国内金融市场投资一年之后的收益率为 $1+i$，选择在国际金融市场上投资一年之后的收益率为 $F(1+i^*)/S$，如果没有套利机会，则国内外金融市场均衡满足的条件为：

$$1+i=F(1+i^*)/S \tag{3.11}$$

对上式进行移项化简可得：

$$i-i^* \cong (F-S)/S \tag{3.12}$$

上式即为抛补的利率平价公式。抛补的利率平价公式意味着国内金融工具和国外金融工具之间的利率之差近似地等于远期溢价或远期折价。如果国内金融工具的利率 i 相对于国外金融工具的利率 i^* 是增加的，则远期汇率水平 F 将增加，这预示着本币在远期将贬值，相反，如果国内金融工具的利率 i 相对于国外金融工具的利率 i^* 是减少的，则远期汇率水平 F 将下降，这预示着本币在远期将升值。

2. 非抛补的利率平价理论。

如果投资者在市场上并没有使用远期合约对远期汇率进行套期保值，则这就为非抛补的利率平价理论。非抛补的利率平价理论假设投资者为风险中性的，与抛补的利率平价理论相同，假定本国和国外金融工具的利率水平分别为 i 和 i^*，直接标价法的即期汇率水平为 S，E（F）为预期的远期汇率水平，则非抛补利率平价理论满足的公式为：

$$i-i^* \cong (E(F)-S)/S \tag{3.13}$$

上式意味着国内外金融工具之间的利率之差应该近似地等于本币相对于外币的预期升值幅度或贬值幅度。对于新兴市场国家而言，由于本身存在的金融脆弱性，它的汇率可能会经历更大幅度的波动，这将使投资者的风险变得更高，为鼓励投资者购买这种高风险的金融工具，新兴市场国家不得不向投资者提供更高的收益率，使用 ρ 表示为补偿投资者的高风险而提供的额外的收益率，即风险溢价，则含有风险溢价的非抛补利率平价理论满足的公式可调整为：

$$i-i^{*} \cong (E(F)-S)/S+\rho \tag{3.14}$$

如果本国金融工具为高风险工具，则国内外金融工具之间利差的扩大将等于本币预期的贬值率加上为补偿投资者的高风险而提供的额外的风险溢价。

由以上论述可知，抛补的利率平价理论说明的是利差与远期和即期汇率之间联动关系的条件，非抛补的利率平价理论说明的是利率与预期远期和即期汇率之间联动关系的条件，假设这两个条件都能得到满足，则可得如下等式：

$$(F-S)/S=i-i^{*}=(E(F)-S)/S \tag{3.15}$$

上式意味着远期溢价或折价将等于预期的远期汇率和即期汇率之间的变化，将此式化简可得：

$$F=E(F) \tag{3.16}$$

这说明远期的实际汇率应该等于投资者对未来远期汇率的预期。如果上式不成立，投资者会迅速在国内外金融市场上进行套利以使它达到均衡，此时，远期的实际汇率是预期的远期汇率的良好预测指标，即常见的无偏预测指标，这表示市场是有效的。

（五）最优货币政策规则

古典主义学派认为市场可自发地达到均衡，中央银行不应该采取政策干预经济，但由于市场失灵等的存在大多数国家都会主动对经济进行干预。在干预的过程中，凯恩斯主义主张相机抉择，斟酌处置，但这种依靠货币当局在事件发生时自由选择看起来合适的政策有可能引起政府失信，基于时间不一致性问题的存在，相机抉择的货币政策在实施时有可能采取与事前完全不同的政策。理性预期学派的卢卡斯甚至指出这种政策只有在欺骗时才会有效。货币学派的代表人物弗里德曼主张实行单一的货币规则，即使货币供给的增长率和经济增长率相适应，泰勒则认为政策规则并不是按照一个机械的公式去执行，而是系统并有计划地实行货币政策，他提出了著名的泰勒规则（Taylor，1993），这一规则在各国的货币政策实践中有较为广泛的应用：

$$i_t=\bar{r}+\pi_t^a+\alpha(\pi_t^a-\pi^*)+\beta\bar{y}_t \tag{3.17}$$

上式中，i_t 代表中央银行作为货币政策工具的短期利率水平，$\bar{r}$ 代表长期均衡利率，π_t^a 代表前四个季度通胀的均值，π^* 代表通胀的目标水平，$\bar{y}_t$ 代表产出缺口。这一公式表示当通胀超过目标水平或者产出高于长期均衡水平时，中央银行会提升短期利率水平以抑制这种经济过热情况的出现。在开放经济框架下，汇率弹性是放开的，因而，可将汇率变量引入传统的泰勒规则形式的货币政策中：

$$i_t=\bar{r}+\pi_t^a+\alpha(\pi_t^a-\pi^*)+\beta\bar{y}_t+\gamma\bar{e}_t \tag{3.18}$$

其中，$\bar{e}_t$ 代表汇率缺口，它是实际汇率对其长期均衡水平的偏离幅度。上式蕴含的意义在于，在这种一般的货币政策规则中，中央银行实际上有多种选择，比如，西方发达国家及很多新兴市场国家都公开宣称它们将实行通胀目标的货币政策，这种情况下，中央银行可能对产出和汇率的关注较少，而作为货币政策工具的短期利率主要对通胀作出反应，类似地，如果中央银行的目标主要是维持固定的汇率制度，则短期利率将主要对实际汇率偏离其长期均衡水平作出反应，当然，依据各国货币政策目标的不同，中央银行事实上有诸多的货币政策组合可供备选。

泰勒规则的局限在于它缺乏稳固的微观基础，因而，Clarida et al.（1998，2000）以泰勒规则为基础，建立了前瞻性的货币政策反应函数，从而为这种规则提供了微观上的理论支撑：

$$i_t^*=\bar{i}+\delta(E[\pi_{t+n}\mid\Omega_t]-\pi^*)+\lambda(E[\bar{y}_t\mid\Omega_t]) \tag{3.19}$$

其中，i_t^* 代表中央银行货币政策工具的目标利率水平，$\bar{i}$ 代表长期均衡利率，π_{t+n}代表 t 至 $t+n$ 时刻通胀的平均变动幅度，π^* 代表目标通胀率，$\bar{y}_t$ 代表产出缺口，E 代表经济行为人在 t 期可获得的信息集 Ω_t 上的预期，同样可以将汇率因素引入货币政策的分析中，因此：

$$i_t^* = \bar{i} + \delta(E[\pi_{t+n} \mid \Omega_t] - \pi^*) + \lambda(E[\bar{y}_t \mid \Omega_t]) + \kappa(E[\bar{e}_t \mid \Omega_t]) \quad (3.20)$$

中央银行需要对货币政策工具进行操作以逐步向目标利率水平调整，这种调整过程是平滑的，假设中央银行的利率调整行为遵循 AR 模型的一阶自回归过程：

$$i_t = (1-\rho)i_t^* + \rho i_{t-1} + \mu_t \quad (3.21)$$

上式中，ρ 代表利率平滑参数，它衡量了当期利率依赖于前一期利率的程度，μ_t 为残差项。令参数 $\omega = \bar{i} - \delta\pi^*$，则式（3.20）可化简为：

$$i_t^* = \omega + \delta(E[\pi_{t+n} \mid \Omega_t]) + \lambda(E[\bar{y}_t \mid \Omega_t]) + \kappa(E[\bar{e}_t \mid \Omega_t]) \quad (3.22)$$

将式(3.22)代入式(3.21)可得：

$$i_t = (1-\rho)\omega + (1-\rho)\delta\pi_{t+n} + (1-\rho)\lambda\bar{y}_t + (1-\rho)\kappa\bar{e}_t + \rho i_{t-1} + \varepsilon_t \quad (3.23)$$

其中，$\varepsilon_t = -(1-\rho)\{\delta(\pi_{t+n} - E[\pi_{t+n} \mid \Omega_t]) + \lambda(\bar{y}_t - E[\bar{y}_t \mid \Omega_t]) + \kappa(\bar{e}_t - E[\bar{e}_t \mid \Omega_t])\} + \mu_t$。上式即为前瞻性货币政策反应函数的完整形式，中央银行的政策利率可对通胀、产出及汇率变化作出反应，对汇率来说，利率对它的反应系数取决于利率平滑参数 ρ 和初始的汇率反应参数 κ。

二、汇率弹性增强影响货币政策有效性的直接渠道——汇率渠道

汇率是对外经济中一个极为灵敏的影响内外均衡的变量，汇率弹性增强能帮助疏通货币政策传导中的汇率渠道（exchange rate channel)。利率和汇率之间存在密切的联系，在资本能够自由流动的情况下，不同国家货币表示的资产之间可以相互替代，投资者可选择将资金投资于收益率更高的国家，这个国家的即期汇率升值，远期汇率贬值。货币当局实施积极的货币政策时，货币供应量增加，国内短期利率水平下降，此时，相对于国外的利率水平而言，投资于该国的收益率较低，由于国际投资者可在不同货币计价的资产之间进行选择，资本从该国流出，本币贬值。马歇尔和勒纳基于进出口需求的价格弹性，给出了贬值改善国际收支的马歇尔—勒纳条件。

为集中分析货币贬值的贸易效应，假定国际收支直接等于贸易收支。因而：

$$B=PX-M \tag{3.24}$$

其中，B 代表以外币表示的一国的贸易状况，P 代表以一单位本币表示的外币的汇率，X 代表以本币表示的国内商品的出口额，M 代表以外币表示的国外商品的进口额。直接对式（3.24）求全微分可知：

$$\frac{dB}{dP}=X+\frac{PdX}{dP}-\frac{dM}{dP}=X\left(1+\frac{PdX}{XdP}-\frac{PdM}{MdP}\frac{M}{PX}\right) \tag{3.25}$$

上式中，$-PdX/XdP$ 代表出口商品需求的价格弹性，PdM/MdP 代表进口商品需求的价格弹性。如果在经济的初始状态，贸易收支是平衡的，$PX=M$，则式（3.25）可重新表示为：

$$\frac{dB}{dP}=X(1-Ex-Em) \tag{3.26}$$

以上式子可分为三种情况进行讨论：

（1）如果 $Ex+Em<1$，此时 $dB/dP>0$，本国货币贬值将恶化贸易收支。

（2）如果 $Ex+Em=1$，此时 $dB/dP=0$，本国货币贬值对贸易收支没有显著影响。

（3）如果 $Ex+Em>1$，此时 $dB/dP<0$，本国货币贬值将有助于改善贸易收支。

其中，$Ex+Em>1$ 即为马歇尔—勒纳条件。因此，本国货币贬值对其贸易收支的影响，将取决于进出口商品的价格弹性。以上传导过程如果发挥作用实际上有一个时滞，在本币贬值的初始时刻，考虑到进出口合同都是事先签订的，虽然出口商品的外币价格业已降低，但国内商品的出口数量还没有显著增加，而且，进口商品的本币价格业已上升，但国内商品的进口数量还没有真正减少，这时，本币贬值会使国内贸易收支状况反而更加恶化，最后，经历一定的时滞期后国内的贸易收支才会逐步改善，这就是J曲线效应。

因此，汇率弹性增强影响货币政策有效性的直接渠道可以概括为：中央银行采用扩张性的货币政策，货币供应量增加（M↑）→国内利率相对于国外利率下降（i↓）→国际资本追求更高的收益从国内市场流出，对本国货币的需求减少，以直接标价法表示的本币贬值（e↑）→出口商品的外币价格下降，进口商品的本币价格上升，进而出口增加，进口减少，因而贸易收支改善(B↑)→国内的总需求增加，GDP 趋于上升，物价水平走高（GDP↑，CPI↑）。

三、汇率弹性增强影响货币政策有效性的间接渠道

（一）资产负债表渠道

资产负债表渠道（balance sheet channel）的理论依据是著名的委托—代理模型，由于信息的不对称及信息的不透明，债权人（委托人）无法不花费成本地得到关于债务人（代理人）经营情况及资信状况的完整信息。在国内金融市场上，债权人将资金的使用权让渡给债务人实际上是将资源的控制权给予了债务人，鉴于债权人难以较好地监督债务人，则代理成本随之出现。商业银行具有广泛的客户基础（存款者和贷款者），它在一定程度上可以搜集到较为广泛的信息，因而，经济行为人通过商业银行进行资金借贷可以大幅降低可能存在的代理成本。

当然，信息的不对称和不透明也会引致逆向选择和道德风险问题。其中，逆向选择是指在商业银行发放贷款之前，如果贷款的利率定价过高，则那些积极申请贷款的人往往是风险最高的一类人，因为他们借款时就没有打算偿还，所以并不会关心借款成本的高低；而那些诚实经营且打算积极偿还贷款的人则会衡量贷款的成本和收益，如果贷款的成本高于可能的收益，就会选择放弃申请贷款。道德风险是指在商业银行发放贷款之后，贷款人可能并不会按照它申请贷款时说明的用途使用资金，这往往有可能导致贷款使用效率较低或发生一定亏损，结果是商业银行无法完整地收回贷款的本息。

为缓解或解决这种由信息不对称和不透明而带来的问题，一种选择是贷款人向商业银行提供抵押品，这种选择的局限是，除非抵押品的价值大于贷款的

额度，否则商业银行总是存在着损失的风险，另一种选择是贷款人及时地披露有关自身资产负债表的相关信息，如果贷款人的资产负债表表现良好，则它可以较低的利率获得贷款，相反，如果贷款人的资产负债状况较差，则它无法获得贷款，或者商业银行向其提供贷款时会收取较高的利率，以抵补自身承担过高风险而应获得的收益，即风险溢价。

资产负债表渠道的理论认为（Bernanke and Gertler，1989），贷款人（一般指从事产品生产的企业）可通过内部融资和外部融资这两种方式获得资金，但由于信息不对称和不透明等问题的存在，内部融资和外部融资的成本总是存在一定的差异。相对而言，外部融资具有较大的风险溢价。一般的规律是，这种风险溢价和贷款人资产负债表的净值成反比，即如果贷款人资产负债表上的净值越大，则商业银行收取的利率中包含的风险溢价就越小，相反，资产负债表的净值越小，则商业银行收取的利率中包含的风险溢价就越大。总而言之，贷款人的资产负债表经由商业银行发放贷款的风险溢价影响其贷款条件（Angelopoulou and Gibson，2009）。如果贷款人资产负债表良好，它将具有较为充足的内部资金，内部融资能力会得到加强，外部融资的风险溢价下降。贷款人资产负债表中资产负债总量的变化最终会影响其投资和消费决策（假设家庭是企业的最终所有者），进而会影响到整个社会的产出状况。

在世界经济加速融合的情况下，国内的贷款人（企业）可能走出国门进行经营，他们便开始拥有一定规模的外币资产或外币债务。如果外币资产大于外币债务，则其具有净的外币资产；如果外币资产小于外币债务，则其具有净的外币负债。假设中央银行实行了宽松的货币政策，货币供应量增加而利率降低，此时本币相对于外币会贬值，由于在编制资产负债表时净的外币资产（负债）需要兑换为本币，所以，如果贷款人具有一定净的外币资产（债务），本币贬值将使一定净的外币资产（负债）可兑换为更多净的本币资产（负债），贷款人的资产负债表状况改善（恶化），因而商业银行向贷款人提供的贷款利率中包含的风险溢价降低（提升），贷款人获得的贷款规模增加（减少），继而经济中的投资增加（减少），然后消费增加（减少），最终是产出（GDP）和物价的走高（走低）。

所以，汇率弹性增强影响货币政策有效性的资产负债表渠道可以概括为：中央银行采用扩张性的货币政策，货币供应量增加（M↑）→国内利率相对于国外利率下降（i↓）→国际资本追求更高的收益从国内市场流出，对本国货币的需求减少，以直接标价法表示的本币贬值（e↑）→贷款人（企业）净的外币资产（负债）可兑换为更多净的本币资产（负债）→贷款人（企业）的资产负债表改善（恶化）→向商业银行贷款的利率下降（增加）→贷款规模增加（下降）→投资、消费增加（减少）→国内的总需求增加（减少），GDP趋于上升（下降），物价水平走高（走低）（GDP↑、CPI↑或GDP↓、CPI↓）。

（二）信贷渠道

Stiglitz and Weiss（1981）较早提出均衡信贷配给理论并建立了均衡信贷配给模型，这一理论认为“市场机制并非健全的”“信息也并非完全对称的”，在这一理念的基础上，他们将不完全竞争和信息不对称引入信贷市场来分析信贷配给现象，由此确立了信贷渠道（credit channel）在货币政策传导机制中的初步理论基础。

均衡信贷配给理论及模型基于的前提是借款人相对于贷款人拥有的信息更为丰富，这种市场不健全和信息不对称促使了金融中介的诞生，金融中介凭借自身机构网络和专业技术等优势可建立贷款利率非价格机制和激励借款人偿还贷款的履约机制，这样就可更好地应对逆向选择和道德风险问题。但存在的问题是，此时金融中介仍不能或不完全能观察和详细掌握投资项目的风险信息，显然，提高利率将会使低风险的借款人退出，最后只留下高风险的借款人，金融中介无法对借款人进行较好地甄别和筛选，一个折中的处理办法是，金融中介仍维持较低的贷款利率，只不过它们会拒绝一部分借款人的贷款需求。这就解释了信贷配给能够长期在市场中存在的原因，事实上，这一现象的出现本质上是一种市场均衡的状态，它是金融中介从利益最大化出发作出理性选择的一种合理结果。

之后，Bernanke and Blinder（1988）正式提出了货币政策传导的信贷渠道。在这一渠道中，金融中介特别是商业银行扮演着非常重要的角色，一般来说，如果一国金融市场不够发达，借款人很难获得金融市场上的直接融资，并成为“银行依赖型的借款者”，则货币政策的信贷渠道将会发挥重要作用。假定中央银行为了调控经济，货币政策发生了相应的变化，则银行贷款供给会随之变化，这会对企业投资和家庭的消费产生较为直接的影响，并最终作用于宏观经济。

应该说，商业银行早已开始跨国经营，尤其是大中型的商业银行除了在国内设立分支机构并开展业务活动之外，也纷纷在国外一些经济发达国家或经济发展较快的新兴经济体设立海外分行和代表处，海外资产和负债在商业银行的资产负债表中已有一定的占比，而且，这种占比甚至还有进一步提升的趋势。这样，汇率弹性的增强就会通过信贷渠道影响到一国货币政策的效果。假定中央银行实行了宽松的货币政策，货币供应量增加而利率降低，这种情况下，本币相对于外币会贬值，由于商业银行具有一定净的外币资产（债务），本币贬值将使一定净的外币资产（债务）可兑换为更多净的本币资产（负债），此时，商业银行用于可贷的资金增加（减少），所以，商业银行提供给企业和家庭的信贷额度相应增多（降低），贷款人获得的贷款规模增加（减少），进而投资和消费增加（减少），然后是产出（GDP）和物价的走高（走低）。

因此，汇率弹性增强影响货币政策有效性的信贷渠道可以概括为：中央银行采用扩张性的货币政策，货币供应量增加（M↑）→国内利率相对于国外利率下降（i↓）→国际资本追求更高的收益从国内市场流出，对本国货币的需求减少，以直接标价法表示的本币贬值（e↑）→商业银行净的外币资产（负债）可兑换为更多净的本币资产（负债）→商业银行用于可贷的资金增加（减少）→商业银行提供给企业和家庭的信贷额度相应增多（降低）→贷款人获得的贷款规模增加（减少）→投资和消费增加（减少）→国内总需求增加（减少），GDP 趋于上升（下降），物价水平走高（走低）（GDP↑、CPI↑或 GDP↓、CPI↓）。

（三）资产价格渠道

资产价格渠道（asset price channel）由著名学者托宾和莫迪利安尼分别提出。托宾通过企业的股票价格（资产价格）与其重置成本之比构造了托宾Q比率，他认为股票价格与重置成本之间的关系可影响企业的投资行为，进而影响到产出和物价的变化，这被称之为“托宾效应”（Tobin effect）。莫迪利安尼则探讨了股票价格（资产价格）与金融财富之间的关系，他认为股票价格的走升会增加个人持有的财富数量，并会推动消费的增长，最终影响到产出和物价的变化，这被称之为“消费财富效应”（wealth effect on consumption）。

与传统的货币政策传导机制不同，托宾的出发点在于货币政策可以作用于资产价格，从而对真实的经济活动产生效应。具体来说，他将国民经济部门统一地划分为从事金融活动的部门和从事真实生产活动的部门，其中，从事金融活动的部门为一个包含广泛内容的资产负债市场，金融资产不仅有货币，还有股票、票据、存款、国债和公司债券等，而从事真实生产活动的部门则为商品和劳务部门。为对这两个部门的关系进行分析，托宾引入了Q比率，并认为如果企业的股票价格相对于其重置成本增加时，即企业重新建立所需的成本低于其股票价格时，企业会增加投资，相反，如果企业的股票价格相对于其重置成本减少时，即企业重新建立所需的成本高于其股票价格时，企业会选择直接购买股票来控制新的企业，而不是增加投资来重新建立企业，因而，投资会减少。所以，只有Q大于1时，企业才会选择增加投资支出，并推动产出的增加。

当企业拥有一定规模净的外币资产（债务）时，如果中央银行实行了扩张性的货币政策，货币供应量会增加，利率会随之下降，这会导致本币的贬值，因而净的外币资产（债务）将可兑换为更多净的本币资产（债务），这种有利（不利）的变动会推动这家企业股票价格的走高（走低），最终托宾的Q比率提高并大于1（降低并小于1），结果是投资增加（减少），并带动产出的扩大（缩小）和物价的上升（下降）。

所以，与托宾效应相关的汇率弹性增强影响货币政策有效性的资产价格渠道可以概括为：中央银行采用扩张性的货币政策，货币供应量增加（M↑）→国内利率相对于国外利率下降（i↓）→国际资本追求更高的收益从国内市场流出，对本国货币的需求减少，以直接标价法表示的本币贬值（e↑）→企业净的外币资产（负债）可兑换为更多净的本币资产（负债）→企业的股票价格在这种刺激下走高（走低）→托宾的Q比率提高并大于1（降低并小于1）（Q↑或Q↓）→企业增加投资（减少投资）（I↑或I↓）→国内的总需求增加（减少），GDP趋于上升（下降），物价水平走高（走低）（GDP↑、CPI↑或GDP↓、CPI↓）。

莫迪利安尼基于生命周期模型的基本思想，认为经济行为人会合理地安排其一生的消费，股票价格走高时，经济行为人的金融财富增加，它的消费和总体的产出都会增长。当企业拥有一定规模净的外币资产（债务）时，如果中央银行采用扩张性的货币政策，货币供应量会增加，利率会下降并带动本币的贬值，所以净的外币资产（债务）将可兑换为更多净的本币资产（债务），这种变化会推动这家企业股票价格的走高（走低），假定企业股票的购买者为代表性的家庭，则家庭金融财富的增加（减少）会影响它们的消费，并最终影响到经济的产出水平和物价水平。

因此，与消费财富效应相关的汇率弹性增强影响货币政策有效性的资产价格渠道可以概括为：中央银行采用扩张性的货币政策，货币供应量增加(M↑)→国内利率相对于国外利率下降（i↓）→国际资本追求更高的收益从国内市场流出，对本国货币的需求减少，以直接标价法表示的本币贬值（e↑）→企业净的外币资产（负债）可兑换为更多净的本币资产（负债）→企业的股票价格在这种刺激下走高（走低）→家庭的金融财富增加（减少）→消费增加（减少）（C↑或C↓）→国内的总需求增加（减少），GDP趋于上升（下降），物价水平走高（走低）（GDP↑、CPI↑或GDP↓、CPI↓）。

（四）预期渠道

中央银行通过货币政策工具对宏观经济进行调控的目的是改变货币供应量

等变量，以对实体经济进行调节，从而达到货币政策目标。货币供应量等变量如果能完全作用于实体经济，则货币政策传导渠道是畅通的。但在货币政策的传导过程中，往往受限于货币政策传导中的梗阻，新增的货币供应量或利率的变化并没有有效地对货币政策的最终目标产生影响。因而，通过预期渠道（expectation channel）的传导来增强货币政策的有效性是解决这一问题的重要方式。

在理性预期学派之前，学术界在分析一项政策对实际经济产生影响时并不会考虑公众对这项政策的反应。理性预期学派则假定公众会使用可获得的尽可能多的信息对央行的政策进行预测，从而作出对自己更有利的决定（Clarida et al.，1999）。在这种情况下，中央银行保持政策的透明度并维持政策的一致性才能使货币政策行之有效，良好的政策信誉可给央行货币政策操作带来长期的利益，并可增强公众对中央银行的信心。虽然在经济运行过程中公众会受到信息不完全、个人缺乏专业知识以作出准确预测等限制，但随着央行对自身信息披露的日益增加，公众为了自身的利益会尽量多地搜集信息，并通过预期的形成对自己的消费和投资行为作出改变。

在中央银行实行扩张的货币政策时，货币供应量会相应增加，短期利率水平会趋于下降。此时，假定公众对未来汇率的预期满足如下一阶自回归过程：

$$E_t(s_{t+1})=(1-b)s_t+bs_t^*=s_t+b(s_t^*-s_t) \tag{3.27}$$

其中，s_t^* 为直接标价法下使一国长期均衡的汇率水平，$b\in(0,1)$。上式意味着如果中央银行实行扩张性的货币政策，并导致当期的货币贬值时，公众会形成对未来汇率走势的预期，此种情况下，如果长期均衡汇率水平不变，则公众能预期到未来的汇率会进一步走低，即本币会继续贬值。相反，如果中央银行实行了紧缩的货币政策，并导致当期的货币升值时，公众会认为本币未来会继续升值。

在代表性家庭和企业都具有一定净的外币资产（债务）的条件下，这种预期会影响到它们的消费和投资决策，比如，如果中央银行实行的是扩张性的货币政策，则一定净的外币资产（负债）在本币贬值时可兑换为更多净的本币资产（负债），因而，代表性家庭会增加（减少）消费支出，企业会扩大（缩减）投资，最终会影响到经济中产出和物价的变化。

所以，汇率弹性增强影响货币政策有效性的预期渠道可以概括为：中央银行采用扩张性的货币政策，货币供应量增加（M↑）→国内利率相对于国外利率下降（i↓）→国际资本追求更高的收益从国内市场流出，对本国货币的需求减少，以直接标价法表示的本币贬值（e↑）→公众会形成对未来汇率进一步贬值的预期→代表性家庭和企业一定净的外币资产（负债）将可兑换为更多净的本币资产（负债）→家庭的财富增加（减少），企业的资产负债表改善（恶化），净现金流增加（减少）→家庭增加（减少）消费，企业增加（减少）投资（C↑、I↑或C↓、I↓）→国内的总需求增加（减少），GDP趋于上升（下降），物价水平走高（走低）（GDP↑、CPI↑或GDP↓、CPI↓）。

第四章　弹性汇率制度下货币政策有效性的模型及分析

一、弹性汇率制度下货币政策有效性的模型

自 Svensson（2000）和 Ball（1999）将封闭经济下的货币政策拓展到开放经济中以后，汇率在货币政策分析中的作用日益受到关注，许多学者通过建立理论模型对汇率弹性下的最优货币政策选择进行了研究。比如，Gali and Monacelli（2005）建立了价格黏性下的小国开放经济模型，对国内通胀目标、CPI 目标及汇率钉住目标这三种可供选择货币政策的分析发现，这些货币政策的主要区别在于它们所带来的汇率波动程度的不同。Devereux et al.（2006）从新兴市场国家经济结构的特点出发，主要考虑了新兴市场国家在借入较多美元债务的情况下，汇率弹性的放开对这些国家经济带来的可能冲击，他们的研究认为汇率弹性将通过进口商品价格对新兴市场国家的价格水平产生影响。Senay and Sutherland（2019）通过一个不完美金融市场宏观经济模型的研究表明，如果存在多种资产的国际贸易，则在汇率错位时，国内最优的货币政策需要偏离通胀目标来抵消这种错位。这些文献从不同的侧面对弹性汇率下的货币政策进行了深入分析，他们的研究为本章模型的构建提供了可资借鉴的基础。

本章的模型框架主要参考了 Gali and Monacelli（2005）、Devereux et al.（2006）的文献，并借鉴了 Senay and Sutherland（2019）文献中的基本思想。

与目前已存的文献相比，本章的模型更多地结合了我国经济的结构性特点，虽已有文献建立了适合新兴市场国家的相关模型，但这些模型大多是参考新兴市场国家经济结构的一般特征来建立的，比如，大多数新兴市场国家经济发展相对落后，金融体制不完善，国内企业通常很难从银行部门获得足够的资金，它们只能求助于国际金融市场并通过借入美元资金的方式来组织生产，这与我国的实际情况明显不符。因此，应用这些模型对我国的情况进行分析有可能得出有失偏颇甚至是错误的结论。本章的模型则较好结合了我国经济的结构性特点，这主要包含两个方面的内容：第一，由于资本与金融账户还未完全开放，国内企业仍主要向商业银行贷款来获取资金，基本没有或极少企业通过借入美元资金的方式来组织生产；第二，国内居民具有高储蓄倾向，商业银行可吸收较大规模的存款，而且国内的各经济主体拥有相对较大规模的美元资产或外汇储备，此时汇率弹性的增强尤其是汇率的大幅波动可能会给国内经济主体带来较大风险，并影响其消费和投资决策。

本章构建的模型的参与者包括代表性家庭、生产性的企业、商业银行、从事商品进口的进口商以及制定货币政策的中央银行。具体来说，代表性家庭通过消费和提供劳动获得效用，它每期的多余资金可选择在国内商业银行存款或投资于美元债券的方式来实现增值，企业生产产品的投入品为劳动和资本，但由于自身的资金有限，它们需要从商业银行获得贷款，国内的进口商在国外进口商品并在国内市场上按照本币进行销售，汇率弹性主要通过进口商对进口商品的定价来引入，这参考了 Devereux and Yetman（2010）的文献。

（一） 代表性家庭

假定代表性家庭生存期限无限大，它的预期效用函数可表示如下：

$$U=E_0\sum_{t=0}^{\infty}\beta^t\left(\frac{C_t^{1-\sigma}}{1-\sigma}-\frac{L_t^{1+\psi}}{1+\psi}\right)\tag{4.1}$$

其中，$0<\beta<1$，它为代表性家庭的主观贴现因子，C_t、L_t 分别为家庭消费的数量和劳动供给的数量。由于经济的对外开放，家庭消费的商品包括国

内企业生产的商品和从国外进口的商品，消费函数为常用的不变替代弹性(Constant Elasticity of Substitution)的函数形式：

$$C_t=[(1-\gamma)^{\frac{1}{\rho}}C_{H,t}^{\frac{\rho-1}{\rho}}+\gamma^{\frac{1}{\rho}}C_{F,t}^{\frac{\rho-1}{\rho}}]^{\frac{\rho}{\rho-1}} \tag{4.2}$$

上式中，$C_{H,t}$、$C_{F,t}$分别为家庭消费的国内商品与国外进口商品的数量。$0<\gamma<1$，如果γ越大，则代表家庭对国外进口的商品越偏好。ρ代表国内商品与国外进口商品的替代程度。依据上述消费函数，可知消费者价格指数（CPI）为：

$$P_t=[(1-\gamma)P_{H,t}^{1-\rho}+\gamma P_{F,t}^{1-\rho}]^{\frac{1}{1-\rho}} \tag{4.3}$$

$P_{H,t}$与$P_{F,t}$分别为国内商品与国外进口商品的总体价格水平。代表性家庭每期的多余资金既可在国内商业银行存款获得利率收益i_t，也可通过投资于美元债券的方式获得债券的利率收益i_t^*。假定代表性家庭是生产性企业的最终所有者，它每年从企业获取的利润为Π_t。所以，代表性家庭每期的收入主要包括劳动收入W_tL_t，利润Π_t，商业银行存款收入$A_{t-1}(1+i_{t-1})$和投资于美元债券的收入$B_{t-1}(1+i_{t-1}^*)S_t$，A_{t-1}和B_{t-1}分别为$t-1$期家庭的存款和投资于美元债券的资金数量，S_t为汇率，它是以一单位外币表示的本币的数量。代表性家庭每期的支出主要包括对国内商品与国外进口商品的消费P_tC_t，家庭的存款A_t，投资于美元债券的支出S_tB_t以及政府对家庭的征税T_t。因而，代表性家庭在时期t面临的预算约束为：

$$P_tC_t+A_t+S_tB_t+T_t=W_tL_t+\Pi_t+A_{t-1}(1+i_{t-1})+B_{t-1}(1+i_{t-1}^*)S_t \tag{4.4}$$

依据公式（4.1）—（4.4），通过动态规划方法求解预算约束情形下代表性家庭效用最大化所满足的最优条件分别为：

$$C_{H,t}=(1-\gamma)\left(\frac{P_{H,t}}{P_t}\right)^{-\rho}C_t,C_{F,t}=\gamma\left(\frac{P_{F,t}}{P_t}\right)^{-\rho}C_t \tag{4.5}$$

$$W_t=L_t^{\psi}P_tC_t^{\sigma} \tag{4.6}$$

$$\beta E_t\left(\frac{P_tC_t^{\sigma}}{P_{t+1}C_{t+1}^{\sigma}}\right)=\frac{1}{1+i_t} \tag{4.7}$$

$$E_t\left(\frac{S_{t+1}}{S_t}\right)=\frac{1+i_t}{1+i_t^*} \tag{4.8}$$

其中，公式（4.5）为家庭对国内商品与国外进口商品的最优消费数量，公式（4.6）为家庭向劳动力市场上提供的劳动数量，公式（4.7）为家庭在国内商业银行的存款所满足的均衡条件，公式（4.8）为家庭投资于美元债券所满足的均衡条件。

（二）生产性的企业

企业为垄断竞争的，它投入资本和劳动生产具有一定差异的异质产品，C-D 形式的生产函数为：

$$Y_t = AK_t^{\alpha}L_t^{1-\alpha} \tag{4.9}$$

上式中，Y_t 为企业生产产品的总产出，A 为通常意义上的技术参数，K_t 为企业家为生产产品投入的资本数量，L_t 为企业家为生产产品投入的劳动数量。

资本生产商独立存在，它专门从事资本的生产并将资本向企业家出售。假设资本生产商没有市场势力，资本生产市场为常见的完全竞争市场，则可推导出宏观经济中的资本累积方程为：

$$K_{t+1} = \left[\frac{I_t}{K_t} - \frac{\varphi}{2}\left(\frac{I_t}{K_t} - \delta\right)^2\right]K_t + (1-\delta)K_t \tag{4.10}$$

其中，φ 为衡量资本调整成本的参数，如果这一参数值等于 0，则以上表达式就是标准形式的资本累积公式，δ 表示资本折旧的参数。可以看出，资本生产商在资本折旧的情况下再次进行新的投资来对资本进行生产，同样由于经济的对外开放，投资 I_t 包括国内企业所生产的商品 $I_{H,t}$ 以及国外进口的商品 $I_{F,t}$，所以可得：

$$I_t = \left[(1-\gamma)^{\frac{1}{\rho}} I_{H,t}^{\frac{\rho-1}{\rho}} + \gamma^{\frac{1}{\rho}} I_{F,t}^{\frac{\rho-1}{\rho}}\right]^{\frac{\rho}{\rho-1}} \tag{4.11}$$

于是，资本的价格可表示为：

$$Q_t = P_t \Big/ \left[1 - \varphi\left(\frac{I_t}{K_t} - \delta\right)\right] \tag{4.12}$$

生产性的企业设定差异化产品的价格，假设价格的设定采用经典的企业交错价格调整的方式（Calvo，1983），也就是说，在每期有占比为 θ 的企业将它们的价格维持在既有的水平，而占比为 $1-\theta$ 的企业对它们产品的价格进行了调整，因而，可推导出新凯恩斯形式的菲利普斯曲线方程（Gali，2015）：

$$\pi_{H,t}=\beta E_t\left(\pi_{H,t+1}\right)+\frac{(1-\beta\theta)(1-\theta)}{\theta}\hat{mc}_t \tag{4.13}$$

$\pi_{H,t}$ 表示国内实际的通胀率，$\hat{mc}_t$ 表示企业的边际成本对它均衡值的对数偏离。可以发现，新凯恩斯形式的菲利普斯曲线具有前瞻性的特点，公众对未来通胀的预期会影响到他们的消费和投资决策，进而影响到国内实际的通胀水平，此外，企业的边际成本也是国内实际通胀率的主要影响因素。

（三）商业银行

作为金融中介的商业银行从家庭吸收存款，并向生产性的企业发放贷款，生产性的企业在 t 期的净资产可表示为 $P_{H,t}N_t$。为组织生产企业需要从资本生产商处购买资本，但由于自身的净资产有限，企业需要到商业银行寻求贷款，贷款的具体数量可表示为：

$$D_t=Q_tK_{t+1}-P_{H,t}N_t \tag{4.14}$$

根据 Cespedes et al.（2004）的建议，假设商业银行提供的贷款利率为：

$$R_t^L=(1+i_t)F_t\left(\frac{Q_tK_{t+1}}{P_{H,t}N_t}\right),F'_t(\cdot)>0,F_t(1)=1 \tag{4.15}$$

上式中，F_t 表示商业银行贷款利率的风险溢价，$F'_t(\cdot)>0$ 意味着当生产性企业的净资产 $P_{H,t}N_t$ 相对于其资本投入 Q_tK_{t+1} 越来越小时，商业银行会向企业收取越来越高的贷款利率，即贷款利率为企业的净资产与其资本投入之比的增函数，$F_t(1)=1$ 意味着当生产性企业的净资产 $P_{H,t}N_t$ 正好等于其资本投入 Q_tK_{t+1} 时，风险溢价并不存在，此时，生产性企业并不需要从商业银行获取贷款。假定 F_t 函数可具体化为 $F_t(g)=g^{\mu}(\mu>0)$。

企业家追求自身利润的最大化，他们选择最优的贷款数量以购买资本并进行生产，根据 Devereux et al.（2006）的文献，企业家的资本收益可表示如下：

$$R_{t+1}^{k}=\frac{R_{k,t+1}}{Q_t}+\frac{Q_{t+1}}{Q_t}\left\{1-\delta+\frac{\varphi}{2}\left[\left(\frac{I_{t+1}}{K_{t+1}}\right)^2-\delta^2\right]\right\} \tag{4.16}$$

每期期初企业家得到资本的收益并使用这一收益偿还商业银行的贷款，剩余部分即为企业的净资产价值，所以：

$$P_{H,t}N_t=R_t^KQ_{t-1}K_t-(1+i_{t-1})F_{t-1}D_{t-1} \tag{4.17}$$

（四）进口商

进口商在国外市场以 $S_tP_{F,t}^*$ 的价格购买商品，然后在国内市场以 $P_{F,t}$ 的价格水平出售。假定进口商在设定这些商品的国内销售价格时仍采用了交错价格调整的方式，其中，在每期有占比为 κ 的进口商维持他们原有的价格不变，而占比为 $1-\kappa$ 的进口商对他们进口商品的价格进行了调整，因而，进口商品的价格满足的表达式（Devereux and Yetman，2010）为：

$$p_{F,t}=(1-\beta\kappa)(\bar{\varepsilon}+s_t+p_{F,t}^*)+\beta\kappa E_t(p_{F,t+1}),\bar{\varepsilon}=\ln(\varepsilon/(\varepsilon-1)) \tag{4.18}$$

其中，小写字母是变量的对数表示。κ 可用来衡量汇率弹性的放开对进口商品价格的传递效应，当 $\kappa=0$ 时，所有的进口商在每期都会对他们进口商品的价格进行调整，这预示着汇率 S_t 的变化会立即影响到 $P_{F,t}$，进而影响到 CPI，即汇率对进口商品国内销售价格的传递是完全的，当 $\kappa=1$ 时，所有的进口商都维持他们的价格不变，汇率对进口商品国内销售价格的传递效应为 0，当 $0<\kappa<1$ 时，有 $1-\kappa$ 的进口商对他们进口商品的价格进行调整，汇率 S_t 的变化会部分传递给 $P_{F,t}$，所以，进口商品价格所满足的通胀方程可表示为：

$$\pi_{F,t}=\beta E_t\ (\pi_{F,t+1})\ +\frac{(1-\beta\kappa)\ (1-\kappa)}{\kappa}\ (\hat{s}_t+\hat{p}_{F,t}^*-\hat{p}_{F,t}) \tag{4.19}$$

上式中，$\hat{s}_t$、$\hat{p}_{F,t}^*$ 及 $\hat{p}_{F,t}$ 分别为这些变量对它们各自均衡值的对数偏离程度。

（五）中央银行

短期利率是中央银行调控宏观经济的主要工具，因而，通常形式的利率规则（Devereux and Yetman，2014）有如下形式：

$$\frac{R_t}{R}=\left(\frac{R_{t-1}}{R}\right)^{\mu_R}\left(\frac{P_{H,t}}{P_{H,t-1}}\frac{1}{\pi_H}\right)^{\mu_{\pi H}}\left(\frac{P_t}{P_{t-1}}\frac{1}{\pi}\right)^{\mu_\pi}\left(\frac{Y_t}{Y}\right)^{\mu_Y}\left(\frac{S_t}{S}\right)^{\mu_S} \qquad (4.20)$$

μ_R 表示利率平滑参数，π_H、π、Y 及 S 为中央银行国内通胀、CPI、产出和汇率的调控目标，相应地，$\mu_{\pi H}$、μ_π、μ_Y 与 μ_S 为短期利率对这些变量的反应系数。一般来说，在以上利率规则下有如下几种货币政策可供选择：第一，$\mu_{\pi H}=\mu_S=0$，这为标准泰勒规则的货币政策，即中央银行主要关注 CPI 和产出水平，当这两个变量偏离它们各自的目标水平时，中央银行会操控短期利率对其进行调控，从目前的文献来看，这种货币政策一般适用于封闭经济的国家，因为封闭经济中没有必要考虑汇率变动，它不会对国内经济产生过大的冲击；第二，$\mu_{\pi H}=0$，这为扩展的泰勒规则的货币政策，中央银行除了关注 CPI 和产出水平之外，还利用短期利率对汇率水平的偏离进行调控；第三，$\mu_{\pi H}=0$ 且 $\mu_\pi\rightarrow\infty$，中央银行的短期利率对 CPI、产出及汇率作出反应，但主要关注的是 CPI 的通胀，这为严格的 CPI 目标；第四，$\mu_\pi=0$ 且 $\mu_{\pi H}\rightarrow\infty$，中央银行的短期利率对国内价格水平、产出及汇率作出反应，但主要关注的是国内通胀，这为严格的国内价格目标。

国内生产性企业生产的商品主要满足家庭的消费、资本生产商对资本生产的投资、政府对商品的购买及国内商品的出口。于是，国内生产性企业商品出清满足的均衡条件是：

$$Y_t=C_{H,t}+I_{H,t}+G_t+S_tX_t,\ G_t=T_t/P_{H,t} \qquad (4.21)$$

其中，政府对商品的购买数量 G_t 取决于它从代表性家庭获得的税收。国内经济主体对国外商品的需求包括代表性家庭的消费与资本生产商对资本生产的投资，因此，国外商品出清满足的均衡条件是：

$$M_{F,t}=C_{F,t}+I_{F,t} \qquad (4.22)$$

二、模型参数校准及分析

（一）模型参数校准

为对以上理论模型进行更深入的分析，首先对模型进行对数线性化处理，然后对模型中的具体参数进行赋值并分析。参照目前大多数文献的做法，需要对涉及偏好和技术的模型参数首先进行赋值，参考 Gali and Monacelli（2005）、Senay and Sutherland（2019）文献的做法，将家庭的主观贴现因子 β 赋值为 0.99，资本折旧的参数 δ 赋值为 0.025，国内商品与国外进口商品的替代程度 ρ 赋值为 1，衡量资本调整成本的参数 φ 赋值为 12。根据劳动者报酬在 GDP 中的占比计算，2005—2020 年劳动者获得的报酬达到 GDP 占比的均值为 0.46，所以，将资本收入占总产出的比例 α 赋值为 0.54。使用 2005—2020 年的数据均值计算，家庭消费、投资、政府对商品的购买及国内商品的出口占国内 GDP 的均衡值分别为 37.9%、43.6%、15.0%和 21.9%，商业银行贷款占资本投入额的均衡值为 63.1%，其中，商业银行贷款使用社会融资规模总量指标，资本投入额使用年度的投资数据，以上数据通过 Wind 数据库、中国统计年鉴及国家统计数据库中的相关数据综合整理获得。

根据马勇和陈雨露（2014）对国内相关参数的估计结果，将商业银行的风险溢价 μ 赋值为 0.07，将代表消费跨期替代弹性的参数 σ 赋值为 0.45，将代表劳动供给弹性的参数 ψ 赋值为 0.78，将国内生产性企业交错价格调整的参数 θ 赋值为 0.66。根据梅冬州和龚六堂（2011）、孟宪春等（2019）对货币政策规则的度量及参数估计值，将利率平滑参数 μ_R 赋值为 0.7，将短期利率对 CPI、产出和汇率的反应系数 μ_π、μ_Y 与 μ_S 分别赋值为 0.4、0.1 和 0.05。通过 2005—2020 年的数据均值计算，进口在我国 GDP 中的占比为 18%，基于此，将 γ 赋值为 0.18，汇率弹性对进口商品价格的传递效应参数则参考现有文献中的一般做法，将 κ 赋值为 0.75。

参照目前的文献，这里主要关注出口、国外利率及国外价格冲击对国内经济变量的动态效应。为准确刻画这些冲击，假定它们遵循常见的一阶自回归过程。依据 2005 年第 3 季度至 2020 年第 4 季度的数据对这三种外部冲击的相关参数予以估计，出口数据从国家统计局网站获取，国外利率与国外价格数据分别选取美国国债 3 个月的利率数据和美国的 CPI 数据（1982－84＝100），它们分别从美联储官网及美劳工统计局官网获取。由于出口和美国的 CPI 数据可能表现出季节特征，因此，首先使用 X11 乘法方法对这两个变量进行季节调整。之后，使用 HP 滤波技术找出这三个外部冲击变量的长期均衡值并求出它们对均衡值的对数偏离，进而对模型的参数进行估计（见表 4.1）。可以发现，在这三种冲击中，出口冲击和国外价格冲击的持续性相对较高，它们的一阶自回归系数分别为 0.76 和 0.69，而国外利率冲击的持续性较低，估计的系数只有 0.22，具体从这三种冲击的波动性来看，出口冲击和国外价格冲击的波动性较小，相应的估计值分别为 0.048 和 0.006，相反，国外利率冲击的波动幅度相对较大，参数的估计值为 1.189。

表 4.1　三种外部冲击的参数估计结果

外部冲击的类别	冲击的一阶自回归系数	冲击的标准差
出口冲击	0.76	0.048
国外利率冲击	0.22	1.189
国外价格冲击	0.69	0.006

（二）模型分析

1. 出口冲击。

根据以上理论模型框架，弹性汇率制度下出口冲击将通过如下传导过程对国内主要经济变量产生影响：当出现一个正向的出口冲击时，国内产出会随之增加并高于产出均衡的目标水平，此时，可能会出现经济过热或物价上涨过快的情况，因而，中央银行会迅速提高短期利率以对这种情况进行提前干预，这种紧缩的货币政策会从三个方面作用于国内经济，首先，短期利率水平的提高将带来家庭存款利率的走高，为提高其总体效用，代表性家庭会减少本期消费并增加它在商业银行的存款数量，其次，短期利率水平的提高最终会促使商业银行的贷款利率水平趋于上升，企业从商业银行获取贷款的成本高企，它会减少贷款并进而降低投资，由于国内经济主体对进口商品的需求由家庭消费和投资构成，所以，进口的数量会出现下降的走势，再次，依据利率平价公式，短期利率水平的提高意味着国内资产的收益增加，国外的投资者对国内资产的需求会随之提升，国内货币升值，假定在国外商品价格不变的前提下，本币升值将造成进口价格的走低。另外，国内产出高于均衡的目标水平将会使国内经济主体形成通胀预期，此时，国内价格水平会随之上升。

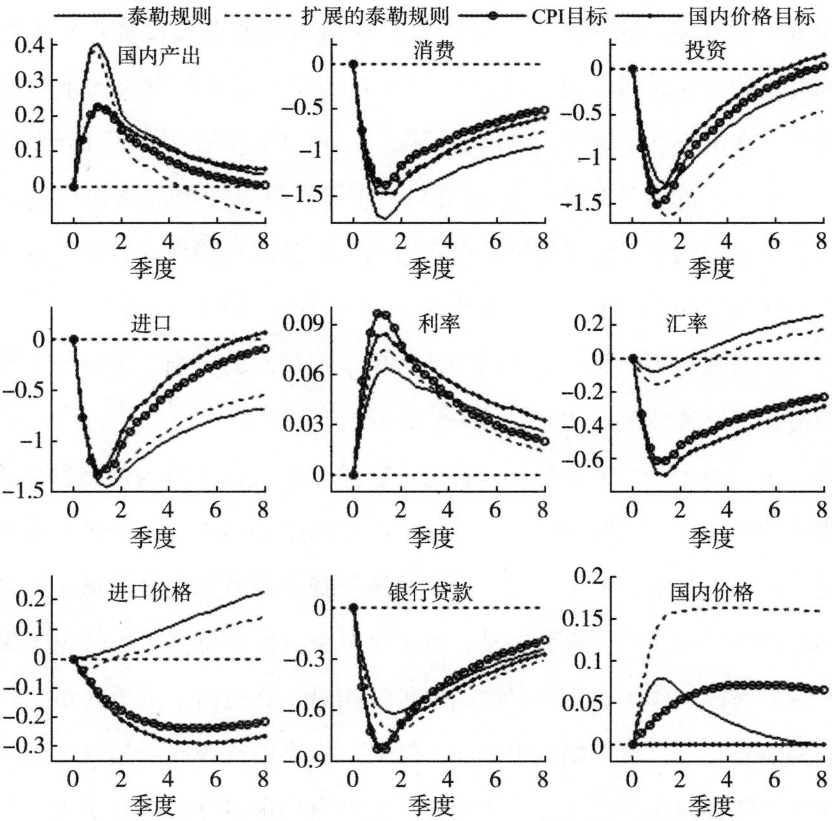

图 4.1 弹性汇率制度下出口冲击对国内主要经济变量的影响

如图 4.1 所示，弹性汇率制度下出口冲击对国内主要经济变量的影响程度在于中央银行选择的货币政策，可以发现，在不同的货币政策下，中央银行短期利率的反应存在一定差异，CPI 目标的货币政策下利率的提高幅度最大，国内价格目标的货币政策下利率的提高幅度次之，而扩展的泰勒规则和泰勒规则的货币政策下利率的提高幅度相对较小。

由以上传导过程可以看出，国内短期利率的提高会使消费和投资走低，应该说，CPI 目标和国内价格目标的货币政策将造成消费和投资的下降幅度更大，但图 4.1 的结果显示，这两种货币政策下消费和投资的下降幅度却较小，这和传导过程的分析似乎并不一致，那么，这种情况是如何出现的呢？事实上，在弹性汇率制度下，国内短期利率的更大提高将使本币升值幅度更大，进口价格会大幅走低，此时，代表性家庭对进口商品的消费以及投资中对进口商品的投入都会更多，这在较大程度上将会冲销国内消费和投资水平下降的趋势，因此，CPI 目标和国内价格目标的货币政策下消费和投资的下降幅度较小。而且，在汇率升值幅度不一致的情况下，相对更大的升值往往预示着国内生产性企业生产的商品的价格相对更高，而国外进口商品的本地价格相对更低，这会引导国内的经济主体更倾向于对国外商品进行消费并投资，这种常见的支出转换效应的存在也会在一定程度上加剧国内对进口商品的需求。所以，汇率弹性的增强从多个侧面对国内经济产生了深层次的影响，国内的货币政策操作中需要对这种情况进行必要的关注和分析。

进一步对图 4.1 仔细观察可以看出，选择 CPI 目标和国内价格目标的货币政策将使国内产出、消费、投资及进口这些实际变量偏离它们各自均衡目标的幅度更小，而使利率、汇率、进口价格及银行贷款等名义变量偏离它们各自均衡目标的幅度更大，需要说明的是，由于这两个目标对价格水平作出了极为严格的限制，所以，作为名义变量的国内价格相对于其他两个货币政策目标来说偏离它们各自均衡目标的幅度也更小。同时，中央银行选择泰勒规则或扩展的泰勒规则的货币政策将使实际变量偏离它们各自均衡目标的幅度更大，名义变量偏离它们各自均衡目标的幅度更小。因而，在弹性汇率制度下，中央银行不同的货币政策选择将导致国内实际变量和名义变量之间存在着较为明显的交替（trade off）关系，这和目前大多数文献得到的结论是一致的。在实际货币政策操作中，中央银行需要对实际变量和名义变量进行权衡，如果更多地关注国内实际变量对它们均衡目标的偏离，就应该选择 CPI 和国内价格目标的货币政策，由于这两种货币政策都对汇率变化作出了反应，因而，汇率弹性是中央银行必须考虑的问题，如果更多地关注名义变量对它们均衡目标的偏离，就应该选择泰勒规则和扩展的泰勒规则的货币政策，这两种货币政策中只有扩展的泰勒规则的货币政策对汇率变化作出了反应，所以，这一货币政策同样需要对汇率弹性予以考虑。

2. 国外利率冲击。

根据以上理论模型框架，弹性汇率制度下国外利率冲击影响国内主要经济变量的传导过程可概括为：预料之外的国外利率的增加会提高国外资产的收益，预算约束下的效用最大化要求代表性家庭降低当期的消费并增加对美元债券的购买，这使本币相对于外币贬值，为避免这种贬值对国内经济形成过大冲击，中央银行迅速提高短期利率水平，此时，银行贷款的规模自然会降低，随之的就是投资的下降，但需要注意的是，本币贬值造成了国内商品出口数量的较大攀升，因而，国内产出将上升，而且，由于国内产出上升的主要原因是国内商品出口数量的增加，而国内的消费和投资都是下降的，所以，国内的经济主体会形成通缩预期，最终造成国内价格的走低。

图 4.2 显示，如果中央银行选择了泰勒规则的货币政策，则此种情况下本币贬值的幅度最大，进口价格的走高限制了进口，进口数量的下降幅度较大，但由于这种货币政策主要对产出和物价作出反应，而不对汇率变化作出反应，所以，在货币政策操作中，中央银行短期利率提高的幅度较小，对于扩展的泰勒规则的货币政策而言，因为汇率变化幅度最小，因而其短期利率上升的幅度也不大。从图 4.2 可以发现，相对于标准的泰勒规则的货币政策而言，CPI 目标与国内价格目标的货币政策下国内产出、消费与进口这些实际变量偏离它们各自均衡目标的幅度更小，而利率、银行贷款这些名义变量偏离它们各自均衡

目标的幅度更大，所以，不同的货币政策选择带来的实际变量与名义变量之间的交替关系在一定的范围内依然成立。

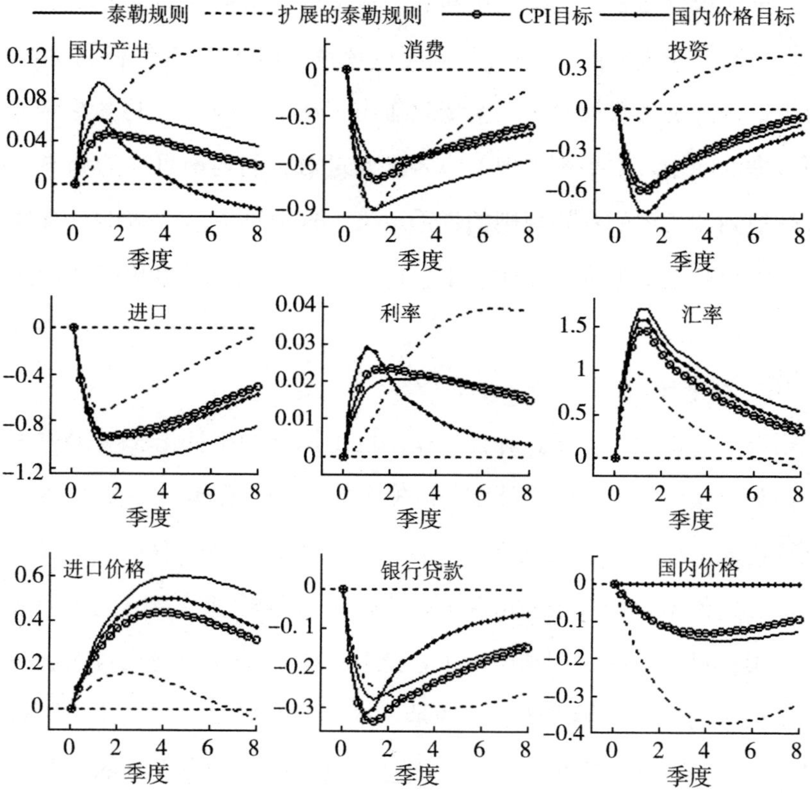

图 4.2　弹性汇率制度下国外利率冲击对国内主要经济变量的影响

需要重点说明的是，由于经济结构的不同，国外利率冲击对国内主要经济变量的影响相对于一般新兴市场国家的情况来说存在着较大的不同。一般新兴市场国家的情况是，国内金融发展较为落后，企业很难从商业银行获得贷款，它们的主要资金来源于国际金融市场上的美元借款，此时，国外利率冲击将会在一定程度上提高它们偿还美元债务的利率水平，而且，国外利率冲击造成的本币贬值将导致企业需要支付更大规模的本币来支付规模一定的美元债务，最终给新兴市场国家带来巨大的债务负担，这是拉美债务危机、亚洲金融危机等发生的重要原因，同时这也是现有文献中集中分析的焦点问题。但与此不同，由于经济结构的本质差异，国外利率冲击虽然对国内经济同样带来了一定冲击，但鉴于国内企业的融资大部分是从商业银行获取的，这种利率冲击对国内主要经济变量的影响相对来说并不大，所以，使用适合我国经济结构特点的模型来分析国内经济更符合我国经济的现实情况。

3. 国外价格冲击。

根据以上理论模型框架，弹性汇率制度下国外价格冲击影响国内主要经济变量的传导过程如下：国外价格的提高将使进口价格快速提升，国内家庭消费和资本生产投资中会相应减少对国外进口商品的需求，结果是进口商对国外商品的进口减少，国内产出下降，此时，中央银行可选择采用降低短期利率的方式来刺激国内经济，这造成本币的贬值，由于国内产出的走低将使国内经济主体形成通缩预期，因而国内价格水平最终会下降。

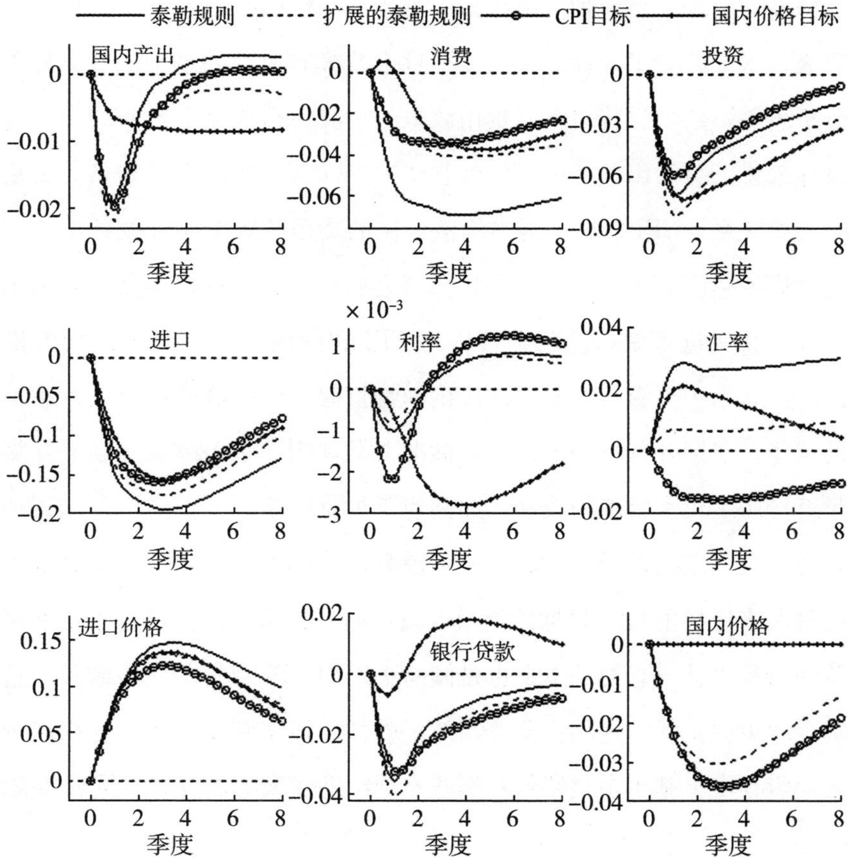

图 4.3　弹性汇率制度下国外价格冲击对国内主要经济变量的影响

从图 4.3 中可以发现，与前两种外部冲击相比，国外价格冲击影响国内主要经济变量的程度比较小。例如，就国内产出这个经济变量而言，国外价格冲击下它偏离均衡目标的最大幅度为 0.02%，而出口冲击和国外利率冲击下国内产出偏离它们各自均衡目标的最大幅度分别达到了 0.4%和 0.12%。特别需要指出的是，在国外价格冲击下中央银行调整国内短期利率的程度也较小。综合不同实际变量和名义变量之间的关系，可以看出这种交替关系表现得并不明显，但就标准的泰勒规则的货币政策来说，它带来的消费、进口这些实际变量的下降幅度最大，同时，汇率、进口价格这些名义变量的上升幅度也最大，因而，一般不宜选择泰勒规则的货币政策。对于另外三种货币政策而言，它们都对汇率变化作出了反应，但总体来说，国内主要经济变量的表现仍存在一定的差异，因而，具体选择何种货币政策取决于央行对哪些经济变量更为关注。

总之，本章建立了弹性汇率制度下货币政策有效性的模型，对三种外部冲击的分析表明，中央银行对不同货币政策的选择将造成完全不同的宏观经济后果。具体来说，对于出口冲击和国外利率冲击而言，实际变量和名义变量之间都存在交替关系，CPI 目标和国内价格目标的货币政策下实际变量偏离它们各自均衡目标的幅度更小，而名义变量偏离它们均衡目标的幅度更大，但单纯就价格这一名义变量来说，这两个目标对 CPI 和国内价格进行了极为严格的限制，因此，如果中央银行主要关注产出和物价时，选择这两种货币政策是相对较好的选择，对国外价格冲击而言，标准泰勒规则的货币政策使名义变量和实际变量都经历了较大幅度的波动，而其他三种货币政策下国内主要宏观经济变量的表现存在一定的差异。从具体的货币政策操作而言，弹性汇率制度下西方发达国家大多选择了 CPI 目标的货币政策，而从典型新兴市场国家汇率制度弹性改革的历程来看，它们基本上也是倾向于采用 CPI 目标的货币政策，这为我国的货币政策提供了一定的借鉴。当然，弹性的汇率制度下我国选择何种货币政策在一定程度上基于中央银行对哪些宏观经济变量的表现更为重视和关注。

第五章　汇率弹性增强与我国货币政策有效性的测评

一、向量自回归（VAR）模型的局限及因子增强的向量自回归（FAVAR）模型的提出

自 Sims（1980）首次提出向量自回归（VAR）模型并将其引入宏观经济分析之后，这一模型一直是测评货币政策效果的标准方法。但随着研究的逐步进展，越来越多的研究发现向量自回归模型存在诸多局限。首先，基于向量自回归模型对货币政策效果的分析存在“价格之谜”（price puzzle）现象（Sims，1992），即紧缩的货币政策带来了产出的下降，却引致了物价的走升，虽然后续研究试图在向量自回归模型中加入商品价格指数等指标来解决这一难题，但究竟需要将哪些变量纳入向量自回归模型始终存在着较大争议；其次，由于信息技术特别是数据采集技术的大幅进步，中央银行在进行货币政策决策时往往参考了大量的宏观经济信息，比如，货币政策可能会根据国内外宏观经济形势的变化作出调整，度量国内宏观经济形势的指标包括消费、投资、进出口、金融机构存贷款以及股票市场交易额等，度量国外宏观经济形势的指标包括主要经济体的货币供应量、利率以及物价水平等，也就是说，中央银行可能是根据十几个或几十个，甚至上百个宏观经济变量的信息进而作出的货币政策决策，但由于向量自回归模型本身的局限，增加过多的变量通常使其陷入“维数的诅咒”而无法估计，因而，宏观经济中的大部分信息将无法反映到向量自回归模型中，这种信息的缺失大幅降低了向量自回归模型的可信度；再次，在对向量

自回归模型的变量选取上亦存在武断性，比如，仅用广义货币供应量 M_2 来代表货币政策的松紧可能忽略了流通中的现金 M_0 和狭义货币供应量 M_1 的影响。

为解决上述问题，Bernanke et al.（2005）在传统的向量自回归模型的基础上，开拓性地发展了因子增强的向量自回归方法（factor-augmented vector autoregressive approach，FAVAR）。与传统的向量自回归模型不同，因子增强的向量自回归模型可从包含大量宏观经济变量的大数据集（large data set）中提取因子，并依据这些因子建立模型来分析货币政策的效应（Filrelli and Meliciani，2019；Ono，2021）。根据标准的因子增强的向量自回归模型的基本思想（Bernanke et al.，2005），含有 k 个共同因子的向量自回归模型可表示为：

$$C_t = \Phi(L)\ C_{t-1} + \varepsilon_t \tag{5.1}$$

其中，$\Phi(L)$ 为滞后算子 L 的多项式矩阵，ε_t 为残差项，C_t 为共同因子向量，和传统的向量自回归模型不一致，这里的 C_t 并不是完全可观测的。参考现有文献的设定方式，C_t 可表示为：

$$C_t = \begin{bmatrix} F_t \\ R_t \end{bmatrix} \tag{5.2}$$

上述表达式中，$k-1$ 个潜因子构成的向量 F_t 是不可观测的，R_t 则表示可观测的单一的货币政策工具变量，文献中一般采用短期利率来表示 R_t。由于潜因子 F_t 是不可观测的，因此，需要对以上 $k-1$ 个潜因子进行估计。假设 X_t 为包含大量经济变量的宏观经济信息集，它为一个高维向量，为了对因子进行估计，需要将 X_t 中的各变量变换为平稳序列，并将它们都转化为均值为 0，标准差为 1 的标准化时间变量。k 个共同因子构成的向量 C_t 则代表了宏观经济条件，它会对宏观经济信息集 X_t 中的各变量产生较为广泛的影响，因此：

$$X_t = \Lambda C_t + \mu_t \tag{5.3}$$

上式中，X_t 为 $N\times1$ 维的向量，Λ 为 $N\times k$ 的因子载荷矩阵，μ_t 为通常意义上的残差项。一般来说，$k\ll N$，也就是说，基于以上高维的宏观经济信息集得到的因子个数虽远小于宏观经济变量的个数，但这些因子中却包含了宏观经济信息集中的丰富信息。

式（5.1）—（5.3）即为完整的因子增强的向量自回归模型。对因子增强的向量自回归模型进行估计，首先需要确定共同因子的个数 k。现有文献中确定 k 的方法主要有两类，一类是 Bernanke et al.（2005）的敏感性分析方法，在这种方法中，如果继续增加因子的个数时，FAVAR 模型的脉冲响应函数没有显著变化，则将这一因子个数确定为 k，另一类则是 Bai and Ng（2002，2013）提出的 IC_1 和 IC_2 信息准则，这一信息准则可得到因子个数的一致估计量，而且，它们不对横截面单元 N 与时间序列单元 T 进行过多约束，并具有良好的有限样本性质，这一信息准则可表示为：

$$IC_1(k)=\ln(V(k,\hat{F}^k))+k\left(\frac{N+T}{NT}\right)\ln\left(\frac{NT}{N+T}\right) \tag{5.4}$$

$$IC_2(k)=\ln(V(k,\hat{F}^k))+k\left(\frac{N+T}{NT}\right)\ln[\min(N,T)] \tag{5.5}$$

其中，$V(k, \hat{F}^k)$ 为直接对式（5.3）进行估计得到的残差平方和。对于任意选择的共同因子个数 k，使式（5.4）和（5.5）的信息准则最小的 k 就是需要确定的因子个数。

k 确定之后，可采用两步主成分法实现对因子增强的向量自回归模型参数的估计。第一步，通过主成分法估计式（5.3），逐步剔除共同因子 C_t 中 R_t 的信息，得到 $\hat{F}_t$、$\hat{\Lambda}$ 及 $\hat{\mu}_t$，第二步，应用 $\hat{F}_t$ 直接替代式（5.2）中的 F_t，接着代入式（5.1）中，使用 AIC 信息准则确定向量自回归模型的滞后阶数，经由 OLS 方法获得 $\Phi(L)$ 和 ε_t 的估计值即可。

二、 汇率与货币政策有效性的因子增强的向量自回归模型的构建

现有对货币政策有效性的研究一般遵循 Bernanke et al.（2005）的经典设定方法，将短期利率作为央行的货币政策工具，但对于国内的研究而言，大部分学者主要注重对以货币供应量为代表性的数量型货币政策工具效果的评价。实际上，从目前国内的货币政策实践来看，单一的货币政策工具很难代表央行

的货币政策立场，特别是对近年对外发布的历次货币政策执行报告的解读可以发现，我国货币政策正逐步从以数量为主的货币政策向以价格为主的货币政策转换，综合利用多种货币政策工具对宏观经济进行调控成为我国货币政策操作的新特点。

基于此，本章将 Bernanke et al.（2005）的只含有单一货币政策工具的因子增强的向量自回归模型扩展为多种货币政策工具的因子增强的向量自回归模型，应用这种扩展的因子增强的向量自回归模型来分析汇率与货币政策有效性的关系。参考 Varlik and Berument（2017）的文献，含有多种货币政策工具的因子增强的向量自回归模型可表示为：

$$\begin{bmatrix} Y_t \\ CPI_t \\ F_t \\ R_t \end{bmatrix} = \Phi(L) \begin{bmatrix} Y_{t-1} \\ CPI_{t-1} \\ F_{t-1} \\ R_{t-1} \end{bmatrix} + \upsilon_t \tag{5.6}$$

其中，Y_t 和 CPI_t 分别为可观测的产出和消费者物价指数变量，F_t 为 $n \times 1$ 的宏观经济潜因子变量，R_t 为 $m \times 1$ 的多种货币政策工具因子变量，Φ（L）同样为滞后算子 L 的多项式矩阵，υ_t 表示误差项。式（5.6）预示着产出和消费者物价指数服从向量自回归模型过程，它受到自身滞后值，以及宏观经济潜因子与多种货币政策工具因子滞后值的影响。

需要说明的是，为了求解汇率与货币政策有效性的关系，在获取 F_t 的估计值后，我们将把宏观经济信息集 X_t 的变量分别与 F_t 包含的 n 个宏观经济潜因子的值进行逐一比对，如果这些因子中具有和人民币汇率紧密相关的因子，则表示汇率会影响到我国货币政策的效果（Soares，2013）。而且，我们会对货币政策工具的实际效果进行分析，以观察货币政策对产出和物价水平的调节是否符合理论预期及宏观经济现实。

进一步，假定 $N \times 1$ 维的宏观经济信息集 X_t 包含了我国国内外经济的大量信息，它与宏观经济潜因子 F_t 和多种货币政策工具因子 R_t 显著相关，即 F_t 与 R_t 会共同推动 X_t 中宏观经济变量的动态变化，因而：

$$X_t = \Lambda^{xf} F_t + \Lambda^{xr} R_t + e_t \tag{5.7}$$

其中，Λ^{xf} 和 Λ^{xr} 分别为 F_t 和 R_t 的因子载荷矩阵，e_t 为残差项。同样地，假定 $M \times 1$ 维的货币政策变量 MP_t 包含了我国央行货币政策操作的信息，它和多种货币政策工具因子 R_t 显著相关，所以：

$$MP_t = \Lambda^{mpr} R_t + \zeta_t \tag{5.8}$$

上式中，Λ^{mpr} 为多种货币政策工具因子 R_t 的载荷矩阵，ζ_t 为残差项。因此，式（5.6）—（5.8）构成了扩展的因子增强的向量自回归模型的基本架构，对于这一 FAVAR 模型而言，宏观经济潜因子 F_t 和多种货币政策工具因子 R_t 都为不可观测的变量，所以，与传统的向量自回归模型不同，并没有办法直接实现对这一模型的估计。

依据 Valik and Berument（2017）文献的做法，这里通过两步主成分法对式（5.6）—（5.8）扩展的因子增强的向量自回归模型进行估计。第一步，使用主成分法对式（5.7）和式（5.8）进行估计，首先得到 $\hat{R}_t$ 和 $\hat{F}_t$，实现这一步骤的具体过程如下：（1）运用主成分法从式（5.8）中提取多个货币政策工具因子，得到 $\hat{R}_t$；（2）考虑到 Bai and Ng（2002，2013）的 IC_1 和 IC_2 信息准则确定的因子个数 k 存在着不一致性，本章将主要通过 Bernanke et al.（2005）的敏感性分析方法确定式（5.7）中 F_t 的因子个数，然后使用 Boivin et al.（2009）扩展的主成分法经多次迭代逐步将 F_t 中可能包含的 $\hat{R}_t$ 的信息剔除，最后获得 $\hat{F}_t$。第二步，将 $\hat{R}_t$ 和 $\hat{F}_t$ 直接代入式（5.6），根据 AIC 信息准则确定向量自回归模型的滞后阶数，经由 OLS 方法最终完成对式（5.6）的估计。

三、汇率弹性增强与我国货币政策有效性的测评

根据我国货币政策操作的基本事实，这里将货币政策工具区分为数量型和价格型货币政策工具（见表 5.1）。对数量型货币政策工具的选择，国内的文献具有一定的差异，部分学者将央行的存款准备金率作为数量型货币政策工具，但是，央行的存款准备金率本身存在调整频次较低等局限，它在很大程度上对

货币政策松紧的反应程度不够精确，本章参考国内大部分文献的通常做法（卞志村和胡恒强，2015；欧阳志刚和薛龙，2017），将流通中的现金 M_0、狭义货币供应量 M_1 及广义货币供应量 M_2 选为数量型货币政策工具的代表。对价格型货币政策工具的选择，包括人民银行对金融机构的再贷款利率（3 个月以内），人民银行对金融机构的再贴现利率，这两个指标调整的频次同样较低，因而，价格型货币政策工具的选择还包括 SHIBOR 隔夜利率，银行间质押式回购加权利率（1 天），银行间同业拆借加权利率（7 天）。

由于自 2005 年 7 月起我国开始在汇率决定中引入市场供求因素，并开始逐步放开汇率波动限制，因此，选择 2005 年 7 月至 2021 年 6 月的数据来分析汇率与货币政策有效性的关系。首先从 Wind 数据库获得具体的数量型及价格型货币政策工具的相关数据，由于 SHIBOR 隔夜利率数据始于 2006 年 10 月，所以，对于其前期缺失的数据使用银行间同业拆借加权利率（1 天）数据来替代。首先，对于 M_0、M_1 和 M_2 数据，采用 X11 加法方法去除其季节性趋势，然后取对数差分，得到其变化率数据，然后，分别采用 ADF 和 PP 检验方法对具体的数量型和价格型货币政策工具进行单位根检验，发现它们均为平稳序列，再次，进一步将它们转化为均值为 0、标准差为 1 的标准化序列。

表 5.1　货币政策工具变量的选取

货币政策工具类别	具体的货币政策工具
数量型货币政策工具	M_0
	M_1
	M_2
价格型货币政策工具	人民银行对金融机构再贷款利率（3 个月以内）
	人民银行对金融机构再贴现利率
	SHIBOR 隔夜利率
	银行间质押式回购加权利率（1 天）
	银行间同业拆借加权利率（7 天）

按照 Bagliano and Morana（2009）文献的做法，参考表 5.1 中对具体货币政策工具的分组，单独从具体的数量型及价格型货币政策工具中分别提取 1 个因子，把它们作为数量型货币政策工具因子和价格型货币政策工具因子（见图 5.1）。对于这两种货币政策工具因子而言，可以发现它们是一直在波动的，这预示着央行在调节我国宏观经济的过程中，对货币政策工具的运用是较为频繁的。

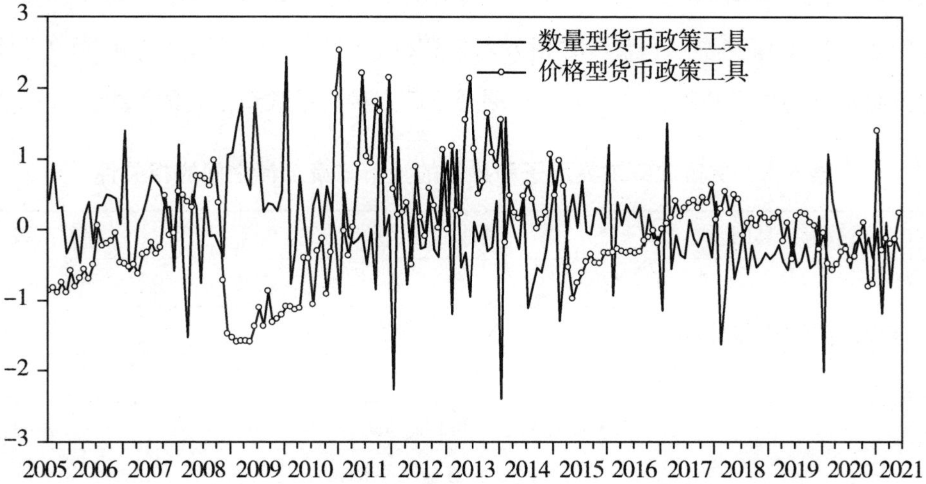

图 5.1　数量型和价格型货币政策工具因子

而且，对图 5.1 仔细观察可以发现，我国央行对宏观经济的调控是综合运用多种货币政策工具进行的，比如，在 2005—2006 年当经济保持较高增速时，国内的货币政策实际上是相对收紧的，此时货币供应量增速逐步走低，利率水平逐步提高，又如，在 2008 年全球金融危机爆发之后，国内的货币政策是趋于宽松的，货币供应量增速明显加快，利率水平则快速降低，再如，在 2015—2017 年我国经济进入新常态之后，国内的货币供应量增速有所下降，而利率则逐步提高，而且，可以看出，与新常态之前的货币政策相比，新常态下货币供应和利率变化的幅度都较少，这意味着在经济进入新常态之后，央行对我国宏观经济的调控更加注重预调微调机制，这在较大程度上避免了经济的过热或经济增速的大起大落。

进一步，通过计算这两种货币政策工具因子和具体的货币政策工具的相关系数（见表 5.2）可知，对于数量型货币政策工具因子来说，它与 M_0、M_1 及 M_2 的相关系数分别为－0.467、0.910 和 0.629，这说明这一货币政策工具因子与狭义货币供应量 M_1 的关系更为密切，它主要反映了 M_1 的政策效果，对于价格型货币政策工具因子来说，它与人民银行对金融机构再贷款利率（3 个月以内）、人民银行对金融机构再贴现利率的相关系数较低，分别是 0.451 和 0.130，而与 SHIBOR 隔夜利率、银行间质押式回购加权利率（1 天）及银行间同业拆借加权利率（7 天）的相关系数较高，分别为 0.966、0.946 和 0.934，这说明价格型货币政策工具因子主要刻画了后三种货币政策工具的效果。

表 5.2　货币政策工具因子和具体的货币政策工具之间的相关性

货币政策工具因子	具体的货币政策工具	相关系数
数量型货币政策工具因子	M_0	－0.467
	M_1	0.910
	M_2	0.629
价格型货币政策工具因子	人民银行对金融机构再贷款利率（3 个月以内）	0.451
	人民银行对金融机构再贴现利率	0.130
	SHIBOR 隔夜利率	0.966
	银行间质押式回购加权利率（1 天）	0.946
	银行间同业拆借加权利率（7 天）	0.934

由于月度的 GDP 数据不可得，因而这里选取工业增加值数据作为产出变量，以反映实际经济活动，物价水平指标则选择了国内 CPI 环比增速数据，使用 X11 加法方法对它们进行季节调整，然后通过 ADF 和 PP 单位根检验发现，它们都为平稳序列，进一步将它们转化为均值为 0、标准差为 1 的标准化序列。

宏观经济信息集共包含 62 个变量（见表 5.3），其中，国内宏观经济变量可分为 8 大类，它们分别是固定资产投资类、消费类、外资及进出口类、宏观经济景气指数类、汇率类、股票类、财政税收类及金融机构存贷款类变量，这些宏观经济变量几乎囊括了国内经济活动各方面的信息，对于需要关注的汇率变量来说，它主要包括人民币兑主要经济体货币的汇率，具体是人民币兑美元、欧元、日元、英镑及港元的汇率，还包括人民币综合汇率指数，具体是人民币名义和实际有效汇率，这 8 大类共含有 48 个宏观经济变量，此外，考虑到我国经济日益开放，国际经济形势的变化同样可能会对国内经济产生较大影响，因而，这里的宏观经济信息集中还包括 14 个国际宏观经济变量，它们是美国、欧元区及日本各层次的货币供应量，以及短期利率和 CPI 数据。

表 5.3 宏观经济信息集的选取

<table>
<tr><th colspan="2">变量类别</th><th>具体的变量</th></tr>
<tr><td rowspan="8">国内宏观经济变量</td><td>固定资产投资类</td><td>固定资产投资额，第一、二、三产业固定资产投资额，新建、扩建及改建固定资产投资额</td></tr>
<tr><td>消费类</td><td>社会消费品零售总额</td></tr>
<tr><td>外资及进出口类</td><td>实际使用外资金额（外商直接投资），进出口金额，进口金额，出口金额，贸易差额，进口价格、数量及价值指数，出口价格、数量及价值指数</td></tr>
<tr><td>宏观经济景气指数类</td><td>宏观经济一致指数，宏观经济先行指数，宏观经济滞后指数</td></tr>
<tr><td>汇率类</td><td>人民币兑美元、欧元、日元、英镑及港元汇率，人民币名义、实际有效汇率指数</td></tr>
<tr><td>股票类</td><td>境内上市公司总市值、流通市值及总股本，股票成交金额及日均成交金额，股票成交数量及日均成交数量，股票交易印花税</td></tr>
<tr><td>财政税收类</td><td>公共财政收入、支出，税收收入</td></tr>
<tr><td>金融机构存贷款类</td><td>金融机构各项贷款余额，金融机构短期、中长期贷款余额，金融机构各项存款余额，金融机构企业、机关团体、财政及储蓄存款余额</td></tr>
<tr><td>国际宏观经济变量</td><td>国际经济类</td><td>美国货币供应量 M_1、M_2，美国联邦基金利率，美国 CPI，
欧元区 M_1、M_2、M_3，欧元区隔夜利率，欧元区 CPI，
日本货币供应量 M_1、M_2、M_3，日本隔夜利率，日本 CPI</td></tr>
</table>

以上数据同样来源于 Wind 数据库。对数据的处理步骤如下：首先对受到季节因素影响的变量，使用 X11 加法方法对它们进行季节调整，以去除季节性趋势，然后运用 ADF 和 PP 检验对各变量进行单位根检验，如果变量非平稳，则通过差分或者对数差分方法对原始数据进行处理，将它们都转化为平稳序列，最后

对各平稳的变量进行标准化变换，使它们的均值为 0、标准差为 1。由 Bernanke et al.（2005）的敏感性分析方法经过多次尝试，确定式（5.7）中潜因子 F_t 的个数为 6，采用主成分分析首先得到 F_t 的初始估计值，然后使用 Boivin et al.（2009）扩展的主成分法将 F_t 估计值中可能包含的 $\hat{R}_t$ 的信息剔除，迭代次数设定为 1000 次，最后获得的 6 个宏观经济潜因子如图 5.2—5.7 所示。

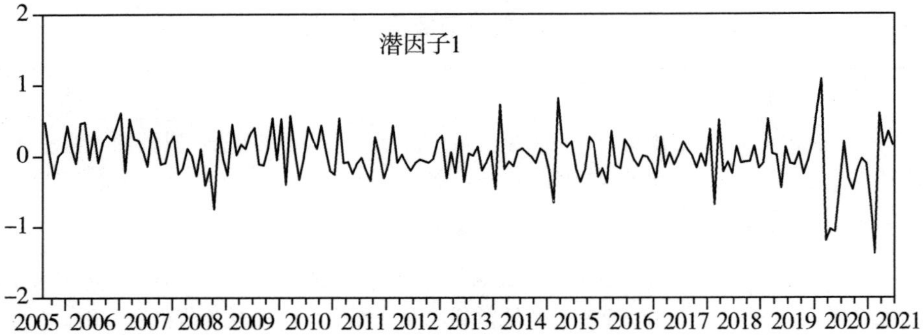

图 5.2　因子 1 的变化趋势图

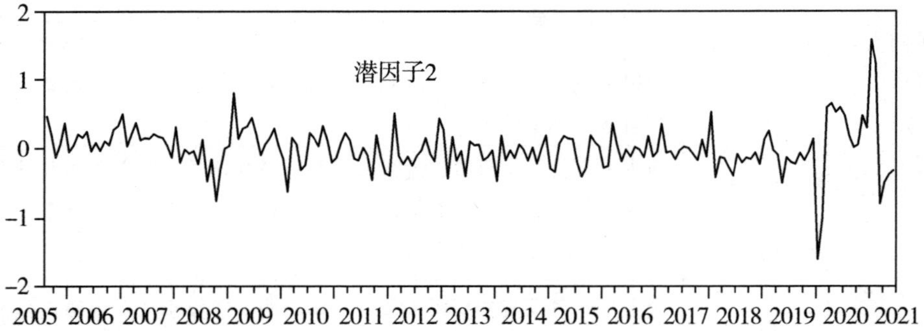

图 5.3　因子 2 的变化趋势图

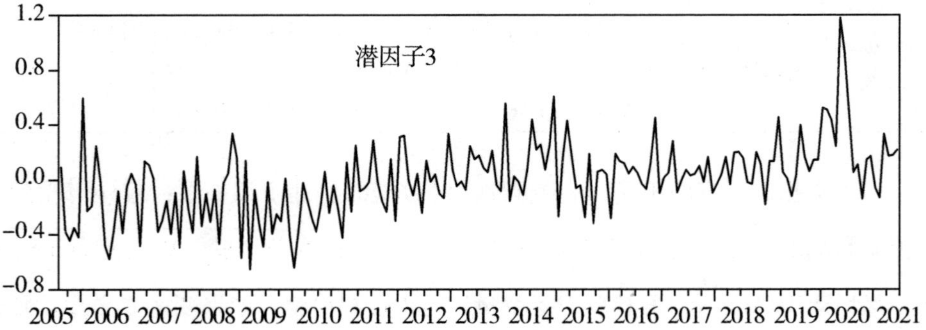

图 5.4　因子 3 的变化趋势图

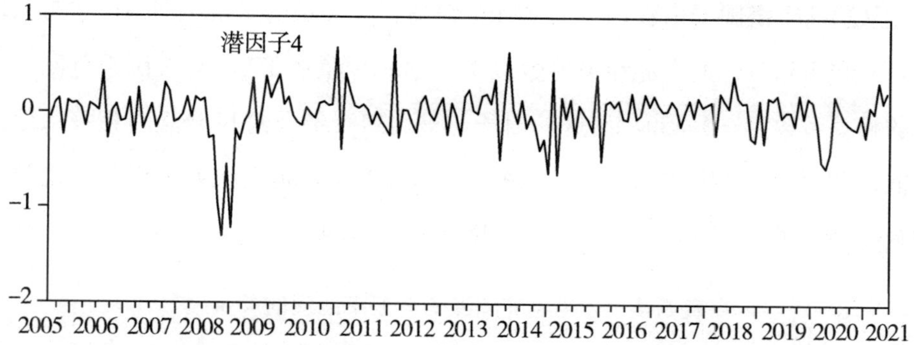

图 5.5　因子 4 的变化趋势图

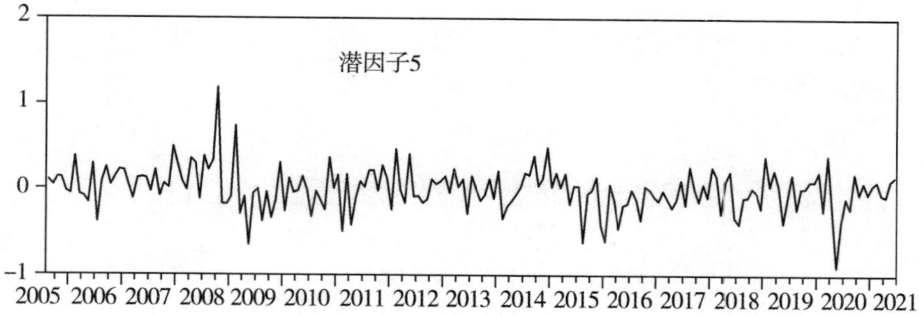

图 5.6　因子 5 的变化趋势图

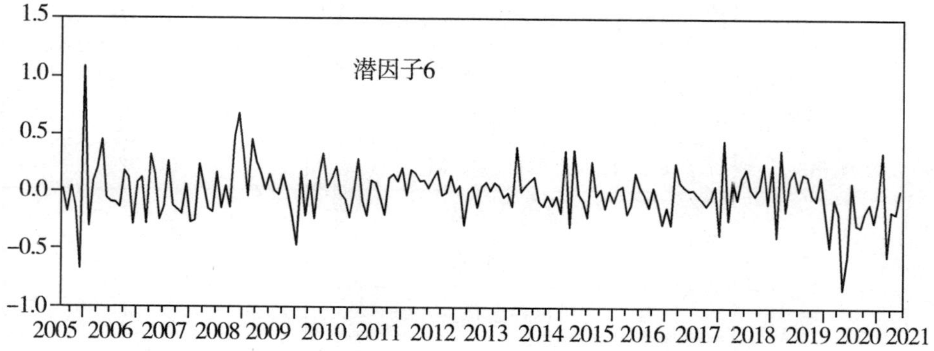

图 5.7　因子 6 的变化趋势图

为对这些潜因子的直观含义进行解释，将以上 6 个估计的潜因子与宏观经济信息集 X_t 中包含的 62 个宏观经济变量逐一进行比对。表 5.4 报告了每个潜因子与这 62 个宏观经济变量中相关系数最高的五个变量的相关系数的值。

从这6个潜因子来看，与汇率具有较高相关关系的是潜因子5，它与人民币名义和实际有效汇率的相关系数分别为0.619和0.575，与人民币兑欧元汇率的相关系数为−0.559，而这一因子与进出口金额及进口金额的相关系数则较低，分别为0.477和0.452，这说明潜因子5主要是反映人民币汇率走势的宏观经济因子，所以，可将潜因子5称之为汇率因子。

表5.4　宏观经济潜因子与汇率之间的关系

宏观经济因子	宏观经济变量	相关系数
潜因子1	股票成交金额	0.648
	股票交易印花税	0.644
	股票日均成交金额	0.635
	股票成交数量	0.634
	股票日均成交数量	0.629
潜因子2	固定资产投资额	0.728
	第三产业固定资产投资额	0.723
	第二产业固定资产投资额	0.670
	新建固定资产投资额	0.610
	改建固定资产投资额	0.577
潜因子3	日本货币供应量M_3	0.542
	日本货币供应量M_1	0.539
	日本货币供应量M_2	0.502
	股票成交金额	0.485
	股票成交数量	0.480
潜因子4	进出口金额	0.615
	进口金额	0.520
	欧元区隔夜利率	0.508
	进口价值指数	0.508
	美国CPI	0.507

续表

宏观经济因子	宏观经济变量	相关系数
潜因子 5	人民币名义有效汇率	0.619
	人民币实际有效汇率	0.575
	人民币兑欧元汇率	−0.559
	进出口金额	0.477
	进口金额	0.452
潜因子 6	金融机构财政存款余额	−0.508
	公共财政支出	0.471
	出口数量指数	0.404
	日本货币供应量 M_2	−0.391
	出口价值指数	0.366

也就是说，在 2005 年之后人民币汇率制度弹性逐步增强的情况下，汇率已经成为我国宏观经济中居于重要地位的宏观经济变量，它会对我国宏观经济信息集中的变量产生较大影响，直观上，汇率的变化（升贬值）将会直接影响到我国的对外贸易状况，进而影响到国内的产出和物价水平，间接地，人民币汇率的变化可能会对持有外币资产的家庭和企业的资产价值产生效应，进而影响到他们的消费和投资决策，而且，如果商业银行拥有一定的外币资产或负债，则汇率的调整会影响到商业银行可贷资金的变化，这会作用于消费和投资，进一步，汇率变化带来的企业资产价值的变化会迅速反映到它们股票的价值上，并引致整个股票市场的波动，从而影响到股票市场投资者的财富状况，此外，这种由汇率变化造成的人民币的升贬值会在一定程度上改变经济行为人的预期，并影响到他们的消费和投资行为，最终作用于产出和物价水平。因此，在汇率弹性逐步增强的情况下，汇率已开始成为与我国货币政策效果高度相关的主要变量。

从潜因子 1 来看，与其相关度较高的都为股票类的宏观经济变量，其中，股票成交金额的相关系数为最高的 0.648，股票交易印花税的相关系数为

0.644，股票日均成交金额、股票成交数量及股票日均成交数量的相关系数分别为0.635、0.634和0.629，即潜因子1是反映股票类交易的潜因子，因此，可将潜因子1称之为股票交易因子。

从潜因子2来看，与其相关度较高的主要是固定资产投资类的宏观经济变量，其中，固定资产投资额、第三产业固定资产投资额的相关系数分别为0.728、0.723，它们的相关系数都超过了0.700，而第二产业固定资产投资额的相关系数为0.670，新建和改建固定资产投资额的相关系数则分别为0.610和0.577，也就是说，潜因子2是反映固定资产投资类的潜因子，所以，可将潜因子2称之为固定资产投资因子。

从潜因子3来看，它与日本货币供应量M_3、M_1和M_2的相关系数分别为0.542、0.539和0.502，也就是说，国外宏观经济变量已在我国宏观经济信息集中占有重要地位，这意味着在考虑我国货币政策效果时，需要注意到国外宏观经济变量的可能效应。实际上，对潜因子4和潜因子6而言，它们也在一定程度上与国外宏观经济变量相关，比如，潜因子4和欧元区隔夜利率、美国CPI的相关系数分别为0.508和0.507，潜因子6和日本货币供应量M_2的相关系数为−0.391。此外，潜因子3还与股票成交金额、股票成交数量具有较高的相关性，但相应的相关系数分别只有0.485和0.480。因而，可将潜因子3称之为国外宏观经济因子。

从潜因子4来看，与其具有较高相关性的主要是进出口类变量，其中，它与进出口金额的相关系数最高，达到了0.615，与进口金额和进口价值指数的相关系数则分别为0.520和0.508，所以，可将潜因子4称之为进出口因子。

从潜因子6来看，与其具有较高相关性的变量涉及的范围较广，其中，它与金融机构财政存款余额的相关系数为−0.508，与公共财政支出的相关系数为0.471，与出口数量指数、出口价值指数的相关系数分别为0.404和0.366，与日本货币供应量M_2的相关系数为−0.391，也就是说，潜因子6综合了宏观经济信息集中包含的几个方面的信息，因此，可将潜因子6称之为综合类的宏观经济因子。

由于多种货币政策工具因子和宏观经济潜因子已得到估计，所以，直接使用它们替换式（5.6）中的 R_t 和 F_t 即可来分析我国货币政策的效果。通过 AIC 信息准则确定向量自回归模型的最优滞后阶数为 2，这里主要采用脉冲响应函数来对货币政策的效果进行分析。对于向量自回归模型来说，模型中各变量排序的差异将会使脉冲响应函数表现出一定的不同，鉴于这种情况，这里将选用广义脉冲响应函数来度量我国货币政策工具对产出和物价水平的效果，广义脉冲响应函数的主要特点是它并不需要对向量自回归模型中的各变量进行排序，所得出的结论更具有一般性和可信性。

图 5.8 是产出和 CPI 对数量型货币政策工具因子的脉冲响应函数，其中，横坐标表示滞后阶数，这里选择的期限为 24 个月，纵坐标表示在一个标准差新息冲击下产出和 CPI 的变化幅度。从图 5.8 可以看出，在以货币供应量为代表的数量型货币政策工具因子增加 1 个单位，即央行实行相对宽松的货币政策时，产出迅速增加，在滞后一期时的增加幅度为 0.18 左右，在滞后二期时下降到了 0.06 左右，随后产出缓慢回落，在滞后 20 期之后逐步回复到 0 值附近，而 CPI 在一个标准差新息的冲击下经历了震荡调整的趋势，在滞后一期时其呈现出一个较大幅度的下降，在滞后二期时又快速增加，滞后三期之后再次调整到低于 0 的水平，只是在滞后四期之后 CPI 才没有出现较大幅度的变化，因而，

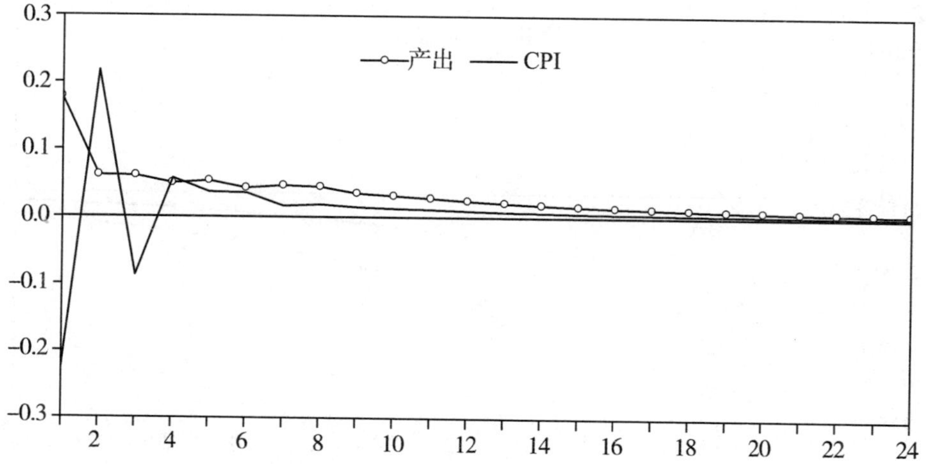

图 5.8　产出和 CPI 对数量型货币政策工具因子的脉冲响应

这一调整过程可看作货币政策的时滞期（王少平等，2012），在这一时滞期内，货币政策新息会对CPI产生较大的冲击效应。但在这一时滞期结束之后新息会对CPI产生效果，具体来看，在滞后四期时，CPI的增加幅度达到了0.06左右，在滞后五、六期CPI的增加幅度则回落到0.03左右，然后CPI逐步走低，在滞后16期之后基本趋近于0。

图5.9是产出和CPI对价格型货币政策工具因子的脉冲响应函数。首先，从产出的变化趋势来看，在价格型货币政策工具因子新息的冲击下，即在利率增加一个单位之后，产出在滞后一期就出现了一个下降，但随后在滞后二期就有一个较大的回调，在滞后三期之后才达到相对平稳的状态，可以看出，以利率为代表的紧缩的价格型货币政策最终带来了产出的下降，如图5.9所示，其最大的下降幅度大致在0.1左右，同时，这也说明在我国央行完成利率市场化改革，并日益注重以利率为代表的货币政策的调控效果后，这一货币政策工具因子实质上在我国宏观经济调控中已发挥重要作用。其次，从CPI的变化趋势来看，在滞后一期至五期同样出现了货币政策的时滞期，之后，CPI则长期处于0值以下，其最大的下降幅度大致在0.05左右。产出和CPI基本都是在24个月之后回复到0值附近。

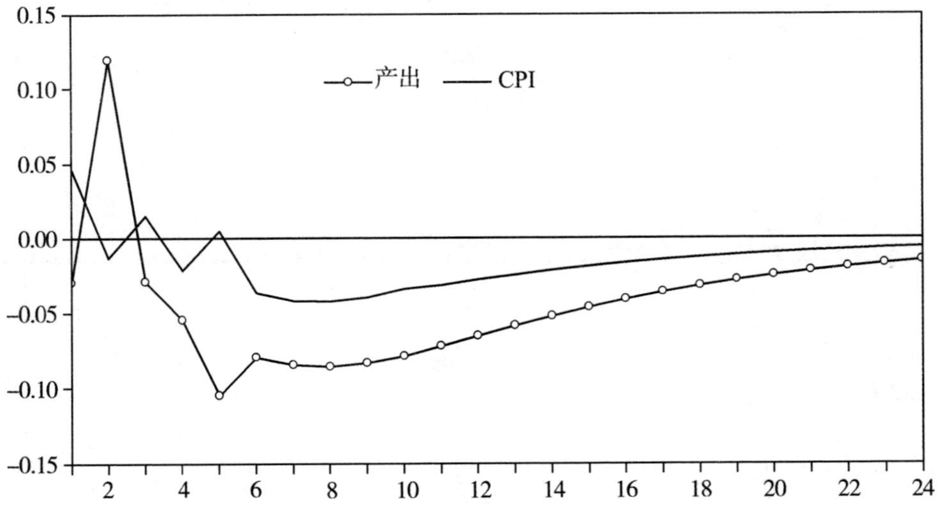

图5.9　产出和CPI对价格型货币政策工具因子的脉冲响应

综合以上两种货币政策工具因子的政策效果，可以发现，在汇率弹性增强的情况下，我国的货币政策整体上是有效的，即以货币供应量为代表的宽松的货币政策带来了产出的增加和物价的上涨，而以利率为代表的紧缩的货币政策带来了产出的下降和物价的降低，这是符合理论预期的，也是与现实较为一致的，事实上，应用如式（5.6）—（5.8）扩展的因子增强的向量自回归模型得到的脉冲响应函数对我国货币政策效果的分析，并没有发现存在“价格之谜”现象，这就从另一个侧面证明了模型设定的合理性。相对而言，数量型的货币政策工具因子在短期内就会对产出产生较为显著的效果，而价格型的货币政策工具因子对产出的影响则存在一定的滞后，在影响程度上，平均来看，它们的影响大致相当。对物价的影响上，两种货币政策工具因子对 CPI 的效果都存在一定的时滞，但它们最终都带来了价格水平的改变，在影响程度上，它们的差异并不大。

由于扩展的因子增强的向量自回归模型中的潜因子 5 与人民币汇率具有较高的相关系数，且它已被纳入我国货币政策效果的分析中，所以，人民币汇率变化已是国内货币政策效果的重要影响因素，如果忽视汇率在货币政策效果中所发挥的作用，就有可能使我们得出有失偏颇甚至错误的结论。当然，在不同的汇率弹性下，我国货币政策的效果也可能表现出一定差异，因此，后续将对不同汇率弹性条件下我国货币政策的有效性进行分析，以探讨这种差异的存在性。

四、 不同汇率弹性条件下我国货币政策有效性的测评

2005 年 7 月我国实行以市场供求为基础，有管理的浮动汇率制度之后，人民币汇率弹性逐步增强，但在 2008 年美国金融危机发生的情况下，人民币事实上暂时采取了钉住美元的汇率制度，2010 年 6 月，在国内外经济环境好转的大环境下，中国人民银行对外发布公告称进一步增强人民币汇率弹性，之后，人民币汇率逐步摆脱单边走势，汇率制度弹性趋于增强，因此，这里将整个样

本期分为两个时期，分别研究汇率弹性较弱及汇率弹性增强的条件下我国货币政策的有效性。

（一）汇率弹性较弱的条件下我国货币政策的有效性（2005 年 7 月—2010 年 6 月）

运用 2005 年 7 月到 2010 年 6 月的数据再次从具体的数量型和价格型货币政策工具中单独提取一个因子，同样将它们称为数量型和价格型货币政策工具因子（见图 5.10）。求数量型货币政策工具因子和具体的数量型货币政策工具之间的相关系数，这一因子和 M_0、M_1 和 M_2 的相关系数分别为－0.150、0.900 和 0.831，因而，数量型货币政策工具因子主要涵盖的是 M_1 和 M_2 的信息，类似的，求价格型货币政策工具因子和具体的价格型货币政策工具之间的相关系数，它和人民银行对金融机构贷款利率（3 个月以内）、人民银行对金融机构再贴现利率、SHIBOR 隔夜利率、银行间质押式回购加权利率（1 天）及银行间同业拆借加权利率（7 天）的相关系数分别为 0.906、0.897、0.939、0.925 和 0.908，因此，价格型货币政策因子涵盖了以上五种具体的货币政策工具的信息，其中，它和后三种货币政策工具的相关系数更高。

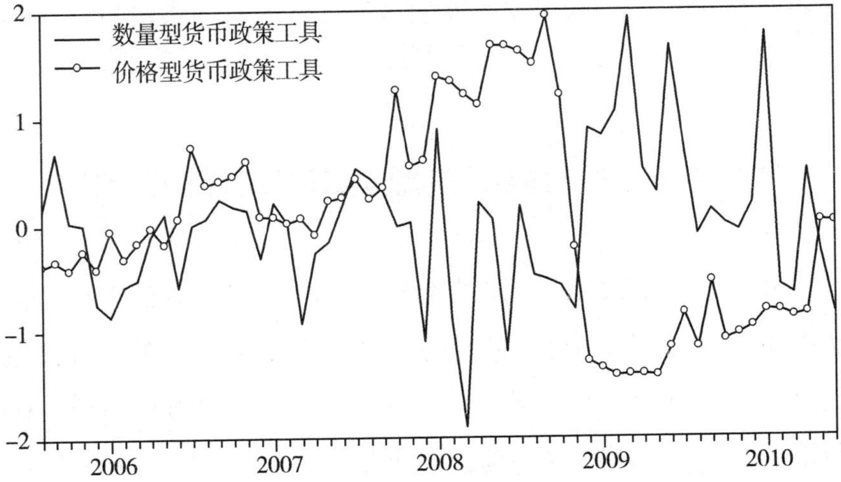

图 5.10　数量型和价格型货币政策工具因子

采用 Bernanke et al.（2005）的敏感性分析方法发现在潜因子个数为 5 时，再增加潜因子个数对脉冲响应函数的影响并不显著，所以，基于 Boivin et al.（2009）扩展的主成分法可获得潜因子的最终估计值，并和宏观经济信息集中的各变量进行比对，表 5.5 同样依次报告了估计的潜因子和其相关性最高的五个变量的相关系数。

从这五个潜因子来看，与汇率变量具有较高相关性的为潜因子 1 和潜因子 5，其中，与潜因子 1 相关的变量是人民币名义有效汇率和人民币实际有效汇率，相关系数分别为－0.565 和－0.528，与潜因子 5 相关的变量是人民币兑欧元汇率，相关系数为－0.463，这说明央行在应用货币政策工具调控宏观经济时，汇率会在货币政策传导机制中发挥重要作用，也就是说，在 2005 年 7 月—2010 年 6 月期间，虽然人民币的汇率弹性较小，并主要表现为小幅单边升值的过程，但汇率政策的这种调整相对于原来事实上钉住美元的汇率制度来说，仍对我国宏观经济的各个方面产生了一定程度的影响，这使汇率开始成为我国货币政策传导中的影响因素。事实上，根据国际金融理论，人民币的单边升值至少会在两个方面给国内经济带来较大冲击，一方面，这会直接影响到国内出口企业的对外贸易环境，由货币升值引致的国内商品国外价格的提升将削弱本国商品在国际市场上的竞争力，虽然人民币升值的幅度较小，但这种升值还是在当时给国内商品出口带来了较大压力，另一方面，货币升值所造成的国外商品国内进口价格的降低将使国内经济面临通缩压力，这种汇率传递效应会给国内宏观调控带来一定影响。

具体从各个潜因子来看，潜因子 1 和潜因子 2 分别与宏观经济先行指数和宏观经济一致指数具有最高的相关系数，它们的相关系数分别是 0.620 和－0.735，这预示着在这一时期，宏观经济景气指数，即经济行为人对未来经济形势的预期在我国经济运行中扮演着重要角色，但具体对这两个因子来说，因子 1 包含了宏观经济信息集中三个方面的变量，除了汇率和景气指数之外，它和金融机构中长期贷款余额、金融机构各项贷款余额的相关系数分别为 0.565 和 0.555，因而，这里将潜因子 1 称之为综合类的宏观经济因子 1，因子 2 同样包含了宏观经济信息集中三个方面的变量，除了景气指数之外，它与进口价格指数、进出口金额的相关系数分别为－0.729和－0.654，与欧元区隔夜利率的相关系数为－0.699，所以，这里将潜因子2称之为综合类的宏观经济因子2。

表5.5 宏观经济潜因子和汇率之间的关系

宏观经济因子	宏观经济变量	相关系数
潜因子1	宏观经济先行指数	0.620
	金融机构中长期贷款余额	0.565
	人民币名义有效汇率	－0.565
	金融机构各项贷款余额	0.555
	人民币实际有效汇率	－0.528
潜因子2	宏观经济一致指数	－0.735
	进口价格指数	－0.729
	欧元区隔夜利率	－0.699
	进出口金额	－0.654
	宏观经济滞后指数	－0.628
潜因子3	股票成交金额	－0.837
	股票成交数量	－0.807
	股票交易印花税	－0.782
	股票日均成交金额	－0.772
	股票日均成交数量	－0.735
潜因子4	固定资产投资额	0.618
	金融机构短期贷款金额	0.544
	进出口金额	0.508
	宏观经济滞后指数	－0.500
	进口金额	0.496
潜因子5	出口数量指数	－0.579
	公共财政支出	－0.552
	出口价值指数	－0.546
	人民币兑欧元汇率	－0.463
	税收收入	0.423

潜因子 3 与股票类的宏观经济变量相关，其中，它与股票成交金额和股票成交数量的相关系数分别为－0.837 和－0.807，与股票交易印花税、股票日均成交金额及股票日均成交数量的相关系数分别为－0.782、－0.772 和－0.735，这里将其称之为股票交易因子。潜因子 4 与固定资产投资额具有最高的相关系数 0.618，此外，它与金融机构存贷款类、进出口类及宏观经济景气指数类变量都存在较高的相关系数，所以，将潜因子 4 称之为综合类的宏观经济因子 4，潜因子 5 与宏观经济信息集中三个方面的变量有关，其中，它与出口数量指数、出口价值指数的相关系数分别为－0.579 和－0.546，与公共财政支出和税收收入的相关系数分别为－0.552 和 0.423，与人民币兑欧元汇率的相关系数为－0.463，这里将其称之为综合类的宏观经济因子 5。

将估计的货币政策因子和宏观经济潜因子代入式（5.6），确定向量自回归模型的滞后阶数为 2。图 5.11 是产出和 CPI 对数量型货币政策工具因子的脉冲响应函数，从产出来看，当以货币供应量为代表的数量型货币政策工具因子增加 1 个单位时，产出在滞后一个月迅速增加，但在滞后二个月时产出大幅回调，之后又呈现出上下波动的趋势，甚至在一定的滞后期内连续出现了较多负的响应值，但最终在 15 个月之后趋于 0，而 CPI 在数量型货币政策工具因子冲击之后的滞后二期大幅攀升，然而，随后就出现了震荡调整的趋势，这一脉冲响应函数最终在滞后 14 个月之后趋于 0。

以上分析意味着在这一时期央行的数量型货币政策工具操作对宏观经济的调控效果较为有限。诚然，这与国内影子银行的出现及快速发展有关，由于规模较大的资金出现在表外，央行通常无法有效控制货币的派生情况，同时，衡量货币数量的货币供应量指标也由于金融创新的存在而相对失效，这应该是数量型货币政策工具因子效果不佳的重要原因。但是，还应该注意到，在这一汇率弹性较弱的时期，事实上央行的一个重要任务仍是维持人民币汇率的相对稳定，从而避免本币在短期内出现大幅剧烈波动的情况，这种对汇率稳定目标的重视在一定范围内影响了央行的货币政策操作，因为在“不可能三角”下，随着国内外资本市场的逐步开放，对汇率稳定目标的更为关注往往意味着国内货币政策的自主性会受到削弱，这可能也在一定程度上限制了数量型货币政策工具因子的调控效果。

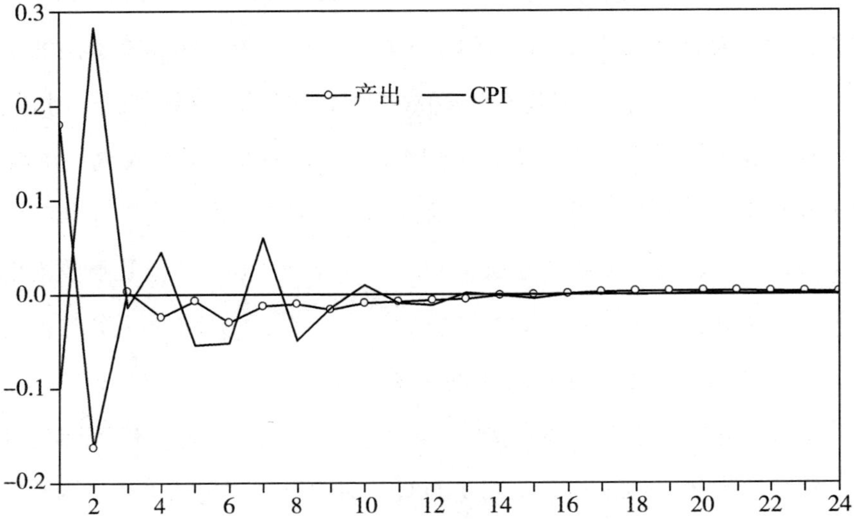

图 5.11　产出和 CPI 对数量型货币政策工具因子的脉冲响应

图 5.12 是产出和 CPI 对价格型货币政策工具因子的脉冲响应函数。具体对于产出来说，以利率为代表的紧缩性价格型货币政策使产出在滞后一期就出现在 0 值以下，之后在滞后二期到三期有一个波动调整的走势，但在滞后四期

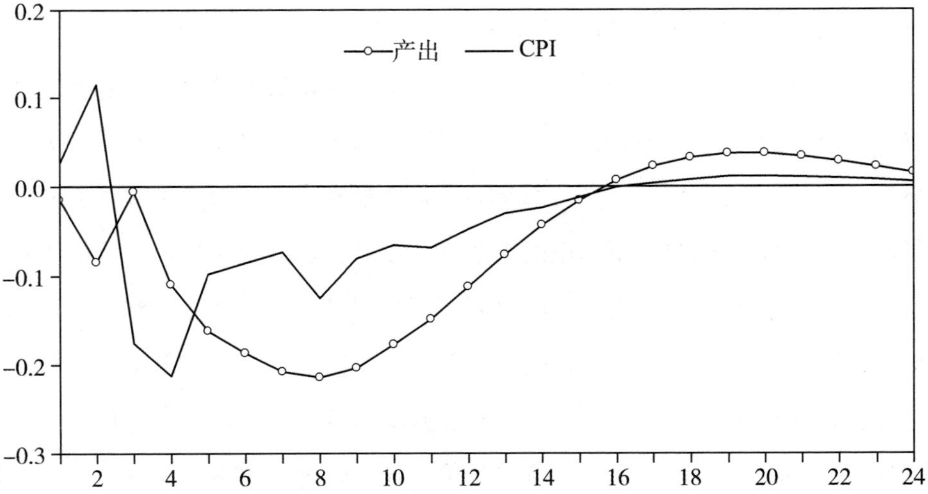

图 5.12　产出和 CPI 对价格型货币政策工具因子的脉冲响应

之后产出开始稳步下降，并在滞后 8 个月之后达到最大的响应值－0.2 左右，之后又逐步向 0 值附近调整，在滞后 16 个月时趋近于 0，但在随后出现了一个程度较小的超调趋势。具体对于 CPI 来说，在经过一定的时滞期后，紧缩的价格型货币政策工具在滞后三期使 CPI 快速下降，在滞后四期时脉冲响应函数的值达到最大的－0.2 左右的水平，然后开始逐步向 0 值附近回复，同样在滞后 16 个月时趋近于 0，并在一个微小的超调过程之后回调至 0 值附近。

（二）汇率弹性增强的条件下我国货币政策的有效性（2010 年 7 月—2021 年 6 月）

使用 2010 年 7 月至 2021 年 6 月的数据得到的数量型和价格型货币政策工具因子的估计结果见图 5.13。通过计算可知，数量型货币政策工具因子与 M_0、M_1及 M_2的相关系数分别为－0.786、0.887 和 0.219，这表示这一因子主要反映的是 M_1的变化趋势，从具体的货币政策实践来看，近年来我国的货币政策中 M_1相对于 M_2来说显然具有更好的可测性和可控性，这应该是数量型货币政策工具因子与 M_1相关度较高的可能原因，价格型货币政策工具因子与人民银行

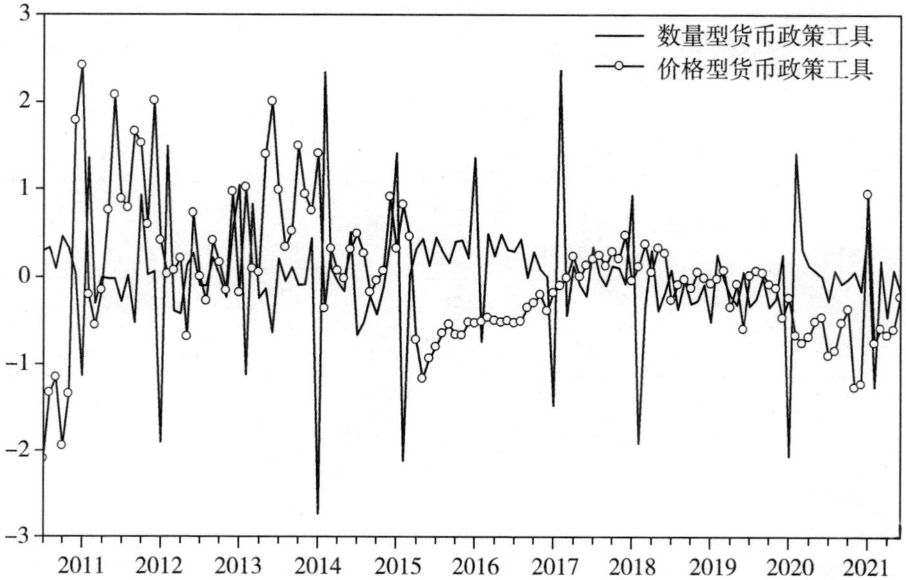

图 5.13　数量型和价格型货币政策工具因子

对金融机构再贷款利率（3个月以内）、人民银行对金融机构再贴现利率的相关系数分别为0.411和0.487，这预示着由于调整频次较低等局限，央行以上两个货币政策工具对整体货币政策松紧的度量仍存在一定的改进空间，同时，价格型货币政策工具因子与SHIBOR隔夜利率、银行间质押式回购加权利率（1天）及银行间同业拆借加权利率（7天）的相关系数分别为0.941、0.900和0.903，所以，价格型货币政策工具因子仍主要反映了后三种货币政策工具的松紧状况。

应用Bernanke et al.（2005）的敏感性分析方法最终确定的潜因子个数为6，然后，基于Boivin et al.（2009）扩展的主成分法可获得6个潜因子的估计值，同样地，将这6个潜因子分别与宏观经济信息集中的各变量进行比对，表5.6是潜因子与相关变量之间相关系数的计算结果。

表5.6 宏观经济潜因子和汇率之间的关系

宏观经济因子	宏观经济变量	相关系数
潜因子1	固定资产投资额	0.864
	第三产业固定资产投资额	0.853
	第二产业固定资产投资额	0.849
	新建固定资产投资额	0.837
	改建固定资产投资额	0.813
潜因子2	股票成交金额	0.807
	股票交易印花税	0.807
	股票日均成交金额	0.795
	股票成交数量	0.784
	股票日均成交数量	0.779
潜因子3	进口金额	0.529
	人民币兑港元汇率	−0.507
	进出口金额	0.505
	人民币兑美元汇率	−0.503
	进口价值指数	0.433

续表

宏观经济因子	宏观经济变量	相关系数
潜因子 4	欧元区 M_3	0.637
	欧元区 M_2	0.623
	日本货币供应量 M_2	0.588
	日本货币供应量 M_3	0.587
	欧元区 M_1	0.556
潜因子 5	人民币名义有效汇率	−0.720
	人民币实际有效汇率	−0.676
	人民币兑欧元汇率	0.626
	人民币兑英镑汇率	0.400
	日本货币供应量 M_1	0.369
潜因子 6	进出口金额	−0.537
	出口金额	−0.492
	美国联邦基金利率	0.449
	欧元区 M_3	−0.396
	欧元区 M_1	−0.395

首先，通过对表 5.6 的仔细观察可以发现，人民币汇率与两个潜因子具有较高的相关系数，其中，潜因子 5 与人民币名义有效汇率和人民币实际有效汇率的相关系数分别为−0.720 和−0.676，与人民币兑欧元、英镑汇率的相关系数分别为 0.626 和 0.400，最后它与日本货币供应量 M_1 的相关系数为 0.369，这一相关系数较低，因而，可以将潜因子 5 称之为汇率因子，此外，潜因子 3 与人民币汇率也存在着相关性，人民币兑港元、美元汇率与这一因子的相关系数分别为−0.507 和−0.503，这说明潜因子 3 中也综合了人民币汇率的相关信息。因而，在汇率弹性逐步增强并出现双向浮动趋势的背景下，越来越多的汇率信息被纳入潜因子之中，这些潜因子作为宏观经济运行中的关键变量，有可能对货币政策的效应产生一定影响。

潜因子 1 与固定资产投资类的变量具有较高的相关系数，这五个宏观经济信息集中的变量都为固定资产投资类的变量，其中，固定资产投资额与潜因子1的相关系数高达0.864，因而这里将其称之为固定资产投资因子。潜因子2与股票交易类的变量存在较高的相关系数，同样地，这五个宏观经济信息集中的变量都为股票交易类的变量，股票交易金额和股票交易印花税和潜因子2的相关系数都为0.807，所以将潜因子2称之为股票交易因子。潜因子3与进口金额的相关系数最高，达到了0.529，而且，这一因子与进出口金额及进口价值指数的相关系数分别为0.505和0.433，因而将潜因子3称之为进出口因子。潜因子4与欧元区货币供应量M_3、M_2和M_1的相关系数分别为0.637、0.623和0.556，与日本货币供应量M_2和M_3的相关系数分别为0.588和0.587，所以将潜因子4称之为国外宏观经济因子。潜因子6与进出口金额、出口金额的相关系数分别为−0.537和−0.492，与美国联邦基金利率的相关系数为0.449，与欧元区货币供应量M_3和M_1的相关系数分别为−0.396和−0.395，因而将其称为综合类的宏观经济因子。

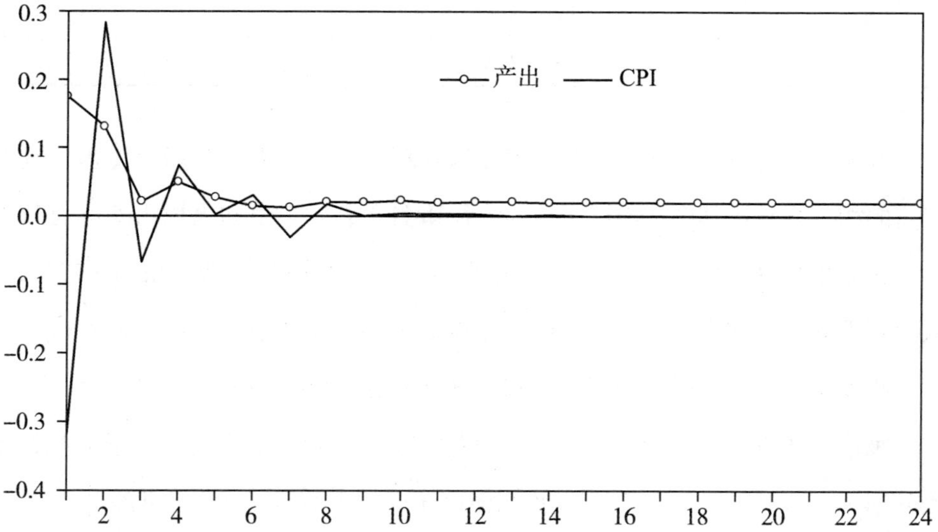

图5.14　产出和CPI对数量型货币政策工具因子的脉冲响应

将货币政策因子和宏观经济潜因子代入式（5.6），通过AIC信息准则确定向量自回归模型的滞后阶数为2。图5.14是产出和CPI对数量型货币政策工具因子的脉冲响应函数，对产出而言，在以货币供应量为代表的数量型货币政策工具因子增加 1 个单位时，产出在滞后一期快速增加了大约 0.18 个单位，在滞后二期产出的增加幅度仍维持在 0.13 左右，随后产出则经历了一个较快下降的趋势，并逐步向 0 值附近收敛，对 CPI 而言，在扩张的货币政策之后它在滞后一期到三期出现了震荡调整的趋势，但在滞后四期到六期 CPI 的脉冲响应函数值一直大于 0，在滞后四期其最大值达到了 0.07 左右，这说明货币供应量增加最终导致了物价水平的上涨，然后，CPI 在逐步调整中回复到 0 值附近，因此，相对于 2005 年 7 月到 2010 年 6 月人民币汇率弹性较弱的时期而言，这一时期数量型货币政策工具的效果有所提升，特别是数量型货币政策工具因子对产出的调控效果较好。

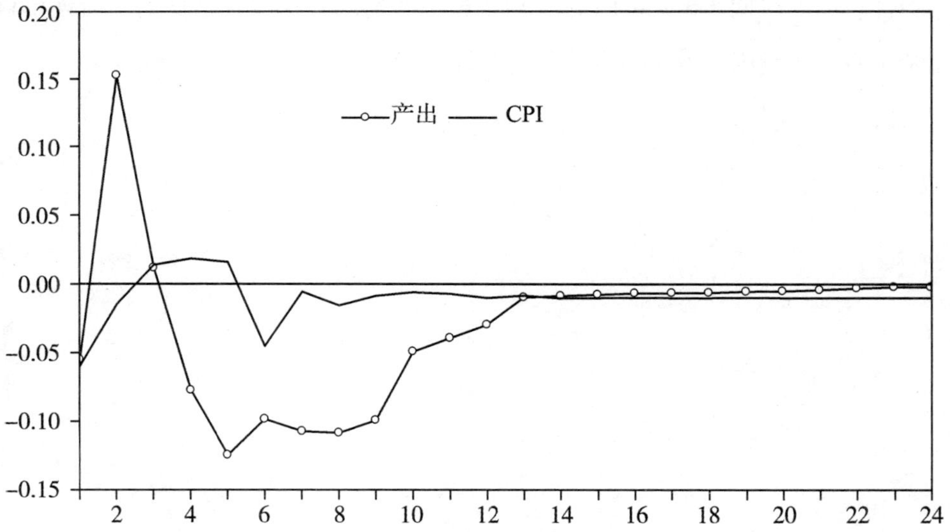

图 5.15　产出和 CPI 对价格型货币政策工具因子的脉冲响应

图 5.15 是产出和 CPI 对价格型货币政策工具因子的脉冲响应函数。从产出来看，在以利率为代表的价格型货币政策工具增加一个单位时，在滞后的前三期，产出出现了一个震荡调整的趋势，只是在滞后四期之后才表现出较为明显的负值，其中，滞后五期时产出的降幅最大，为－0.13 左右，之后，产出逐步趋近于均衡状态，最终当滞后期为 13 时它基本回复到 0 值附近，从 CPI 来看，在滞后五期之前，它经历了一个较为缓慢的调整期，只是在滞后六期之后 CPI 才一直保持在负值水平，因而，这种紧缩的货币政策导致了国内 CPI 水平

的降低，其中，最大的降幅应为滞后六期的−0.05左右，然后，CPI逐步趋近于0，总体来说，价格型货币政策工具因子在这一时期有相对较好的效果。

对比汇率弹性较弱及汇率弹性增强这两个不同时期货币政策的效果可以发现，对于以货币供应量为代表的数量型货币政策工具因子而言，在汇率弹性较强的时期货币政策的效果明显更好，特别是对产出的调控方面，数量型货币政策工具因子的效果非常显著，但对于以利率为代表的价格型货币政策工具因子而言，汇率弹性较强时期的货币政策工具虽然有效，但与汇率弹性较弱的时期相比，它的货币政策效果要弱于后者，这可能是因为在引入价格型货币政策工具的初始时期，经济行为人对这一货币政策工具的反应过度有关，原因在于汇率弹性较弱的时期产出和CPI都出现了超调的情况，这应该是这两个时期价格型货币政策工具因子效果存在差异的一种可能解释。

第六章　汇率弹性增强背景下新兴市场国家的货币政策实践及启示

在过去的几十年间，许多新兴市场国家实现了向更富弹性的汇率制度的转换。显然的情况是，在经典的“不可能三角”框架下，从事实上固定的汇率制度到弹性的汇率制度的转换将为国内的货币政策提供更大的自主性。根据IMF对外发布的研究报告（Duttagupta et al.，2004；Otker-Robe et al.，2007）及相关国家央行网站的原始资料，这些国家可分为两类，一类是依据国内外的经济条件，渐进有序地实现了汇率制度的弹性改革，代表性的国家主要有智利（1984—1999）和波兰（1990—2000），另一类则是在面临市场压力时快速实现了从固定汇率制度到弹性汇率制度的转换，它们经历了原有汇率制度的崩溃，代表性的国家主要有巴西（1999）和捷克（1996—1997）。无一例外的是，以上最终实现汇率制度弹性改革的国家在货币政策方面都实行了成熟的通胀目标（full-fledged inflation targeting）。不同的是，前者在渐进有序的汇率制度改革中，经历了同时追求汇率稳定和通胀目标的初始阶段，它们过渡到成熟的通胀目标是逐步完成的；而后者在汇率制度的转换中则更快实行了这一目标。

一、渐进有序实现汇率制度弹性改革国家的货币政策实践及启示

（一）智利（1984—1999）

1. 汇率制度弹性改革及货币政策实践。

智利向弹性汇率制度的过渡是一个循序渐进的过程，从 1984 年 8 月引入爬行带机制（crawling band mechanism）开始，到 1999 年 9 月央行对外宣布采用完全弹性或称浮动的汇率制度，大致经历了 15 年的时间①。在这种渐进有序的汇率制度弹性改革中，智利不断根据国内外客观经济条件的变化来调整汇率的弹性程度，并最终于 1999 年实现了完全弹性的汇率制度。从汇率制度改革的效果来看，智利的这种弹性的汇率制度经受住了随后发生的巴西金融危机等的冲击，较为成功地实现了从缺乏弹性的汇率制度的退出。

为增加本国汇率制度的弹性程度，智利央行在爬行带机制中主要通过逐步扩大波动带区间、调节爬行带中心平价以及调整本币所参考的货币篮子中各货币的占比来完成的（见表 6.1）。

具体就波动带区间而言，智利央行最初设定的本币汇率的波动带在中心平价上下 0.5%之内，这一波动带虽然较小，但相对于智利原有事实上钉住的汇率制度来说，相对较小的一个波动带意味着中央银行已放开对汇率走向的完全干预，在汇率的决定中开始按照市场的供求状况来调节本币汇率，在经历 10 个月的适应期后，智利央行于 1985 年 6 月将波动带扩大到±2%，并在随后的 1988 年 1 月又将波动带扩大到±3%，但总体而言，这种波动带区间仍属于较

---

① 本章关于汇率制度的相关资料主要来源于 IMF 对外发布的研究报告（Duttagupta et al.，2004；Otker-Robe et al.，2007）及各国央行官方网站，后文不再赘述。Duttagupta，R.，Fernandez，G.，and Karacadag，C. From Fixed to Float：Operational Aspects of Moving Toward Exchange Rate Flexibility [R]. IMF Working Paper，2004；Otker-Robe，I.，Vavra，D.，and a Team of Economists. Moving to Greater Exchange Rate Flexibility：Operational Aspects Based on Lessons from Detailed Country Experiences [R]. IMF Occasional Paper，2007.

为窄幅的波动区间，应该说，中央银行对汇率的走向实行了较为强烈的干预，1989年6月、1992年1月以及1997年1月，智利央行分别再次将波动带扩大到±5%、±10%和±12.5%，但在1998年7月外部经济条件恶化，即巴西金融危机即将发生时，智利央行迅速将波动带区间收窄为上限+2.5%和下限-3%，之后，随着国内经济条件的好转，智利央行又逐步放开了对波动带区间的限制，这种波动带区间在1998年9月被重新设定为±3.5%，并在1998年12月扩大到±8%，可以看出，智利的汇率波动带是在逐步调整中趋于增大的。

具体就爬行带中心平价而言，智利比索首先经历了较大幅度的贬值，1984年9月名义汇率一次性贬值23.7%，这说明智利央行为了让本币更真实地反映它自身的价值，对本币汇率进行了较大幅度的调整，1985年2月和1985年7月，智利比索名义汇率贬值的幅度分别为9.1%和8.5%，显然，这种对名义汇率中心平价的调整会给国内经济运行带来较大的影响，比如，根据著名的“一价定律”，如果国外价格水平不变，本币相对于外币较大幅度的贬值将推高国内的物价水平，进而导致本国通胀的出现。1991年6月，智利比索的中心平价有一个小幅升值，名义汇率一次性升值2%，但在1992年1月名义汇率又一次性贬值5%，也就是说，在汇率制度弹性改革启动七年时间左右，智利比索的价值初步呈现出双向调整的趋势，这种情况在随后再次出现，1994年4月智利比索名义汇率贬值1.4%，但同年的12月却一次性升值9.7%，然后在1997年1月再次升值4%。

表6.1 智利汇率制度弹性改革的基本进程

弹性改革的时间	发生事件
（Ⅰ）爬行带制度	
1984年8月	初始的波动带设定为±0.5%，货币篮子中美元占比达到100%
1984年9月	名义汇率贬值23.7%
1985年2月	名义汇率贬值9.1%
1985年6月	波动带扩大到±2%
1985年7月	名义汇率贬值8.5%

续表

弹性改革的时间	发生事件
1988 年 1 月	波动带扩大到±3%
1989 年 6 月	波动带扩大到±5%
1991 年 6 月	名义汇率升值 2%
1992 年 1 月	名义汇率贬值 5%，波动带扩大到±10%
1992 年 7 月	对货币篮子中的货币进行调整，其中，美元占比为 50%，德国马克占比为 30%，日元占比为 20%
1994 年 4 月	名义汇率贬值 1.4%
1994 年 12 月	名义汇率升值 9.7%，货币篮子中美元的占比调整为 45%，德国马克的占比仍为 30%，日元的占比调整为 25%
1997 年 1 月	名义汇率升值 4%，波动带扩大到±12.5%，货币篮子中美元的占比调整为 80%，德国马克的占比调整为 15%，日元的占比调整为 5%
1998 年 7 月	波动带的上、下限分别收窄到+2.5%和−3%
1998 年 9 月	波动带重新设定为±3.5%
1998 年 12 月	波动带扩大到±8%
（Ⅱ）完全弹性的汇率制度	
1999 年 9 月 3 日	智利央行宣布不再对汇率区间予以承诺，并放弃对汇率走势的经常性干预

具体就比索所参考的货币篮子中各货币的占比而言，在汇率制度弹性改革的初期，它的货币篮子中美元的占比达到了 100%，即比索将完全按照美元价值的变化来调节本币汇率，当然，由于智利与美国同属于美洲国家，它们之间有着较为紧密的经贸关系，智利央行完全按照美元的价值来调节本币汇率具有一定的合理性，但随着智利对外经济交往的不断深入，它的贸易伙伴呈现出了多样化趋势，此时，仅根据美元价值的变化来调整本币汇率显然是不合适的，因此，智利央行在 1992 年 7 月对其货币篮子中的货币进行了调整，其中，美元、德国马克、日元的占比分别为 50%、30%和 20%，应该说，除了美元之外，智利比索的价值还参考了德国马克和日元这两大主要国际货币的价值。之

后，随着汇率制度弹性改革的推进，智利央行又两次对比索参考的货币篮子进行了调整，一次发生在1994年12月，货币篮子中美元的占比调整为45%，德国马克的占比维持在30%不变，日元的占比调整为25%，另一次发生在1997年1月，货币篮子中美元、德国马克和日元的占比分别调整为80%、15%和5%。

表6.2报告了以直接标价法表示的智利比索兑美元的月度汇率数据，数据来源于Wind数据库。从这一数据来看，在1984年9月智利名义汇率贬值23.7%，1985年2月贬值9.1%，1985年6月波动带区间扩大到±2%，并于1985年7月再次贬值8.5%之后，智利比索的汇率由1984年9月的100.95快速变化到1985年7月的170.81，仅仅10个月的时间贬值的幅度高达69.20%。1988年1月、1989年6月智利央行将波动带区间分别扩大到±3%和±5%，随之而来的仍是智利比索汇率的大幅贬值，截至1991年5月这一数值已变化到1美元兑换339.95比索的水平。虽然智利央行在1991年6月一次性将比索升值2%，但这仍难阻比索整体走弱的趋势，在当月比索整体上仍是贬值的。

在1992年1月智利名义汇率贬值5%，并将波动带区间扩大到±10%之后，智利比索经历了一个短暂升值的过程，具体来说，1美元兑比索的汇率从1992年1月的369.75升值到同年4月的346.30。然后，智利央行于1992年7月和1994年12月两次对货币篮子进行调整，并在1994年4月让名义汇率贬值1.4%，1994年12月让名义汇率升值9.7%，从智利比索兑美元汇率的走势来看，这一期间智利比索经历了一个首先贬值进而升值的过程，它从1992年7月的1美元兑换361.25比索贬值到1994年1月的1美元兑换430.45比索的水平，之后，比索开始升值，到1994年12月，美元与比索的汇率升值到1美元兑换402.23比索的水平。随后，智利比索再次升值，这一升值一直持续到1995年6月，美元与比索的汇率达到1美元等于373.59比索的水平。

1997年1月智利央行将名义汇率升值4%，波动带扩大到±12.5%，同时对货币篮子也进行了调整，可以发现，在此期间智利比索从1997年1月的1美元兑换423.79比索的水平升值到同年3月的1美元兑换414.05比索的水平，又从这一汇率贬值到1998年7月的1美元兑换464.64比索的水平，之后，在智利央行收窄汇率波动带区间时，美元兑比索汇率的变化幅度减小，1998年11月美元与比索的汇率仍维持在1美元兑换463.26比索的水平，在1998年12月智利央行将汇率波动带区间扩大到±8%后，比索再次经历了一个整体走弱的过程，美元与比索的汇率在1999年8月变化到了1美元兑换513.03比索的水平。1999年9月智利央行宣布不再对汇率区间予以承诺，并放弃了对汇率走势的经常性干预，此时，美元与比索的汇率达到了1美元等于524.55比索的水平。

表6.2 以直接标价法表示的智利比索兑美元的月度汇率

月份	汇率	月份	汇率	月份	汇率	月份	汇率	月份	汇率
1984.1	87.82	1985.8	176.49	1987.3	207.82	1988.10	247.09	1990.5	296.97
1984.2	88.12	1985.9	178.19	1987.4	211.49	1988.11	246.44	1990.6	296.79
1984.3	88.20	1985.10	179.19	1987.5	212.54	1988.12	244.63	1990.7	296.67
1984.4	88.55	1985.11	180.68	1987.6	218.18	1989.1	247.11	1990.8	303.44
1984.5	90.19	1985.12	182.48	1987.7	224.13	1989.2	245.84	1990.9	308.35
1984.6	91.13	1986.1	184.80	1987.8	224.58	1989.3	249.64	1990.10	312.49
1984.7	91.89	1986.2	186.74	1987.9	225.15	1989.4	251.36	1990.11	326.87
1984.8	92.69	1986.3	189.22	1987.10	229.27	1989.5	252.44	1990.12	334.98
1984.9	100.95	1986.4	189.19	1987.11	233.83	1989.6	261.66	1991.1	337.23
1984.10	116.39	1986.5	187.93	1987.12	235.34	1989.7	272.81	1991.2	337.53
1984.11	119.58	1986.6	188.79	1988.1	243.73	1989.8	276.65	1991.3	340.24
1984.12	126.23	1986.7	190.36	1988.2	240.00	1989.9	280.15	1991.4	340.28
1985.1	128.98	1986.8	194.46	1988.3	243.33	1989.10	282.79	1991.5	339.95
1985.2	131.85	1986.9	198.33	1988.4	241.88	1989.11	288.42	1991.6	344.89
1985.3	145.69	1986.10	199.73	1988.5	245.15	1989.12	294.59	1991.7	348.72
1985.4	148.76	1986.11	201.95	1988.6	248.31	1990.1	296.76	1991.8	350.89
1985.5	152.15	1986.12	203.67	1988.7	248.32	1990.2	292.46	1991.9	355.61
1985.6	155.06	1987.1	204.55	1988.8	245.59	1990.3	296.66	1991.10	359.06
1985.7	170.81	1987.2	206.01	1988.9	245.67	1990.4	296.41	1991.11	364.26

续表

月份	汇率	月份	汇率	月份	汇率	月份	汇率	月份	汇率
1991.12	371.93	1993.8	407.66	1995.4	394.33	1996.12	422.41	1998.8	471.26
1992.1	369.75	1993.9	408.19	1995.5	377.17	1997.1	423.79	1998.9	470.50
1992.2	347.86	1993.10	412.59	1995.6	373.59	1997.2	416.19	1998.10	463.60
1992.3	348.34	1993.11	412.50	1995.7	378.07	1997.3	414.05	1998.11	463.26
1992.4	346.30	1993.12	425.73	1995.8	387.27	1997.4	417.58	1998.12	472.39
1992.5	346.56	1994.1	430.45	1995.9	394.56	1997.5	418.61	1999.1	475.68
1992.6	355.00	1994.2	428.69	1995.10	406.62	1997.6	417.42	1999.2	493.45
1992.7	361.25	1994.3	430.45	1995.11	412.31	1997.7	416.61	1999.3	492.48
1992.8	368.87	1994.4	424.47	1995.12	408.98	1997.8	414.85	1999.4	482.33
1992.9	376.04	1994.5	424.70	1996.1	408.53	1997.9	414.90	1999.5	485.04
1992.10	373.10	1994.6	420.68	1996.2	410.97	1997.10	414.41	1999.6	502.17
1992.11	377.63	1994.7	420.49	1996.3	411.55	1997.11	424.96	1999.7	516.74
1992.12	380.22	1994.8	419.43	1996.4	408.43	1997.12	438.29	1999.8	513.03
1993.1	383.93	1994.9	414.87	1996.5	406.23	1998.1	453.39	1999.9	524.55
1993.2	387.91	1994.10	412.21	1996.6	409.85	1998.2	448.53	1999.10	537.97
1993.3	397.22	1994.11	413.45	1996.7	410.72	1998.3	452.53	1999.11	543.71
1993.4	401.19	1994.12	402.23	1996.8	411.10	1998.4	453.74	1999.12	538.22
1993.5	404.98	1995.1	405.78	1996.9	411.84	1998.5	453.42		
1993.6	403.30	1995.2	412.14	1996.10	415.55	1998.6	456.19		
1993.7	404.79	1995.3	410.46	1996.11	420.03	1998.7	464.64		

需要说明的是，智利央行为了维持汇率的波动带区间，在外汇市场上对汇率的走势进行了积极干预。实际上，从汇率制度弹性改革的初期开始，智利一直面临着货币贬值压力，为防止过大的贬值，智利央行使用美元外汇储备购进了大量的本币，这导致智利的外汇储备规模增长较为缓慢，1984 年其外汇储备为 30.82 亿美元，但一直到 1989 年外汇储备的规模仅增加到 47.62 亿美元（见表 6.3），相应的数据来源于 Wind 数据库。进入 20 世纪 90 年代以后，由于经济发展形势较好，大量的资本开始从国际市场流入国内市场，这给智利比索带来一定的升值压力，这时智利央行通过投放本币购进美元资产的方式对比索的

走势进行干预，结果智利央行的外汇储备迅速增长，从 1990 年的 70.74 亿美元增加到 1997 年的 182.74 亿美元，但在 1999 年初巴西金融危机爆发后，因为外部经济环境的变化对国内经济的冲击，比索又重新面临着贬值压力，智利央行同样对汇率走势进行了干预，1999 年年底智利的外汇储备规模下降到 149.46 亿美元。

表 6.3　智利的外汇储备规模　　（单位：亿美元）

年份	外汇储备规模	年份	外汇储备规模	年份	外汇储备规模	年份	外汇储备规模
1984	30.82	1988	42.61	1992	103.57	1996	158.05
1985	32.06	1989	47.62	1993	106.98	1997	182.74
1986	33.14	1990	70.74	1994	142.09	1998	162.92
1987	36.13	1991	81.59	1995	152.24	1999	149.46

在不断增加汇率制度弹性的同时，智利国内的货币政策目标则处于不能完全兼容的状态。根据可查询的资料，在 1982 年智利采用爬行钉住的汇率制度时，它确定的货币政策目标是保护国内商品在国际市场上的竞争力，而不是稳定通胀预期，也就是说，在汇率稳定和通胀目标之间权衡，智利央行还是更注重汇率稳定目标，而不是更看重通胀目标，它主要的目的是保持智利商品在国际市场中的份额，并以此促进国内经济的增长。在国内消费者、企业、金融机构及政府等适应汇率弹性的环境之后，智利央行于 1990 年对外宣布了明确的通胀目标，并将价格稳定作为货币政策的优先目标来对待。20 世纪 90 年代随着国外资本的大量流入，国内确定的通胀目标和承诺将汇率维持在一定波动带的目标出现了冲突，智利央行选择支持前者，主要避免通胀的发生，并逐步扩大了汇率的波动带区间。

央行对通胀的有效控制增强了公众对通胀目标货币政策的信心，之后，对汇率稳定的承诺越来越从属于通胀目标。虽然在 1998 年 7 月外部经济条件恶化时，智利收窄了汇率的波动带区间，但这仅持续了 2 个月的时间，在同年 9 月就将这一区间放宽到±3.5%的水平。智利当局也越来越认识到在两个目标无法共存的情况下，成功控制通胀是大势所趋，这对国内经济更为有利。于是，在1999年实行完全弹性的汇率制度之后，通胀成为智利央行货币政策的唯一目标。

从智利的货币政策操作来看，1984—1988年智利的实际利率是较低的（见表6.4），其最高利率为1987年的5.42，1985年和1988年的实际利率甚至为负值，这说明这一时期智利的货币政策是较为宽松的，对货币供应量而言，在智利央行于1990年宣布明确通胀目标的货币政策之前，M_2以及广义货币的GDP占比长期稳定在40%左右，这表示智利实施数量型货币政策的主要目的是提供适当的货币供应以满足经济发展的需要，并没有表现出明显扩张或收缩的情形，因此，总体上来看，智利央行的货币政策操作与货币政策目标是一致的。从实际的货币政策效果来看，智利的CPI在这一时期一直处于高位运行状态（见表6.5），1984年智利的CPI为23%，随后在20%左右出现了震荡调整的趋势，1990年智利的CPI达到最高值27.3%。同时，智利的GDP在这一时期实现了平稳增长，1984—1989年的GDP增速都超过了4%，其中，1987—1989这三年的GDP增速更是达到了6.5%以上。

表6.4　智利利率和货币供应量的变化

年份	实际利率	M_2的GDP占比	广义货币的GDP占比	年份	实际利率	M_2的GDP占比	广义货币的GDP占比
1984	—	37.51	36.77	1992	9.26	37.41	36.20
1985	−1.21	40.92	38.11	1993	10.86	38.97	37.71
1986	4.04	39.64	37.19	1994	5.13	36.20	35.02
1987	5.42	38.87	36.51	1995	5.80	36.85	35.80
1988	−0.41	38.24	36.19	1996	13.54	40.11	38.94
1989	19.56	40.03	38.02	1997	12.23	87.06	43.78
1990	21.55	39.16	37.32	1998	18.93	87.05	47.05
1991	5.92	37.61	36.21	1999	10.11	96.24	52.19

注：数据来源于世界银行官方网站和Wind数据库。

1990年实行通胀目标的货币政策之后，为抑制本币贬值带来的国内物价的攀升，智利的实际利率大幅提高，1990年当年的实际利率达到了21.55%，之后虽然出现了波动调整的情况，但直到1998年智利的实际利率仍维持在18.93%的水平，相对而言，智利数量型货币政策则较为平稳，1991—1996年M_2和广义货币的GDP占比与1990年之前相比变化并不大，只是在1997—1998国内外经济条件恶化时M_2才快速增长。从货币政策的效果来看，在紧缩的货币政策下，智利的CPI出现了逐年下降的态势，1998年CPI仅有4.7%，相比于美洲国家普遍较高的通胀水平来说，将CPI控制在这样的低水平是非常难能可贵的，可以看出，智利逐步实现了通胀目标的货币政策。更为可喜的是，智利的GDP保持了较高增速，1991年智利GDP的实际增速为7.8%，1992—1997年GDP的平均增速也达到了7.65%，这使智利走上了经济良性发展的轨道。

表6.5 智利的CPI和GDP增速（%）

年份	CPI	GDP增速	年份	CPI	GDP增速
1984	23.0	4.1	1992	12.7	11.2
1985	26.4	4.0	1993	12.2	6.6
1986	17.4	5.4	1994	9.0	5.0
1987	21.5	6.5	1995	8.2	8.9
1988	12.7	7.4	1996	6.6	6.8
1989	21.4	9.9	1997	6.1	7.4
1990	27.3	3.3	1998	4.7	4.3
1991	18.7	7.8	1999	2.3	−0.4

注：数据来源于Wind数据库。

在1998—1999年外部经济形势恶化的情况下，智利实行了宽松的货币政策，1999年实际利率下调到10.11%，货币供应量也快速增加，M_2和广义货币的GDP占比分别提高到了96.24%和52.19%。当然，这种较为强烈的外部冲击给智利经济带来了较为严重的影响，智利1999年的CPI下调到2.3%，GDP

则出现了实际的负增长。虽然面临着较为严峻的形势，但智利仍成功实现了从缺乏弹性的汇率制度的退出，并通过货币政策操作在随后走出金融危机。

2. 货币政策启示。

第一，智利历时 15 年的汇率制度弹性改革避免了本国汇率的大幅剧烈波动，这对国内经济的冲击较小，同时，国内一系列相配套的改革为智利向弹性汇率制度的过渡提供了支撑，当然，这也为智利货币政策的成功实施创造了良好的外部环境。

智利的汇率制度弹性改革是分步骤实现的，对这一改革历程的梳理可以发现，智利在放开汇率制度弹性的初期，本币的贬值幅度较小，这给国内的银行、企业等经济主体提供了一个较好的缓冲期和适应期。实际上，与大多数拉美国家一样，为了发展国内经济，智利的银行和企业在 20 世纪 80 年代借入了一定规模的美元债务，显然，国内货币的贬值将加大它们的偿债压力，因为这些经济主体从国内获得的是以比索计价的收入，而偿还的则是以美元计价的债务，这种“货币错配”（currency mismatch）现象的出现有可能给这些经济主体带来巨大的负面冲击，但汇率弹性的逐步放开则为这些银行、企业偿债或化解风险提供了重要机会。

事实上，从智利央行对汇率波动带区间的设计、爬行带中心平价的确立以及所参考货币篮子的调整就可以看出，它对国内汇率制度弹性的放开是极为审慎的。具体从汇率月度数据的变化上来看，比索兑美元的汇率基本没有出现较大的异常波动，应该说，这对于引导外汇市场投资者情绪，避免市场发生混乱并形成错误的预期都是有益的。实际上，由于汇率制度弹性改革的顺利推进，后期比索的汇率曾多次呈现出双向浮动的态势，这可较大程度上避免国际游资的投机冲击，也有利于央行最后完全放开对汇率的限制。

特别需要强调的是，国内一系列相配套的改革为智利向弹性汇率制度的过渡提供了支撑。比如，1992 年时智利外汇交易的现货市场和衍生品市场就获得了较好发展，这种运行良好并具有充分流动性的外汇市场具备“价格发现”（price discovery）功能，它允许市场的力量来决定汇率，可在较大程度上减少汇率破坏性的日常波动；又如，在实行完全弹性的汇率制度时，智利的企业和银行部门已拥有了管理外汇风险的充足能力，其中，企业部门40%的风险暴露已被对冲，而银行部门高达90%—100%的风险暴露已被对冲；再如，智利汇率贬值对国内物价的传递效应在汇率制度弹性改革的后期持续走低，这种较低的传递效应对智利国内CPI的影响开始变小，这也有助于国内通胀目标的实现等等。总之，智利渐进的汇率制度弹性改革为货币政策的实施创造了良好的外部环境。

第二，智利在汇率制度弹性改革中实行了“双目标”的货币政策，当处于汇率制度弹性改革初期时，智利央行更注重对汇率稳定目标的追求，以此保持本国商品在国际市场上的竞争力，当汇率制度弹性改革深入推进，国内通胀水平持续高位运行时，智利央行优先选择了通胀目标，这种汇率稳定目标与通胀目标之间的取舍及它们之间的转换较为成功。而且，智利为通胀目标货币政策的实施事先做了充分的准备。

一般来说，多个货币政策目标是不能兼容的，但智利央行却在这两种货币政策目标中很好地找到了平衡。对于国内的CPI来说，由于汇率价格传递效应的存在，它在汇率制度弹性改革的初期就处于较高水平，从表6.5可以看出，在1984—1989年间智利的年度CPI都在10%以上，甚至有4年的CPI超过了20%，这对国内经济发展当然是有害的，但鉴于保护甚至逐步增加本国商品竞争力的需要，智利央行在开始并没有急于迅速提高实际利率并减少货币供应量，以实行通胀目标的货币政策，而是更好地维持了汇率的相对稳定，而在汇率制度弹性改革的后期，国内的经济主体都已适应汇率波动风险，并为汇率弹性的放开做好了准备，同时国内通胀又处于持续高位运行状态的情况下，智利央行果断宣布了通胀目标的货币政策，不再对汇率波动的区间施加更多的限制，这使智利的CPI快速走低，而国内的GDP增速则一直保持在较高水平。应该说，以1990年宣布通胀目标的货币政策为分界点，之前通胀目标是从属于汇率稳定目标的，而之后汇率稳定目标是从属于通胀目标的。

实行通胀目标的货币政策是具有先决条件的，智利在这方面事先做了充分准备，使其具备了成功实施货币政策的能力。这些事先准备主要包括以下几个方面的内容，首先，智利央行在1989年开始获得了独立实行货币政策的权利，国内的货币政策不再受制于政府，这使它可以根据宏观经济形势的变化做出更合适的决策，其次，智利建立了运转良好，流动性强的银行间货币和证券市场，这提升了银行的流动性管理能力，也有利于央行通过一个有效的传导机制，以影响经济中的主要利率来实行货币政策，再次，智利已经初步构建了一个通胀目标的货币政策框架，它具备了对通胀建模并预测的能力。最后，智利央行对货币政策传导渠道的理解较为充分，1995年开始它就实行了每日银行间利率目标，这是其货币政策操作程序现代化的重要一步。

第三，智利央行与公众进行了良好沟通，这种货币政策的前瞻性指引（forward guidance）有助于社会形成合理预期，并且，智利央行在汇率干预方面也与市场进行了沟通，这有利于向公众发出明确的信号，从而引导他们的行为，最终提高政策的效果并增加政策的透明度和可信性。

为了使货币政策操作获得成功，智利央行在1989年就事先宣布将在1990年采用明确的通胀目标，这种政策的公开告知使公众预知了央行货币政策后续的目标，可帮助智利实现从汇率稳定目标到通胀目标的平滑转换。试想，如果央行不与公众沟通，而是在1990年直接宣布通胀目标，市场上的经济主体可能会陷入恐慌，并有可能出现诸如“羊群效应”等非理性行为，这可能带给经济运行无法预知的较大冲击。而且，在货币政策的前瞻性指引方面，智利央行还通过定期发布通胀报告和央行政策会议纪要的方式向市场释放信息，加强公众对国内经济发展情况、国外经济环境、货币政策执行效果以及后续货币政策操作方向的理解，这对智利货币政策的实施起到了明显效果。

此外，虽然在1999年正式实行了完全弹性的汇率制度，但智利央行就汇率干预问题仍向市场发布了明确信息，即它不会再就比索的汇率波动带区间给出承诺，但在汇率波动突然增加的情形下会进行干预，以应对国内外经济环境的不稳定并降低汇率升贬值的速度。此外，智利央行也对外宣布当作出这种干预时它会向市场及时发布信息，也就是说，在汇率干预方面并没有事前的规则可遵循，这也避免了资本投机的发生。

第四，智利国内的政策进行了很好的协调配合，在实行通胀目标的货币政策时，智利的财政政策是恰当的。

在确立通胀目标的货币政策以后，智利的财政政策始终是审慎的。在货币政策方面，为了应对汇率贬值带来的国内较高的通胀，从紧的货币政策一直是智利央行的优先选择，货币政策操作上货币供应量变化不大，而实际利率却是收紧的，这对于智利降低通胀发挥了较大作用。财政政策的实施则是与货币政策相配合的，智利财政当局在较长时期内维持了财政盈余，一方面，财政盈余说明智利的财政政策是紧缩的，也就是说，智利没有通过举债来进行大规模的政府投资或公开转移，不会再推动物价的上涨，这对货币政策目标的实现是有利的，另一方面，保持财政盈余意味着政府后续可以动用较多的财政资金来对经济进行调节，因为财政政策实际上在宏观调控方面也居于重要地位，总之，财政政策的协调配合对于智利国内经济目标的实现非常重要。

（二）波兰（1990—2000）

1. 汇率制度弹性改革及货币政策实践。

波兰从固定汇率制度到弹性汇率制度的转变是分步骤渐进完成的，从1990年1月开始到2000年4月结束大约持续了10年时间。在此期间，波兰从基于汇率稳定目标的货币政策框架逐步转变为弹性汇率制度下通胀目标的货币政策框架，这种转换中，波兰央行面临的主要任务是缓解经济日益开放环境下国内追求多重货币政策目标所出现的冲突。

作为转轨制国家，波兰并没有像俄罗斯那样使用“休克疗法”实现从计划经济体制向市场经济体制的迅疾过渡。20世纪90年代开始，随着市场经济的深入人心，企业私有化浪潮的出现，金融体系的发展以及国内经济的对外开放，波兰的固定汇率制度越来越难以应对汇率波动的风险。同时，货币政策的操作环境也越来越复杂，出口商品的竞争力，通胀的降低，国内市场与国际市场的一体化进程及国际市场上资本的涌入都是波兰央行应该着重考虑的问题，最终，向更富弹性的汇率制度的转换逐步成为波兰央行的必然选择。

波兰实现完全弹性的汇率制度的过程大致经历了五个主要阶段，它们分别是：有管理的固定汇率制度阶段（1990 年 1 月—1991 年 10 月）、爬行钉住制阶段（1991 年 10 月—1995 年 5 月）、爬行带制阶段（1995 年 5 月—1998 年 7 月）、事实上的弹性汇率制度阶段（1998 年 8 月—2000 年 4 月）以及最后的完全弹性的汇率制度阶段（2000 年 4 月之后）（见表 6.6）。

有管理的固定汇率制度阶段。作为 1989 年末经济稳定计划的一部分，波兰在 1990 年 1 月采用了与美元固定的汇率制度，确定的汇率为 1 美元兑换 0.95 兹罗提的水平。但这种政策不得不迅速调整，原因在于单一钉住美元的汇率安排虽然降低了通胀，CPI 从 1990 年的 555.4%下降到 1991 年的 76.7%，但整体上，波兰的物价水平仍显著高于其主要贸易伙伴，导致兹罗提实际上有所升值，这使波兰出口商品的价格竞争力趋于消失，1990 年波兰的经常账户由盈转亏，1991 年赤字又迅速扩大。出于对这种竞争力消失的担忧，波兰央行在 1991 年 5 月将兹罗提调整为与一篮子货币挂钩的固定汇率安排，美元、德国马克、英镑、法郎及瑞士法郎在货币篮子中的占比分别为 45%、35%、10%、5%和 5%，这更准确地反映了波兰对外贸易的构成。同时，兹罗提对美元一次性贬值 14.4%，以进一步提升波兰出口商品的价格竞争力。

表 6.6　波兰汇率制度弹性改革的基本进程

弹性改革的时间	发生事件
（Ⅰ）有管理的固定汇率制度——硬钉住（1990 年 1 月—1991 年 10 月）	
1990 年 1 月 1 日	兹罗提与美元汇率固定，其中，1 美元=0.95 兹罗提
1991 年 5 月 17 日	兹罗提与一篮子货币汇率固定，其中，货币篮子中美元、德国马克、英镑、法郎及瑞士法郎的占比分别为 45%、35%、10%、5%和 5%，且兹罗提对美元贬值 14.4%
（Ⅱ）爬行钉住制（1991 年 10 月—1995 年 5 月）	
1991 年 10 月 14 日	爬行钉住引入，爬行率为每月 1.8%，正式的波动带为±2%
1992 年 2 月 26 日	兹罗提对货币篮子贬值 12%

续表

弹性改革的时间	发生事件
1993 年 8 月 27 日	爬行率调整为每月 1.6%，兹罗提对货币篮子贬值 8%
1994 年 9 月 13 日	爬行率调整为每月 1.5%
1994 年 11 月 30 日	爬行率调整为每月 1.4%
1995 年 2 月 16 日	爬行率调整为每月 1.2%
(Ⅲ）爬行带制（1995 年 5 月—1998 年 7 月）	
1995 年 5 月 16 日	波动带扩大到±7%
1995 年 12 月 22 日	中心平价贬值 6%
1996 年 1 月 8 日	爬行率调整为每月 1%
1998 年 2 月 26 日	爬行率调整为每月 0.8%，波动带扩大到±10%
1998 年 7 月 17 日	爬行率调整为每月 0.65%
(Ⅳ）事实上的弹性汇率制度（1998 年 8 月—2000 年 4 月）	
1998 年 9 月 10 日	爬行率调整为每月 0.5%
1998 年 10 月 13 日	智利央行公开承诺将采用弹性的汇率制度
1998 年 10 月 29 日	波动带扩大到±12.5%
1999 年 1 月 1 日	调整货币篮子，其中，美元占比 45%，欧元占比 55%
1999 年 3 月 25 日	爬行率调整为每月 0.3%，波动带扩大到±15%
(Ⅴ）完全弹性的汇率制度（2000 年 4 月之后）	
2000 年 4 月 12 日	正式引入完全弹性的汇率制度

爬行钉住制阶段。从固定钉住转向爬行钉住同样是出于对竞争力的考虑，在相对固定的汇率制度下，央行逐步认识到国内通胀会持续一段较长的时间，显然，通胀的差异及这种汇率制度安排将会弱化本国商品的外部竞争力，而保护竞争力需要进一步贬值。因而，波兰央行在 1991 年 10 月引入了爬行钉住制，爬行率定为每月 1.8%，正式的波动带则为±2%，也就是说，兹罗提以一个固定的速率贬值。然后，波兰央行在这一阶段四次调整了爬行率，1995 年 2 月时爬行率变为每月 1.2%，当然，为增强出口商品的竞争力，兹罗提也两次对货币篮子一次性贬值，贬值的幅度分别为 12%和 8%。

爬行带制阶段。随着国内经济的逐步开放，波兰经常账户的盈余增多，大量的资本也开始流入国内，这使兹罗提在1994—1995年面临巨大的升值压力。因而，波兰在1995年5月实行了爬行带制，同时央行将波动带扩大到±7%，结果却是兹罗提的升值压力仍然存在，所以，波兰央行使用本币购进美元的方式加大国内货币的投放量，这使国内外汇储备在1995年底增加到149.57亿美元（见表6.7）。1998年2月，兹罗提的波动带区间扩大到±10%，波兰央行对汇率波动的管制继续放松。这一时期，虽然具有升值压力，但在外部干预下，兹罗提整体是贬值的，其中，1995年12月中心平价贬值6%，爬行率也逐步缩小，1998年7月爬行率调整为每月0.65%。

表6.7　波兰的外汇储备规模　（单位：亿美元）

年份	外汇储备规模	年份	外汇储备规模	年份	外汇储备规模	年份	外汇储备规模
1990	46.74	1993	42.77	1996	180.19	1999	273.14
1991	38.00	1994	60.23	1997	206.69	2000	274.69
1992	42.57	1995	149.57	1998	282.76		

事实上的弹性汇率制度阶段。1997年新的波兰宪法将货币政策的执行权力赋予中央银行，新成立的货币政策委员会（monetary policy council）通过决议决定采用通胀目标的货币政策，并逐步放开兹罗提的汇率弹性。实际上，在资本流动增加的背景下，保持竞争力且实施通胀目标这种折中的货币政策策略越来越无法操作，于是，1998年10月，波兰央行公开承诺它将采用弹性的汇率制度，随之，波动带扩大到±12.5%，1999年3月，波动带进而扩大到±15%，爬行率也进一步降低，此时的爬行率只有每月0.3%的水平。

完全弹性的汇率制度阶段。对于波兰央行来说，波动带区间始终被视为它对汇率走向的潜在承诺，所以，在与政府进行充分的沟通和磋商之后，波兰央行在2000年4月12日正式引入了完全弹性的汇率制度。此后，波兰央行不再公布汇率的中心平价和波动带区间，这构成了波兰实施通胀目标的货币政策中的重要一环，央行对外汇市场的干预也趋于减弱。

表6.8是以直接标价法表示的波兰兹罗提兑美元的月度汇率数据。在有

管理的固定汇率制度阶段，兹罗提兑美元汇率的变化幅度非常小，1991 年 4 月之前，本币汇率长期固定在 1 美元等于 0.95 兹罗提的水平，只是在 1991 年 5 月与一篮子货币汇率固定，并对美元贬值 14.4%之后，兹罗提对美元才有一个较小幅度的贬值。在爬行钉住制阶段，兹罗提除了在 1992 年 2 月和 1993 年 8 月分别对货币篮子贬值 12%和 8%之外，一般是按照波兰央行每月确定的爬行率进行贬值，可以发现，截至 1995 年 5 月，波兰的汇率已变化到 1 美元兑换 2.32 兹罗提的水平，相比于 1991 年 10 月开始实行爬行钉住制时 1 美元兑换 1.12 兹罗提的汇率，兹罗提贬值的幅度已高达 107%，事实上，在此阶段波兰央行四次调整爬行率，这种调整使兹罗提每月的爬行率是逐步减小的，这说明随着汇率越来越逼近于中心平价，波兰货币贬值的幅度是收窄的。

在爬行带制阶段，虽然存在一定的货币升值压力，但兹罗提整体上的走势仍是趋于贬值的，波兰汇率从 1995 年 5 月 1 美元兑换 2.32 兹罗提的水平变化到 1998 年 7 月 1 美元兑换 3.43 兹罗提的水平，贬值的幅度仍达到了 48%，但在这一阶段，波兰兹罗提的汇率开始摆脱单边走势，比如，在 1997 年 11 月到 1998 年 7 月这一阶段，兹罗提就在逐步震荡中有一个较长期的升值过程。在事实上的弹性汇率制度阶段，波兰央行在 1999 年 3 月将波动带扩大到±15%，同时爬行率也更进一步减小到每月的 0.3%，应该说，在这一阶段兹罗提双向浮动的态势更为明显，1998 年 8 月的汇率为 1 美元等于 3.74 兹罗提的水平，但在同年的 10 月，波兰货币已升值到 1 美元等于 3.45 兹罗提的水平，然后，兹罗提出现了一个贬值的趋势，1999 年 3 月时波兰的汇率已贬值到 1 美元等于 4.01 兹罗提的水平，之后，兹罗提再次出现升值，1999 年 7 月时汇率变化到 1 美元兑换 3.86 兹罗提的水平，最后，兹罗提重新贬值，汇率从 1999 年 8 月的 1 美元兑换 3.98 兹罗提的水平调整到 2000 年 4 月的 1 美元兑换 4.42 兹罗提的水平。在完全弹性的汇率制度阶段，波兰央行已放弃对汇率走势的大规模干预，并主要由外汇市场上的供求来决定本币汇率，但波兰汇率总体的波动幅度较小，这说明兹罗提基本达到了均衡汇率水平，并开始自由浮动。

表 6.8 以直接标价法表示的波兰兹罗提兑美元的月度汇率

月份	汇率	月份	汇率	月份	汇率	月份	汇率	月份	汇率
1990.1	0.95	1992.4	1.37	1994.7	2.27	1996.10	2.81	1999.1	3.66
1990.2	0.95	1992.5	1.38	1994.8	2.32	1996.11	2.85	1999.2	3.94
1990.3	0.95	1992.6	1.35	1994.9	2.32	1996.12	2.88	1999.3	4.01
1990.4	0.95	1992.7	1.36	1994.10	2.31	1997.1	3.00	1999.4	3.95
1990.5	0.95	1992.8	1.34	1994.11	2.40	1997.2	3.06	1999.5	3.97
1990.6	0.95	1992.9	1.39	1994.12	2.44	1997.3	3.08	1999.6	3.93
1990.7	0.95	1992.10	1.49	1995.1	2.43	1997.4	3.16	1999.7	3.86
1990.8	0.95	1992.11	1.55	1995.2	2.42	1997.5	3.20	1999.8	3.98
1990.9	0.95	1992.12	1.58	1995.3	2.40	1997.6	3.29	1999.9	4.11
1990.10	0.95	1993.1	1.58	1995.4	2.40	1997.7	3.46	1999.10	4.20
1990.11	0.95	1993.2	1.64	1995.5	2.32	1997.8	3.47	1999.11	4.29
1990.12	0.95	1993.3	1.66	1995.6	2.34	1997.9	3.42	1999.12	4.15
1991.1	0.95	1993.4	1.65	1995.7	2.37	1997.10	3.49	2000.1	4.21
1991.2	0.95	1993.5	1.69	1995.8	2.47	1997.11	3.54	2000.2	4.15
1991.3	0.95	1993.6	1.78	1995.9	2.43	1997.12	3.52	2000.3	4.14
1991.4	0.95	1993.7	1.82	1995.10	2.45	1998.1	3.54	2000.4	4.42
1991.5	1.11	1993.8	1.98	1995.11	2.51	1998.2	3.48	2000.5	4.39
1991.6	1.15	1993.9	1.97	1995.12	2.47	1998.3	3.45	2000.6	4.39
1991.7	1.13	1993.10	2.05	1996.1	2.55	1998.4	3.40	2000.7	4.34
1991.8	1.13	1993.11	2.10	1996.2	2.56	1998.5	3.49	2000.8	4.38
1991.9	1.11	1993.12	2.13	1996.3	2.59	1998.6	3.48	2000.9	4.54
1991.10	1.12	1994.1	2.17	1996.4	2.66	1998.7	3.43	2000.10	4.68
1991.11	1.12	1994.2	2.20	1996.5	2.69	1998.8	3.74	2000.11	4.47
1991.12	1.10	1994.3	2.21	1996.6	2.72	1998.9	3.58	2000.12	4.14
1992.1	1.15	1994.4	2.24	1996.7	2.70	1998.10	3.45		
1992.2	1.32	1994.5	2.26	1996.8	2.74	1998.11	3.49		
1992.3	1.35	1994.6	2.25	1996.9	2.81	1998.12	3.50		

注：数据来源于 Wind 数据库。

相对于智利来说，波兰实施通胀目标货币政策的时间较晚，虽然之前它也采用了隐含的通胀目标，但正式对外宣布这一目标是在 1998 年 6 月。而且，波兰货币政策的实施主要是通过对利率的调节来完成的，至少在 1998 年时波兰央行已通过利率调控目标来影响经济。为此，波兰在开始汇率制度弹性改革时，就特别注重推动货币市场的发展，以便使用利率工具对经济予以调控，第一个发展起来的是银行间存款市场，这一市场便利了银行对它们自身流动性的管理，随后发展起来的是国库券市场，国库券利率是波兰央行货币政策操作中具有重要影响的基础利率，而且，1994 年波兰开始重新发行央行票据，这成为其公开市场操作的主要工具。此外，在 20 世纪 90 年代早期波兰兹罗提的银行间外汇市场已经出现，同时，华沙证券交易所也于 1991 年 4 月成立，这些都有助于货币政策通过利率渠道向通胀的传导。

从波兰货币政策的操作来看（见表 6.9），M_2与广义货币的 GDP 占比调整幅度较小，在 1997 年之前它们没有表现出明显的收紧或扩张的趋势，这意味着央行的货币供应主要是为了满足经济发展中交易的需要，调控经济的功能表现得并不是非常明显，只是在 1998 年确定通胀目标的货币政策，经济获得了较好发展之后，波兰央行才稍微增加了货币的供给数量，所以，这与预期是一致的，因为波兰央行并不是主要应用货币供应量来调控经济的。

表 6.9　波兰利率和货币供应量的变化

年份	实际利率	M_2 的 GDP 占比	广义货币的 GDP 占比	年份	实际利率	M_2 的 GDP 占比	广义货币的 GDP 占比
1990	—	31.88	31.19	1996	6.92	33.20	32.52
1991	9.35	30.45	29.79	1997	9.90	35.12	34.69
1992	8.10	33.36	32.64	1998	12.08	37.70	37.38
1993	11.04	33.47	32.75	1999	10.33	40.70	40.24
1994	3.45	31.99	31.29	2000	11.89	40.60	40.46
1995	4.28	31.69	31.01				

注：数据来源于 Wind 数据库。

而实际利率的变化则较为频繁，实际上在从中央计划经济向市场经济转轨的初期，波兰有非常高的通胀率，1990年时这一通胀水平甚至高达555.4%，在这种情况下，波兰1991—1993年的实际利率水平较高，分别为9.35%、8.1%和11.04%，这种紧缩的货币政策较大幅度降低了通胀水平，波兰的CPI在1993年已下降到36.9%的水平（见表6.10），但同时也应该看到，这种紧缩的货币政策对经济增长是不利的，波兰1991—1993年的GDP增速分别为−7.02%、2.51%和3.74%，所以，1994年波兰的实际利率大幅下降到3.45%，这种相对扩张的货币政策推动了经济的较快增长，同年波兰的GDP增速提高到5.29%，随后，为了应对通胀，波兰的实际利率水平又有所提升，1997年时达到9.9%，这很好地抑制了通胀，波兰的CPI一直稳步走低，1996—1997年已下降到20%以下，分别为19.8%和15.1%，值得一提的是，在1995—1997年这一时期波兰的GDP平均增速达到了6.49%，经济增长处于较高水平。在1998年公开采用通胀目标的货币政策之后，波兰的利率再次走高，1998—2000年的实际利率分别为12.08%、10.33%和11.89%，波兰的CPI继续降低，这三年的CPI分别为11.7%、7.3%和10.1%，同时，GDP增速也稍有下降，1998—2000年的GDP增速分别为4.61%、4.64%和4.56%。

表6.10 波兰的CPI和GDP增速（%）

年份	CPI	GDP增速	年份	CPI	GDP增速
1990	555.4	—	1996	19.8	6.06
1991	76.7	−7.02	1997	15.1	6.46
1992	45.3	2.51	1998	11.7	4.61
1993	36.9	3.74	1999	7.3	4.64
1994	33.3	5.29	2000	10.1	4.56
1995	28.1	6.95			

注：数据来源于Wind数据库。

2. 货币政策启示。

第一，波兰逐步放开汇率弹性促进了外汇市场的发展，特别是外汇衍生品市场的发展为经济主体对冲风险提供了工具，这在一定程度上缓解了波兰经济在面对汇率风险方面的脆弱性，同时，也为央行专注于通胀目标的货币政策提供了便利。

波兰向弹性汇率制度的平滑转换共经历五个阶段，在这一过程中，它很好地通过放开汇率弹性促进了国内外汇市场的发展。在汇率制度的改革中，过早或过快引入汇率弹性可能都具有破坏性，提前准备非常重要，但过分强调满足所有先决条件再进行改革可能会拖延向弹性汇率制度转换的进度，甚至会大幅增加在危机情况下被迫从固定汇率制度退出的风险，这是极为不利的。从波兰汇率弹性改革的进程来看，渐进地缩减爬行率，扩大汇率的波动带并减少央行的汇率干预以实现汇率的双向浮动刺激了外汇现货市场的发展。直到 1995 年，波兰央行仍是银行间外汇市场上唯一的做市商，然而，在 1995 年实行爬行带制以后，外汇现货市场获得快速发展，远期外汇市场也在这一时期兴起，根据 IMF 的资料，在 1998 年时波兰外汇现货市场已较为成熟，央行也终止了对这一市场的干预。

相对于外汇现货市场的快速发展，波兰外汇衍生品市场的发展则是较为稳步的。20 世纪 90 年代，兹罗提 NDF（无本金交割远期外汇交易）市场出现于伦敦，1999 年，外汇互换市场开始发展，在实行完全弹性的汇率制度之后，波兰商业银行可向国内投资者和外国商业银行提供远期、期权和其他衍生产品，这便利了经济主体对汇率风险的管理。比如，如果国内企业在出口贸易中将在 3 个月之后收到一定的美元货款，如果在未来的 3 个月美元相对于兹罗提贬值，则这一国内企业将遭受损失，实际上，它可通过购买远期外汇合约的方式来规避这一风险，即现在就和商业银行签订一个远期外汇合约，将 3 个月之后美元和兹罗提的汇率固定下来，以对冲汇率不利变动的风险。

当然，外汇衍生品市场的发展也蕴含着一定的风险，因为衍生品具有杠杆属性，少部分的资金可能撬动大规模的资金，因此，波兰央行对衍生品市场的发展持较为谨慎的态度，并适当加强了对这一市场的监管，以防止投机攻击的发生。总体上，波兰外汇现货及衍生品市场的发展有助于国内管理汇率风险，为央行实施通胀目标的货币政策提供了便利。

第二，作为高度集中的计划经济，波兰在汇率弹性改革时市场机制极不健全，但通过经济转轨，特别是建立货币市场，波兰以利率为主的货币政策操作较为成功，这为广大的转轨制国家提供了宝贵且可复制的经验。

在经济转轨初期波兰经济满目疮痍，长期计划经济的实施使市场经济的发展严重受限，这使波兰央行采用市场框架下的货币政策来调控经济显得几乎不可能，但就是在这种情况下，波兰政府通过改革所有制结构，改革财税制度以及促进贸易自由化等措施逐步建立起市场经济体制，同时，为了顺利推进汇率制度弹性改革，波兰央行着重发展了存款、国库券等货币市场，这畅通了波兰货币政策操作的利率传导渠道。

在货币政策操作方面，波兰以利率为主的货币政策很好地降低了通胀，并推动了经济的较快增长。面对汇率制度弹性改革初期极高的通胀水平，波兰并没有急速将实际利率提升到非常高的水平，而是在1991—1993年把实际利率维持在10%左右，这导致波兰的CPI逐步走低，三年的CPI分别为76.7%、45.3%和36.9%，而为应对这一时期经济增速较低的局面，波兰央行随后在1994—1996年较大幅度降低了实际利率，这种扩张性的货币政策推动了经济增长，这三年的GDP增速分别为5.29%、6.95%和6.06%，在经济增长逐步恢复之后，波兰央行又再次提高了实际利率以进一步降低物价水平，随后波兰的CPI大致保持在10%左右，这使波兰的通胀进一步得到控制，但也应该看到，实际利率的提高对经济增长同样带来了负面效应，波兰的GDP增速有所下滑。

第三，货币供应量虽然不是波兰央行调控经济的主要手段，但适度的货币供应保证了波兰国内交易的顺利进行，并适应了其国内经济发展的需要。

从波兰的货币供应量来看，它与GDP的占比长期维持在较为稳定的水平，比如，在1990年当国内CPI高达555.4%时，波兰央行并没有收紧货币供应，这种情况一致持续到1996年，也就是说，在汇率制度弹性改革的过程中，波兰的货币供应是为了促进金融深化，满足国内交易的需要，并没有主要依靠货币供应来调节经济。但也应该看到，在1997年亚洲金融危机发生，外部经济条件有所恶化之后，波兰的货币供应量实际上有所增长，M_2及广义货币的GDP占比在2000年分别达到了40.6%和40.46%，这种扩张性的货币政策对经济是有益的，应该说，波兰央行的货币供应水平很好地适应了国内经济发展的需要。

第四，央行对货币政策措施的解释以及与市场的沟通成为波兰货币政策取得良好效果的重要保证，这种货币政策的前瞻性指引提高了货币政策的透明度，通过事前通知市场主体其货币政策操作的目的，甚至使前瞻性指引成为影响货币政策效果的关键因素。

1998年6月，波兰首次对外宣布它将采用通胀目标的货币政策，在实施这一货币政策的过程中，中央银行就货币政策的实行多次和市场进行了沟通，比如，为了增加货币政策的影响力，货币政策委员会的成员有时会通过发布公开评论、演讲或接受媒体专访等方式向公众传递信息，增加公众对宏观经济的认知和对未来货币政策走向的判断，这很好地引导了市场预期，在很大程度上提升了货币政策的效果。实际上，这种货币政策的前瞻性指引目前已逐步成为各国央行新的货币政策工具，从前瞻性指引形式的货币政策工具的效果来看，不论是在经济运行的微观机制上，还是在宏观经济运行方面，它都取得了不错效果。

二、在市场压力下快速实现汇率制度弹性改革国家的货币政策实践及启示

（一）巴西（1999）

1. 汇率制度弹性改革及货币政策实践。

巴西向弹性汇率制度的转换是在危机情况下完成的，1999年1月水平汇率带制（horizontal exchange rate band）的崩溃意味着经济危机的爆发，巴西开始采用完全弹性的汇率制度。与此相伴随的是巴西雷亚尔的急剧贬值，从表6.11可以看出，巴西货币从1998年12月1美元兑换1.205雷亚尔的水平贬值

到1999年1月1美元兑换1.512雷亚尔的水平，随后，在1999年2月又贬值到1美元兑换1.926雷亚尔的水平，短短两个月的时间雷亚尔贬值了59.8%。由于汇率贬值可能存在的价格传递效应，巴西迅速在1999年2月对外宣布它将采用通胀目标的货币政策。

表6.11 以直接标价法表示的巴西雷亚尔兑美元的月度汇率

月份	汇率	月份	汇率	月份	汇率	月份	汇率	月份	汇率
1998.1	1.120	1998.9	1.181	1999.5	1.685	2000.1	1.806	2000.9	1.840
1998.2	1.127	1998.10	1.189	1999.6	1.767	2000.2	1.777	2000.10	1.881
1998.3	1.133	1998.11	1.193	1999.7	1.802	2000.3	1.742	2000.11	1.948
1998.4	1.141	1998.12	1.205	1999.8	1.886	2000.4	1.770	2000.12	1.963
1998.5	1.148	1999.1	1.512	1999.9	1.899	2000.5	1.828		
1998.6	1.154	1999.2	1.926	1999.10	1.969	2000.6	1.810		
1998.7	1.161	1999.3	1.906	1999.11	1.931	2000.7	1.798		
1998.8	1.172	1999.4	1.703	1999.12	1.844	2000.8	1.809		

注：数据来源于Wind数据库。

1995年3月，巴西实施了水平汇率带的汇率制度，通过对外汇市场的干预和调节，央行建立了明显更窄的汇率内部波动带，雷亚尔基本按照每月大约0.6%的速率贬值。从表6.11可以发现，一直到1998年时雷亚尔相对于美元的贬值速率仍维持在这一水平。但经常账户逆差的扩大，政府财政赤字的增加却持续恶化了国内经济的基本面，在资本账户管制放开的情况下，国际游资对雷亚尔发动了投机攻击（speculative attack）。在这种情况下，巴西对汇率走势进行了大规模干预，央行的外汇储备也快速下降（见表6.12），1998年9月时已从同年4月的746.6亿美元下滑到458.1亿美元。为应对外汇储备的显著下降，巴西曾试图通过调整汇率带来缓解这种状况，并引入了所谓的“内生对角带”（endogenous diagonal band），在这种新的制度下，内部波动带被抛弃，央行每三个工作日依据前三天的汇率走向对汇率波动带进行一次调整。但随着雷亚尔的汇率迅速移至新波动带的上限，外汇储备进一步流失，巴西央行不得不放弃这种汇率安排。于是，1999 年 1 月 15 日，巴西央行宣布它将不再对汇率的走势进行干预，随后的一个工作日便引入了完全弹性的汇率制度。

向完全弹性汇率制度的快速转换使巴西宏观经济面临着巨大的不确定性，雷亚尔在短期内的大幅贬值造成了严重的市场恐慌，由于巴西历史上曾出现较高的通胀，这使民众对通胀加剧的担心迅速蔓延。然而，这种转换并没有与私营部门普遍的财政困境相伴随，与其他发生危机的国家相比，由于国内的私营部门对汇率贬值的风险敞口极为有限，巴西国内经济的动荡并未导致银行危机以及非金融企业的普遍破产，再加上通胀目标的货币政策的实施，国内货币及金融市场大幅波动可能出现的不稳定性得到有效控制。从汇率的走势来看，1999 年 3 月之后雷亚尔贬值的趋势稍有扭转，并出现了一定的升值，同时，外汇储备规模也重新开始增加，并有所回调。

表 6.12　巴西的外汇储备规模　（单位：亿美元）

月份	外汇储备规模	月份	外汇储备规模	月份	外汇储备规模	月份	外汇储备规模
1998.1	531.0	1998.10	423.9	1999.7	421.6	2000.4	287.2
1998.2	587.8	1998.11	411.9	1999.8	419.2	2000.5	285.7
1998.3	685.9	1998.12	445.6	1999.9	425.6	2000.6	282.7
1998.4	746.6	1999.1	361.4	1999.10	400.5	2000.7	292.1
1998.5	728.3	1999.2	354.6	1999.11	421.8	2000.8	313.9
1998.6	709.0	1999.3	338.5	1999.12	363.4	2000.9	314.3
1998.7	702.1	1999.4	443.2	2000.1	375.6	2000.10	303.9
1998.8	673.3	1999.5	443.1	2000.2	383.6	2000.11	325.3
1998.9	458.1	1999.6	413.5	2000.3	392.0	2000.12	330.1

注：数据来源于 Wind 数据库。

在采用通胀目标的货币政策之前，巴西在构建货币政策的制度框架方面已取得一定进展，比如，巴西央行在 1996 年 6 月就成立了货币政策委员会，其会议纪要从 1998 年 3 月已开始对外公布。而且，巴西央行影响利率的能力也得到长足进步，政府债券市场获得较快发展，其交易规模大，流动性高，同时，巴西央行的重要基准利率—隔夜利率开始形成。

表 6.13 巴西利率和货币供应量的变化

月份	隔夜利率	M_2增速	M_3增速	月份	隔夜利率	M_2增速	M_3增速
1998.1	34.6	27.73	15.81	1999.7	19.5	5.00	12.33
1998.2	34.6	26.2	16.26	1999.8	19.5	4.44	12.92
1998.3	28.0	24.87	17.52	1999.9	19.0	4.75	18.85
1998.4	23.3	23.66	17.35	1999.10	19.0	5.02	21.13
1998.5	21.8	22.88	17.66	1999.11	19.0	4.55	20.57
1998.6	21.0	20.52	17.18	1999.12	19.0	7.77	24.66
1998.7	19.8	21.22	17.49	2000.1	19.0	5.85	24.31
1998.8	19.8	18.35	16.12	2000.2	19.0	0.74	24.33
1998.9	19.0	13.23	10.48	2000.3	18.5	0.20	23.52
1998.10	19.0	11.03	8.51	2000.4	18.5	1.06	23.46
1998.11	19.0	8.93	10.28	2000.5	18.5	0.58	24.15
1998.12	30.0	6.34	10.52	2000.6	17.5	−0.34	27.24
1999.1	25.0	5.45	11.81	2000.7	17.0	1.01	25.75
1999.2	25.0	6.62	12.51	2000.8	17.0	1.90	25.38
1999.3	45.0	6.74	11.45	2000.9	17.0	2.84	23.55
1999.4	32.0	6.15	11.79	2000.10	17.0	2.34	23.25
1999.5	23.5	6.05	11.68	2000.11	17.0	3.37	23.01
1999.6	21.0	5.53	11.99	2000.12	15.8	3.28	18.74

注：数据来源于 Wind 数据库。

具体从货币政策的操作来看，在 1998 年经济形势开始恶化时，巴西实际上采用的是相对宽松的货币政策，隔夜利率从 1998 年 1 月的 34.6％下降到同年 11 月的 19％，M_2与 M_3增速也较快走低，分别从 27.73％和 15.81％降低到 8.93％和 10.28％。但就货币政策的效果来说，由于外部经济的巨大冲击，巴西 CPI 迅速走低，1998 年第三季度环比增速为−0.36；同样地，经济增长也受到较大影响，1998 年第四季度 GDP 增速为负的 1.43。在 1999 年 1 月开始实行完全弹性的汇率制度之后，由于雷亚尔的急剧贬值，巴西的物价快速走高，1991年第一季度CPI环比增速为1.07，因此，1999年3月巴西央行将隔夜利率提高到45%，M_2增速也有所下降，此种情况下，巴西的CPI增速得到降低，1999年第二季度的CPI环比增速为0.2，但在1999年第二、三季度巴西的GDP增速却分别为负的0.4和0.62。随后，在货币政策逐步宽松的情况下，巴西的GDP才逐步实现了较快增长。

表6.14 巴西的季度CPI和GDP增速（%）

季度	CPI	GDP增速	季度	CPI	GDP增速
1998-1	0.63	1.01	1999-3	0.56	−0.62
1998-2	0.44	1.51	1999-4	0.88	2.17
1998-3	−0.36	0.36	2000-1	0.26	4.40
1998-4	0.12	−1.43	2000-2	0.11	3.98
1999-1	1.07	0.77	2000-3	1.01	4.56
1999-2	0.20	−0.40	2000-4	0.33	4.60

注：数据来源于Wind数据库。

2. 货币政策启示。

第一，虽然在市场压力下快速实现了汇率制度弹性改革，但巴西之前取得的一些进展对其汇率制度弹性的软着陆至关重要，特别是在宏观经济管理、外汇市场及金融系统等方面一系列措施的出台避免了更深层次的危机，因而，巴西向弹性汇率制度的转换是相对成功的，这减轻了后续货币政策操作的难度。

应该说，在1999年经济危机之前，巴西经历了较长时期的经济发展稳定期，央行出台的相关政策为国内经济创造了低通胀环境，这改变了国内企业、居民及其他经济行为人的预期，在经济危机发生，雷亚尔急剧贬值推动国内CPI上涨时，这些经济行为人对高通胀具有一定的恐惧，他们希望并支持央行采取政策措施来应对通胀。外汇市场方面，巴西现货外汇市场交易规模较大，并具有较强的流动性，期货市场同样得到了较好发展，但期权、互换和远期合约的交易量较低，但在汇率弹性放开后这些市场也获得了较快发展，这为雷亚尔汇率的市场化提供了条件。金融系统方面，1995 年巴西开始对私营银行部门进行合并和重组，当实行完全弹性的汇率制度时，它们已完成了相应的调整，同时，国有银行部门也通过引入外资的方式进行股权改革，而且，监管部门并不允许银行部门开展美元存款和支付业务，这避免了金融系统的美元化，在较大程度上隔绝了本币贬值的风险。这些进展减轻了后续货币政策操作的难度。

第二，巴西在 1999 年 1 月开始采用完全弹性的汇率制度，在预计汇率急剧贬值将推高国内通胀时，它于同年 2 月就对外宣布将实行通胀目标的货币政策，汇率弹性增强不久就立即选择通胀目标对缓解经济的不确定性，防止贬值后高通胀的回归作出了巨大贡献。

巴西不再对汇率进行干预，将汇率弹性放开的情况下，国内货币雷亚尔在 1999 年 1—2 月贬值幅度较大，这推动了巴西通胀的上升，因而，在巴西当局和 IMF 于 1999 年 2 月发布的联合声明中，它们宣布将采用通胀目标，同年 3 月，巴西宣称其目标是在 1999 年的最后一个季度将年化的通胀率降低到个位数，通胀目标的货币政策将会在同年 6 月被正式实施，这缓解了巴西经济中的不确定性。事实上，巴西通胀目标的货币政策完全是按照计划实行的，它在随后也设定了 1999、2000 和 2001 年的通胀目标，这避免了高通胀的发生。

第三，在经常账户逆差扩大，政府财政赤字增加等不利局面下，巴西仍没有加强对资本账户的管制导致了投机风险的发生，这对巴西经济造成了较大冲击，显然，资本账户的过早开放可能会给汇率制度弹性改革带来风险，并给货币政策的实施带来困扰。

巴西早期的经常账户逆差主要通过国内的高利率吸引资本流入来弥补，在财政赤字增加，国内经济形势恶化时，恰当的政策措施应该是加强对资本的管制，防止资本的外流，而巴西央行却没有采取针对性的措施，而是任由国外资本自由地进出，这使国际游资可以较为顺利地对雷亚尔的汇率进行攻击，最后在外汇储备不断下降的情况下，巴西央行只好不再对汇率走势进行干预，而让其自由浮动。显然，巴西资本账户的过早开放隐含着较大风险，这并不利于货币政策的实施。

（二）捷克（1996—1997）

1. 汇率制度弹性改革及货币政策实践。

在发生一场小型的货币危机之后，捷克于 1997 年 6 月正式从水平带制度（horizontal band regime）退出，进而实行了完全弹性的汇率制度。6 个月之后，捷克选择通胀目标作为新的名义锚，尽管在实施通胀目标货币政策上的准备并不充分，但在相当短的时期内引入这一目标有助于减弱汇率制度无序退出带来的恐慌并限制了市场长期的不稳定，事实证明，通胀目标的货币政策在锚定通胀和实现价格稳定方面取得了成功。

表 6.15　以直接标价法表示的捷克克朗兑美元的月度汇率

月份	汇率	月份	汇率	月份	汇率	月份	汇率	月份	汇率
1996.1	27.29	1996.9	26.94	1997.5	32.69	1998.1	34.98	1998.9	29.94
1996.2	27.01	1996.10	26.90	1997.6	32.05	1998.2	34.15	1998.10	28.93
1996.3	27.35	1996.11	27.05	1997.7	34.61	1998.3	33.68	1998.11	30.54
1996.4	27.69	1996.12	27.33	1997.8	33.80	1998.4	33.15	1998.12	29.86
1996.5	27.87	1997.1	27.82	1997.9	32.79	1998.5	33.35		
1996.6	27.61	1997.2	28.78	1997.10	32.89	1998.6	33.42		
1996.7	26.58	1997.3	29.20	1997.11	34.37	1998.7	30.88		
1996.8	26.04	1997.4	31.01	1997.12	34.64	1998.8	33.46		

注：数据来源于 Wind 数据库。

捷克在经济转型初期采用了钉住的汇率制度，这为其经济稳定提供了明确的名义锚，但在国内经济和国际市场一体化程度越来越高的情况下，这种汇率制度越来越难以维持。最初捷克规定其汇率在波动带±0.5%的区间内变动，但在 1995 年经常账户完全可兑换，并成为 OECD 成员国之后，大量的资本开始流入国内，这使捷克面临着“不可能三角”困境，为此，央行于 1996 年 2 月将波动带扩大到±7.5%的水平，这在一定程度上加剧了短期投机性资本的涌入。但由于亚洲金融危机的传染效应，再加上国内经济结构调整缓慢，经常账户赤字增加等原因，国际投资者开始从捷克撤资，捷克随即宣布实行完全弹性的汇率制度，克朗从1997年6月的1美元兑换32.05克朗的水平贬值到同年7月的1美元兑换34.61克朗的水平，贬值的幅度为8%（见表6.15），总体来说，这次货币危机并不严重并在随后受到了较好管理，而且，货币危机也没有对银行和金融部门产生过大的冲击。应该说，虽然没有提前计划，但捷克从水平带汇率制度的退出较为平滑，随后，为改变宏观经济基本面，捷克加快了包括银行业私有化在内的结构改革，并启动了吸引外国投资者的计划，最为重要的是，捷克通胀目标货币政策的实施在缓解退出危机方面发挥了重要作用。

在经济形势恶化，国内货币面临贬值压力时，捷克央行同样对汇率走势进行了干预，这种干预主要是通过外汇储备来完成的。从表6.16可以发现，自1996年初开始实际上捷克的外汇储备规模就处于下降趋势，这种趋势在1997年后更为明显，在放弃水平带的汇率制度之前的1997年5月，捷克外汇储备在一个月内由115.2亿欧元下降到100.3亿欧元，降幅达到13%，但整体来说，捷克外汇储备的降幅并不是特别大，它并没有在危机条件下强行对汇率走势进行干预，而是让汇率自由浮动，之后，在经济形势好转以后，捷克的外汇储备又开始逐步增加。

表6.16 捷克的外汇储备规模 （单位：亿欧元）

月份	外汇储备规模	月份	外汇储备规模	月份	外汇储备规模	月份	外汇储备规模
1996.1	136.1	1996.10	127.2	1997.7	108.1	1998.4	111.2
1996.2	141.0	1996.11	126.0	1997.8	112.2	1998.5	110.3
1996.3	132.2	1996.12	124.4	1997.9	109.4	1998.6	108.1
1996.4	129.3	1997.1	119.8	1997.10	110.0	1998.7	114.5
1996.5	127.7	1997.2	117.2	1997.11	101.4	1998.8	114.7
1996.6	127.1	1997.3	117.2	1997.12	97.7	1998.9	123.6
1996.7	129.7	1997.4	115.2	1998.1	98.9	1998.10	127.2
1996.8	129.8	1997.5	100.3	1998.2	104.4	1998.11	123.6
1996.9	126.9	1997.6	107.6	1998.3	106.5	1998.12	126.2

注：数据来源于Wind数据库。

具体从货币政策的操作来看，在发生货币危机之前，捷克的货币政策是相对较为宽松的，1996年实际利率只有2.4%，M_2和广义货币的GDP占比也比较高，分别达到了65.6%和63.17%，但在1997年发生货币危机之后，在货币贬值的情况下，捷克央行将实际利率提高到4.52%，M_2和广义货币的GDP占比也分别下降到62.33%和59.6%，从货币政策的效果来看，此时CPI有所走低，但GDP增速却是负的0.52%，过度紧缩的货币政策对国内经济的冲击较大，于是，1998年时捷克的实际利率得以降低，货币供应量则进一步下降，这种情况下捷克的通胀再次走高，GDP增长则仍处于低位运行。

表6.17　捷克利率和货币供应量的变化

年份	实际利率	M_2的GDP占比	广义货币的GDP占比
1996	2.40	65.60	63.17
1997	4.52	62.33	59.60
1998	2.73	58.90	56.31
1999	5.48	57.99	55.31
2000	5.22	63.69	60.58

注：数据来源于Wind数据库。

表6.18　捷克的CPI和GDP增速（%）

年份	CPI	GDP增速
1996	8.76	4.27
1997	8.60	−0.52
1998	10.70	−0.36
1999	2.14	1.38
2000	3.78	4.00

注：数据来源于Wind数据库。

1999年央行继续对货币政策进行了调整，为了维持通胀目标的货币政策，实际利率提高到5.48%，M_2和广义货币的GDP占比调整到57.99%和55.31%，这样的货币政策组合使CPI快速下滑到2.14%，GDP增速也在随后由负转正，达到1.38%，2000年时实际利率虽然仍处在较高水平，但相对于1999年时有所降低，M_2和广义货币的供应量也有一定量的增加，因此，在2000年底时捷克的CPI达到了3.78%的水平，GDP则恢复了较快增长，应该说，捷克对货币政策的调整是有成本的，经过多次调整之后捷克的经济最后才逐步步入正轨。

2. 货币政策启示。

第一，捷克是在危机条件下引入通胀目标的货币政策的，虽然从缺乏弹性的汇率制度的退出面临市场压力，但捷克本身具有了一些实施通胀目标货币政策的关键条件，这为其运用货币政策对经济进行调节提供了基础。

一般来说，在危机条件下重新选择新的货币政策目标非常困难，捷克向这一目标的转换事前并没有深思熟虑的计划，这增大了经济的风险及货币政策转换的难度。幸运的是，捷克在经济转轨的过程中，逐步建立了相对发达的金融市场，1990年开始，捷克逐步发展了国库券市场，并通过发行央行票据提高了货币市场的流动性，同时，多项技术措施被采取以完善市场基础设施，这包括设立同业拆借利率报价系统，建立网上结算清算中心，明确回购协议的法律依据等，1994年时，银行间货币市场和证券二级市场都得到了较为充分的发展，央行开始采用公开市场进行回购操作，1995年底，捷克已具备了通过利率来影响经济的能力，而且，在实行完全弹性的汇率制度之前，外汇现货市场和衍生品市场都获得了较好发展，并且交易活跃，这使经济行为人可以利用外汇市场规避和管理汇率风险。此外，央行的独立性也得到增强。以上都为捷克货币政策的运行提供了关键条件，央行可以采用利率以及货币供应量来调控经济，以此来降低通胀并促进经济增长。

第二，由于缺乏沟通，公众对新货币政策框架的了解较少，央行在实施货币政策的过程中，并没有获得公众的理解和支持，这在一定程度上影响了捷克货币政策的效果。

在实现汇率制度弹性改革之前，捷克采用的实际上是汇率名义锚目标，相对固定的汇率制度安排稳定了汇率，降低了国内经济主体的汇率风险，但出现货币危机之后，捷克快速转向了通胀目标，事实证明，在无序退出的情况下，透明和有效的沟通对于建立货币政策的可信性至关重要，但捷克央行与公众之间沟通的缺失却使国内企业和居民很难形成对通胀的预期，央行的货币政策操作受到了不利影响。自 1998 年年底开始，捷克央行一直积极地向公众宣传其货币政策目标，并就货币政策操作，特别是利率的具体操作方式对公众作了说明，这使货币政策获得了公众的理解和支持，结果证明沟通对货币政策效果的提升是有益的。

第三，在实施通胀目标的货币政策之前，央行对货币政策传导机制的认识不足，导致它对通胀目标所需的适当紧缩货币政策的执行变得复杂，央行在货币政策操作时过紧的货币政策导致通胀走低并引致经济衰退，这甚至引发了公众对货币政策独立性的质疑，好在后续货币政策的调整很快克服了危机并推动了经济的较快增长。

货币政策从实施直到传导到最终的货币政策目标需要经历一定的过程，对这一过程相关知识的缺乏使央行很难对货币政策影响通胀的能力进行量化评估，可以发现，在 1997 年捷克将实际利率大幅提高，并同时降低货币供应量时国内经济出现了负增长，这说明货币政策的过度收紧对经济带来了负面冲击。1998 年时，央行降低了实际利率，这适度降低了经济衰退的程度，但通胀又开始走高，1999 年时，捷克重新较大幅度上提高了实际利率，这使通胀快速地从 1998 年的 10.7%下降的 1999 年的 2.14%，应该说，这一货币政策的调整仍是偏紧的。最后，由于实施通胀目标货币政策的一些条件仍不具备，比如，捷克缺乏实力较强的银行部门等，这使其对本国货币政策传导过程的认识经历了较长时间，最终央行逐步具备了对货币政策操作建模并对通胀预测的能力。

第七章　推进汇率弹性改革及提升货币政策有效性的政策设计

根据国际汇率制度变革及其演变规律，当一国经济逐步开放并发展到一定阶段之后，渐进增加本国汇率制度的弹性程度是各国汇率制度的普遍选择。应该说，开放经济是目前我国经济运行过程中的重要特征，作为开放经济中居于核心地位的价格变量，汇率弹性的变化将会对国内进出口贸易及产出等方面产生极为广泛的影响。发达国家在放开汇率弹性的同时，选择了资本自由流动和自主货币政策的组合，这基于的前提是汇率弹性的增强并不会对国内经济产生太大的效应。但作为新兴市场国家，汇率弹性增强将会给国内各经济变量带来较大的冲击。对于我国的货币政策来说，它需要维护国内物价及币值的稳定，并促进经济的增长。因而，进行相关政策设计，深入推进人民币汇率弹性改革，并在汇率弹性改革的同时提升我国货币政策的有效性是需要重点关注的问题，这将为国内经济的稳步增长和宏观经济运行提供较好的外部条件，基于此，这里将从深入推进人民币汇率弹性改革及提升货币政策有效性两个方面进行政策设计。

一、推进汇率弹性改革的政策设计

深入推进汇率弹性改革并完全放开人民币汇率弹性是我国经济体制改革的重要组成部分，作为一个在全球开放程度较高的经济体，显然的情况是，汇率将在我国经济运行中占据异常重要的地位。对于我国来说，实现汇率弹性改革的成功本身就具有重要意义，比如，依据“不可能三角”理论，如果实行了弹性的汇率制度，此时，我国就可选择独立的货币政策来调控国内经济，同时，资本流动的放开也可为国内经济发展提供可能的外部资金。所以，汇率弹性是影响我国货币政策有效性的关键变量，在使用货币政策工具对我国经济进行调控的时候，需要注重深入推进汇率弹性改革，也就是说，汇率弹性的放开是提升我国货币政策有效性的重要条件。

第一，结合我国汇率制度改革的实际，进一步发挥市场供求的基础性作用，减少“追涨杀跌”“羊群效应”等非理性行为对人民币汇率走势的冲击。

2005 年 7 月的汇率制度改革确定了人民币汇率制度是“以市场供求为基础、参考一篮子货币进行调节、有管理的浮动汇率制度”，在这一汇率制度中，市场供求在人民币汇率决定中是处于基础地位的，也就是说，市场上的供给和需求将主导人民币汇率水平，如果外汇市场上对人民币的供给增加，而需求减少，则人民币就会贬值，如果外汇市场上对人民币的供给减少，而需求增加，则人民币就会升值。这和 2005 年 7 月之前的汇率制度不同，因为在之前的汇率制度中实际上中国人民银行对汇率走势进行了较为严重的干预，这种行政干预几乎在汇率决定中发挥了压倒性的作用，通常来说，在频繁的干预中，市场供求力量的基础性作用很难发挥，虽然在 1994 年至 2005 年期间，我国政府也对外宣称人民币是以市场供求为基础的，但正如大量的研究成果所发现的，这一期间事实上人民币仍是完全钉住美元的，这种完全钉住美元的汇率安排就体现了这种行政干预所起的作用，因为市场力量主导的汇率水平本身不会是完全钉住一种货币的。

一般认为，2005 年 7 月汇率制度改革开始之后人民币有一个较快的升值期是市场供求发挥作用的一个过程，由于改革开放之后多年的经济增长，国际市场上对人民币的需求日益增加，人民币面临着升值压力，但在中央银行的行政干预下，这种升值压力一直难以缓解，因而，2005 年 7 月开始逐步放开汇率弹性实质上是要发挥市场供求关系的基础性作用，外汇市场上的大量需求推动了人民币相对于其他货币，特别是美元的升值，这种升值在推高人民币货币价值的同时，使市场供求双方的力量逐步趋于平衡，人民币的升值压力得到较大的缓解。金融危机发生之后，中国人民银行加强了对人民币汇率走势的干预，市场供求在这种情况下较难在汇率中得到体现。但 2010 年 6 月进一步推动汇率制度改革之后，市场供求关系再次成为决定人民币汇率走势的重要力量，尤其在这一时期，由于市场供求力量发挥的作用越来越大，人民币汇率呈现出双向浮动的特征。

需要注意的是，市场供求在发挥作用时人民币汇率应该是参考一篮子货币来调整自身价值的，人民币汇率反映的不仅是对于美元的价值，而是一篮子货币的价值，此时，一篮子货币的选择至关重要，但通过评估事实汇率制度的方法对人民币货币篮子的测算发现，在各个时期美元在人民币货币篮子中都居于主导地位，它权重的估计系数皆大于 0.9，虽然欧元、英镑和日元在不同的时期也有一定的权重，但这一权重总体较低，这说明人民币货币篮子中各种货币的构成仍存在完善的空间，因为依据中国人民银行对外披露的货币篮子的组成原则，贸易占比是主要的参考标准，显然，这样的货币篮子构成无法满足贸易占比的要求，因此，后续将与我国经贸关系较为密切国家的货币加入人民币货币篮子，并增加贸易占比较大国家货币的权重对于我国货币篮子的完善具有借鉴意义。

由于“追涨杀跌”“羊群效应”等非理性行为的存在，汇率在一定的条件下可能会出现较大的波动和变化，这会对人民币汇率走势带来较大的冲击。通常来说，参与外汇市场的交易者中除了套期保值者和套利者之外，还有专门从事投机的投机者，这部分投机者通过购入或卖出外汇的方式进行投机，在承担风险的过程中获取收益，他们的投机行为往往并不是完全理性的，如果可通过买入外汇带动货币升值并给投机者带来较高的收益时，市场上的其他参与者出于投机的动机也可能增加对外汇的持有，结果是外汇的价值持续走高，相反，如果可通过卖出外汇使货币贬值并给投机者带来较高的收益时，市场上的其他参与者也会出于获利的动机减少对外汇的持有，结果导致外汇的价值持续走低。对于人民币汇率来说，中国人民银行在汇率定价方面已先后推出“收盘汇率＋一篮子货币汇率变化”的中间价定价机制，并在汇率报价模型中加入“逆周期因子”，这对于限制外汇市场上的非理性行为发挥了一定作用，但仍需关注它可能对人民币汇率走势带来的冲击。

第二，目前我国经济主体具有规模较大的美元资产或外汇储备，而国内企业却较少从国际金融市场借入美元来组织生产，这种债权式“货币错配”的存在给人民币带来了较大的升值压力，因而，采取合理措施化解“货币错配”风险，有助于人民币汇率弹性改革的顺利展开。

相较于大多数新兴市场国家面临的债务式“货币错配”，债权式“货币错配”下我国经济主体并没有偿还外债的巨大压力，但由这种规模较大的“货币错配”带来的货币升值风险也会对我国经济造成负面影响，试想，如果人民币持续升值，一方面这种升值将使国内经济主体持有的美元债权的价值走低，给它们带来较大损失，另一方面这种升值将会压低国外进口商品的本币价格，给国内经济带来通缩压力。具体来说，应从以下四个方面入手化解我国债权式“货币错配”风险：

（1）国内规模较大的美元资产或外汇储备是由多年的贸易顺差导致的，这种顺差很大一部分是来源于国内低附加值、缺乏技术含量产品的出口，所以，主动优化产品出口结构，推动经济转型和经济高质量发展可缓解这种“货币错配”风险。

改革开放之后，为引入更多的外部资金以发展国内经济，我国政府为外资的进入提供了大量的优惠，并推出了一系列比较有针对性的举措。特别是在土地使用、劳动工资制度及税收等方面都出台了相关办法和规章制度，应该说，这些举措对于吸引国外资金进入我国确实发挥了不可低估的作用，并在很大程度上推动了国内经济的快速发展。但也应该看到，这些外资企业很大一部分是跨国公司设在我国的生产分部，或者是简单的来料加工或进料加工性质的进出口企业，这些企业比较典型的特征是，它们生产过程中所需的零部件或原料都是从国外进口，然后在我国组装或生产，最后再出口到相关国家或地区。不能忽视的是，这些外资企业生产的产品存在附加值偏低，缺乏技术含量等问题，它们较为依赖资源的大量投入，这对我国的生态环境带来一定压力，而且，这一类型的外资企业技术外溢不强，很难带动国内相关产业的技术进步，最为重要的是，这些外资企业出口带来的贸易顺差使我国经济主体积累了较大规模的美元资产或外汇储备，这是我国目前“货币错配”问题较为突出的重要原因。

目前我国经济已进入高质量发展阶段，需要主动优化产品出口结构，争取实现从低附加值到高附加值、缺乏技术含量到高技术含量、劳动密集型到资本和技术密集型出口产品的转换，并依据我国经济发展的需要，结合国内经济结构的特点，逐步减少并最终取消对此类外资企业提供的政策优惠，把它们和国内各种类型的企业同等看待。在各级政府的招商引资上，也须提高标准，对于外资企业的投资项目要优中选优，真正的遴选出对推动国内相关产业发展具有带动作用，或目前我国经济急需的项目，对于那些较低技术含量，抑或高耗能和高环境污染的项目要慎重选择，可不引进或暂缓引进这类项目，这将会在一定程度上延缓国内经济主体美元资产或外汇储备的增加幅度，以力争我国的“货币错配”规模不再有大规模增加的趋势。

宏观经济学的经济增长理论认为，带动经济增长的三驾马车为消费、投资和出口。但目前来看，出口在国内经济增长方面的效果较为突出，特别是在新冠疫情暴发的背景下，我国的出口规模大幅增加，这对于稳定国内经济的确发挥了重要作用，但整体来看，巨额贸易顺差引致的人民币升值压力始终存在。这种巨额贸易顺差已在一定程度上成为其他国家对我国进行反倾销调查，抑或是发动贸易战的重要借口，不可否认的是，这已对我国的对外贸易环境带来一定的负面影响，对国内经济的长久增长也是不利的。

事实上，一国经济的增长在根本上还是要靠国内需求来带动。目前，居民的消费水平不高一直是国内经济中存在的问题，应该说，原因是多方面的，比如，家庭在教育方面的投入较大，又如，国家有关居民医疗、养老的相关政策或制度还不是很完善，再如，家庭在购买住房上的投入较大等等，这些都是消费不足的重要原因，国家在这些方面要出台相关的配套措施，逐步推动消费水平的提高，使广大居民在消费上没有后顾之忧。对于投资来说，政府在基础设施等方面的公共投资在拉动国内需求上功不可没，尤其在危机条件下或经济处于衰退周期时，其效果立竿见影，但长期而言，仅依赖政府公共投资是远远不够的，因此，合理发挥政府公共投资的引导作用，积极激发占市场主体的民间资本的投资热情，将具有更大活力的民间资本作为推动国内需求，带动经济增长的力量至关重要。

另外，在经济高质量发展阶段实现经济结构转型和产业升级已成为国内经济发展中的重要特征。就供给侧而言，国内需主动降低高能耗高污染产业的占比，有序化解化工、有色金属、钢铁及水泥等行业的过剩产能，着力培育集成电路、高端制造及新能源等科技含量高，发展潜力大，带动能力强的产业，并在关系国计民生的基础教育、医疗卫生和居民养老等产业上加大资金投入，最终通过国内经济结构调整和产业升级提升国内经济发展质量，这不仅可在一定程度上降低国内的“货币错配”规模，也可助力国内经济实现从偏重数量增长的阶段到关注质量效益的增长阶段转变。

（2）针对国内规模较大的官方外汇储备的使用来说，不应再将这些资金局限于美国国债的购买上，而是在可能的情况下进一步拓宽这些外汇储备资产的投资渠道，将其投入到国民经济的战略新兴产业或大宗商品的购买上，这亦可缓解国内规模较大的“货币错配”问题。

我国“货币错配”最直接的表现是官方外汇储备的规模较大，当然，这种规模较大的外汇储备不是在短期内形成的，而是由国内多年的贸易顺差所带来的，传统上，我国的外汇储备一般通过购买美元国债来实现保值增值，但总体来说，将大部分外汇储备都投入到这一资产上投资渠道较为单一，收益水平也并不高。最为重要的是，近年来当人民币处于升值趋势时，这种收益被人民币升值带来的外汇储备的损失所抵消，因此，国内学界在我国外汇储备的投资方向上一直存在争论。

基于这种情况，更为合理和高效地使用国内较为宝贵的外汇储备资产刻不容缓，事实上，我国政府在这方面已有一些有益的尝试，比如，针对我国国有商业银行体制不健全，不良资产较多的情形，国家外汇管理局通过中央汇金投资有限责任公司于2003年底向中行和建行注资共计450亿美元的外汇储备资金，这有力地推动了它们的股份制改造进程，银行的资产结构得到明显优化，效益得到较大提升，应该说，这次注资在助力国民经济中处于重要地位的银行业的股份制改造方面发挥了不可忽视的作用，再如，2015年7月为支持政策性银行的发展，提高它们的资本充足率，国家外汇管理局通过梧桐树投资平台有限责任公司向它们注入了930亿美元的外汇储备资金，其中，对国家开发银行的注资为480亿美元，对中国进出口银行的注资为450亿美元，经过这次注资两家政策性银行的资本实力和抵御风险的能力显著提升，这有助于它们加大对“一带一路”项目、棚户区改造以及国际产能合作等国家重大中长期发展战略和国际投资合作项目提供资金支持。

国内也有部分学者主张将我国的外汇储备用来购买急需的能源，以建立能源战略储备，这是存在一定借鉴价值的，整体来说，由于对能源需求的规模巨大，近年来我国已成为一个净的能源进口国，尤其在石油进口方面，2018年我国已超过美国成为全球最大的石油进口国，所以，使用美元外汇储备来增加对能源资产的购买一方面可保证国内宏观经济的运行和经济安全，另一方面在发生战争、大的自然灾害或者经济危机时，国内也可以调拨这些战略储备来平抑石油、天然气等能源价格的大幅波动，避免这些能源价格上涨对居民生活，企业生产以及宏观经济运行造成的可能冲击。俄乌冲突发生之后，铜、铝、锌等工业金属，以及粮食等关键资源和战略安全物资的价格波幅呈现出加大的趋势，一些资源的价格甚至出现了剧烈上涨的态势，因而，在外汇储备的使用方向上，购置这些关键资源和战略安全物资也是一种重要的选择。

(3) 借助“一带一路”倡议这一平台，积极鼓励国内有条件的企业、个人及金融机构增加对“一带一路”沿线国家的投资，尤其是重点支持沿线国家的基础设施等建设，可主动缓解“货币错配”风险，有效降低“货币错配”的规模。

从国际经验上来看，一国规模较大的美元资产或外汇储备可用于对外投资。这方面较为典型的国家是日本，20世纪七八十年代，日本政府由于较大的贸易顺差，国内经济主体也积累了规模较大的美元资产或外汇储备。当然，与我国比较类似，日本也属于债权式的“货币错配”。此种情形下，日本政府出台了一系列的相关措施，积极鼓励国内经济主体“走出去”进行投资。这一时期，日本企业收购了大量的海外资产，这些资产广泛分布于美国、欧盟以及亚非拉等各个地区，这对于实现日本企业的跨国经营发挥了至关重要的作用。实际上，日本目前在海外的投资规模仍居于世界前列，这带给了日本经济实实在在的利益，并在很大程度上提升了日本经济在全球的影响力。

对我国来说，国内规模较大的美元资产或外汇储备也为国内经济主体提升海外投资规模提供了难得的机遇。近年来，随着越来越多的企业、个人及金融机构开始从事跨国经营活动，国内的海外投资规模有所增加，但整体来说，它的规模并不大，特别是相对于我国 GDP 来说，国内的海外投资规模仍比较低，应该说，“一带一路”倡议的提出为国内经济主体进行海外投资提供了合适的平台，特别是对于“一带一路”沿线的亚、非、拉美国家而言，我国与这些国家传统友谊深厚，合作基础扎实，合作领域广泛，这使我国在这些地区和国家开展海外投资具有独特的优势，此外，“一带一路”沿线国家相对较为落后，经济发展潜力巨大，这些国家有建设基础设施的较大需求，而我国发起成立了亚洲基础设施投资银行，这为国内经济主体承接“一带一路”沿线国家的基础设施投资项目提供了便利，因此，主动在这些国家开展海外投资，可逐步缓解我国的“货币错配”风险，从而降低国内债权式“货币错配”的规模。

(4) 抓住有利时机，坚持市场驱动和企业自主选择，逐步扩大人民币跨国使用的范围，争取使人民币成为全球范围内具有较大影响的国际货币，从根本上改变我国“货币错配”规模较大的局面。

由于经济发展相对落后，我国政府并没有过早地推动人民币成为国际货币，因而，在对外贸易和对外经济交往中，国内进出口商品的计价货币通常都为美元，这是我国出现债权式“货币错配”的根本原因。从现有的文献资料来看，基本没有关于美国或欧元区“货币错配”的研究，“货币错配”的相关研究主要集中于新兴市场国家，这是因为美国和欧元区的货币美元与欧元都已成为主要的国际货币，在对外贸易或对外金融交易中，它们都可使用本币来进行计价和结算，在储备资产方面，由于美元和欧元都是储备货币，直接使用本币就可进行对外支付，所以，汇率的变动对这些国家并不会产生实质影响，这样就不会出现一个国家具有净的外币资产或外币负债的问题，这是它们不存在“货币错配”的原因。

与大多数新兴市场国家的货币类似，人民币最初在国际上的使用十分有限，国内企业一般选用美元作为我国进出口商品的计价和结算货币，事实上，由于使用的频率较低，在很长一个时期内人民币在国际上的认可度和接受度比较低，所以，在对外经济交往中我国的贸易盈余只能通过美元来表示。庆幸的是，2008 年发生全球性的金融危机之后，中国人民银行正式开启了人民币国际化进程，具有标志性的事件是 2009 年开始我国企业在对外贸易中可直接选择人民币进行结算，从实施效果上来说，国内使用人民币结算的企业比例有较大提升，结算的金额也连年攀升，根据中国人民银行发布的金融统计数据，2021 年以人民币进行结算的跨境货物贸易金额已突破 5.77 万亿元。而且，在 2016 年成为 SDR 篮子货币之后，人民币已变为国际储备货币，这有力地推动了人民币国际化进程，此外，IMF 在 2022 年完成对 SDR 的审查之后，将人民币在 SDR 货币篮子中的权重由 10.92％提高到 12.28％，这预示着人民币在 SDR 货币篮子中的重要性有提升的趋势。

人民币国际化过程中首先要实现人民币的周边化，即人民币需要在周边国家得到认可和接受。从实际情况来看，人民币在我国与越南、缅甸、蒙古及尼泊尔等国家的边境贸易中已得到较多的使用，这些国家的居民都比较乐意使用人民币在边贸市场进行计价、结算和交易，人民币的周边化取得了较好的效果。其次，要推动人民币的区域化。客观来说，人民币在东盟及东南亚国家的使用也达到了一定的规模，比如对于马来西亚、菲律宾和新加坡等国家来说，它们和我国的双边贸易中人民币的使用已达到一定的比例；而且，根据目前的研究成果，这一区域的国家实际上已将人民币作为它们稳定本币汇率的锚，这为人民币扩大在这一区域的使用提供了极为有利的条件。在这种背景下，我国在政策上应积极出台有关措施，鼓励和助推国内经济主体，特别是企业在对外贸易中使用人民币进行结算，而且，在国际金融交易中，也需大力推动对股票、债券等金融资产的人民币计价和结算，逐步实现人民币的区域化。

总体来看，人民币国际化仍任重道远，除了中国周边、东盟及东南亚国家以外，人民币在其他区域的使用还较为有限。一般来说，美元是全球国际化程度最高的货币，它在国际上具有广泛的接受度，即使在中国周边、东盟及东南亚国家，它们也是最为主要的国际货币，欧元是具有较大影响的国际货币，除作为欧元区的官方货币之外，它在其他区域也具有一定程度的接受度。因而，人民币国际化需要经历一个较为漫长的历程，但我们也应该看到存在的机遇，2008 年的金融危机证明将美元作为单一国际货币的局限性，而目前我国经济发展前景光明，对外贸易增长较快，人民币币值也相对稳定，所以，抓住这些有利时机，扩大人民币跨国使用的范围，使人民币成为国际货币，将能从根本上改变我国“货币错配”规模较大的局面。

第三，进一步提高我国外汇市场的广度和深度，逐步丰富外汇市场的参与主体，增加外汇市场上交易产品的种类，着力推动人民币外汇衍生品市场的快速成长，力求为国内各经济主体提供充足的外汇避险工具。

国内发展较好的外汇市场是汇率弹性的基础，如果国内外汇市场的交易规模较小，则这种外汇市场则有可能被操纵，这已被众多国家的实践所证明。当然，在被操纵的外汇市场中，汇率弹性的增加是不可信的，也是难以持续的。事实上，智利、波兰等成功实现汇率制度弹性改革的国家，在它们向更富弹性的汇率制度的转换中，都着重对国内的外汇市场进行了建设。应该说，1994 年我国建立全国统一的银行间外汇市场之后，国内的外汇市场建设取得了较大的成绩，比如，引入了国际通行的询价制度，建立了外汇交易的做市商制度等等，在这种情况下，我国的外汇交易规模迅速攀升，根据国家外汇管理局发布的统计数据，2021 年中国外汇市场的交易规模已达到 237.79 万亿元。但应该看到，我国外汇市场中仍存在诸多问题，比如，在外汇市场的参与者方面，国内大型商业银行、政策银行及财务公司等仍是外汇市场的参与主体，国内中小金融机构、国外银行等经济主体等对国内外汇市场的参与还不足，实际上，引进更多的外汇市场参与主体，有利于活跃国内外汇市场并更有序地推动国内外汇市场的竞争和发展。

而且，国内外汇市场上交易产品的种类也有待增加，1994 年之后外汇交易产品主要是对外汇现汇的买卖，2005 年 7 月之后则逐步发展了外汇衍生品市场，整体来看，目前我国外汇市场的交易品种主要有外汇现汇交易、外汇远期交易、外汇掉期交易及少量的期权交易等。实际上，在外汇市场交易产品的种类上，可根据国内现存基础及现实需要，有选择地在一些领域重点进行发展，比如，期货交易在我国发展较早，20 世纪 90 年代我国已建立上海期货交易所、郑州商品交易所和大连商品交易所，2000 年以后又成立了中国金融期货交易所，贵金属、农产品、金融产品等期货品种已在我国具有多年的交易历史，交易制度相对比较完善，此时，如果适时推出外汇期货交易则可继续增加外汇市场交易产品的种类，因为外汇期货相对于外汇远期等交易产品来说，标准化程度更高，在交易所进行交易也可降低交易风险并增加这种产品的流动性。从国际上来看，自 20 世纪 70 年代外汇期货在美国芝加哥商品交易所推出之后，包括发达国家及新兴市场国家在内的很多国家的交易所都推出了外汇期货，应该说，这方面也有较多的国际经验值得我国借鉴。

在外汇期权方面，国内也推出了一些产品，但有关外汇期权的交易规模一直较小，比较有代表的事件是，2022 年 5 月 20 日国家外汇管理局在银行间外汇市场新推出了人民币外汇普通美式期权及亚式期权品种。总体而言，国内期权出现的时间较晚，2015 年上海证券交易所进行上证 50ETF 期权的交易才标志着国内第一个期权交易品种的诞生，一直到目前，国内可交易的期权品种还较为有限。而且，目前我国的期权品种基本都由传统的证券交易所、期货交易所推出，国内还没有成立专门的期权交易所。从国际经验上来看，在发达经济体中，期权交易所是期权交易的主要场所，它的交易规模远远大于证券交易所和期货交易所，所以，在时机成熟时成立期权交易所，推动外汇期权的快速发展十分必要。

总之，发展我国的外汇市场，尤其是远期、期货、期权等衍生产品市场将能为国内的居民、企业及金融机构等经济主体提供避险工具，以使它们使用这些衍生产品来进行套期保值并化解自身承担的汇率风险，从而为我国汇率弹性的增强提供较好的外部条件。

第四，从新兴市场国家汇率弹性改革的经验来看，智利、波兰这两个国家的成功做法值得借鉴，因而，我国应在维护人民币汇率基本稳定的前提下，渐进有序地推进人民币汇率弹性改革。

目前已经完成汇率弹性改革的国家主要分为两类，一类是在市场压力下快速实现了汇率弹性改革，对于这类国家来说，危机的发生使中央银行无法维持相对稳定的汇率水平，就巴西、捷克而言，在危机发生之后它们的中央银行使用外汇储备对外汇市场进行了干预，但这种干预没能最终稳定本币汇率，所以，最后不得不放弃汇率干预，并采用了弹性的汇率制度；另一类是渐进有序地实现了汇率弹性改革，对于这类国家来说，它们按照国内汇率制度的基本情况，按步骤、分阶段实现了汇率弹性改革，整体来说，智利、波兰在这方面都具有相对成功的经验。比较而言，在市场压力下快速实现汇率弹性改革的国家都或多或少给国内经济带来了一定的负面影响，而渐进有序实现汇率弹性改革的国家则效果较好，这些国家物价水平稳定，经济增速较快。

依据人民币汇率弹性改革的基本实践，自 2005 年 7 月开始事实上我国就已开始汇率弹性改革，至今汇率弹性改革已持续将近 20 年的时间，所以，中国人民银行是采用渐进有序的方式推进汇率弹性改革的。具体来看，2005 年 7 月央行宣布不再钉住单一的货币美元，并选择由一篮子货币组成的货币篮子作为人民币汇率价值调整的参考；2010 年 6 月在金融危机的影响减弱之后，央行决定继续推进汇率制度改革，进一步增强人民币汇率弹性；2015 年 8 月，中国人民银行在人民币兑美元汇率的中间价定价机制中采用“收盘汇率＋一篮子货币汇率变化”的报价方式；2017 年 5 月，中国人民银行又宣布在汇率报价模型中增加“逆周期因子”，以对冲市场情绪的顺周期波动。此外，人民币兑美元汇率的日波幅限制亦是渐进放开的，2007 年 5 月这种波幅限制从 0.3%增大到 0.5%，2012 年 4 月从 0.5%增大到 1%，2014 年 3 月进一步从 1%增大到 2%。应该说，这种渐进有序的汇率弹性改革并没有给国内经济造成较大的负面效应。

对比智利、波兰这两个国家汇率弹性改革的进程可知，目前人民币货币篮子构成还不尽合理，对人民币汇率日波幅限制还较为严格，这意味着后续人民币汇率弹性改革仍需深入推进。在后续推进汇率弹性改革的过程中，人民币可能还存在较大的波动风险，一些国家也可能向我国施压以增加人民币汇率弹性，因此，中国人民银行在这一过程中需要维护人民币汇率的基本稳定，并以我为主，主要从国内经济发展的需要出发，渐进有序地推进人民币汇率弹性改革。

第五，建立危机条件下人民币汇率异常波动的应急机制，当危机的发生导致人民币汇率在短期内呈现出较大的异常波动时，中央银行应使用各种措施对汇率的异常波动进行干预，避免这种波动对国内经济造成较大的影响。

在发生危机的条件下，进行汇率弹性改革国家的汇率一般会呈现出异常波动，比如，1997 年发生亚洲金融危机以后，在国内经济受到一定影响的情况下，智利汇率就呈现出了异常波动，于是，1998 年 7 月智利收窄了其汇率波动带，这一汇率波动带由原有的±12.5%调整到上限+2.5%、下限－3%的水平。此外，智利在这种汇率的异常波动中，对汇率的走势进行了干预，就干预的规模和频次来看，智利央行的汇率干预总体上是较为温和的。根据智利央行发布的统计数据，大多数情况下智利央行在外汇市场上的干预规模最高只占其外汇总交易量的 5%左右，而且，即使在发生亚洲金融危机和巴西金融危机的条件下，智利央行也并不是随时对汇率进行干预。事实上，央行如果频繁地对汇率进行非必要的干预有可能出现“干预成瘾”现象，这不利于推动汇率市场化改革并增强汇率弹性。

就干预的手段来说，目前对汇率走势的干预主要是通过外汇储备来完成的。由于多年的贸易顺差，我国外汇储备具有较大的规模，但在人民币汇率近年来出现升值趋势时，外汇储备的增幅已出现走低的情形。应该说，未来在人民币汇率弹性逐步增加时，我国的外汇储备的增幅有可能进一步走低或出现外汇储备增幅为负的局面。就亚洲金融危机来说，截止到 1997 年事实上东南亚国家积累了数量较为可观的外汇储备，按照国际金融理论中外汇储备适度规模的理论及相关测度指标，这些国家的外汇储备可以说是较为充足的，但当国际金融市场上巨大的游资对泰国泰铢、马来西亚林吉特等货币进行投机时，东南亚很多国家的外汇储备很快耗尽，并不得不放弃了相对稳定的汇率安排，进而让本国货币贬值。因此，即使在我国具有规模较大的外汇储备的条件下，仍需建立危机条件下人民币汇率异常波动的应急机制，在必要时，除外汇储备这一主要的干预手段以外，中央银行可考虑借助利率甚至是行政等手段避免人民币汇率出现长期异常波动。

尤其值得注意的是，在 2005 年 7 月汇率弹性改革正式启动之后，人民币汇率弹性改革的过程中主要发生了两次危机，一次是 2007 年的美国次贷危机，一次是始于 2019 年底的新冠疫情危机。在 2007 年的美国次贷危机发生之后，我国经济受到一定影响，但在这一时期由于汇率弹性改革才刚开始，人民币汇率弹性程度较低，所以，中央银行使用外汇储备对汇率走势进行了严重干预，人民币重新采用了完全钉住美元的汇率安排，整体来说，我国在这一情况下采用这种应急汇率安排取得了不错的效果，也成功地度过了危机。但在新冠疫情危机发生时，中央银行并没有选择和 2007 年美国次贷危机时类似的政策，因为在汇率弹性改革日益深入，汇率弹性不断增强的情况下，如果再将人民币钉住美元将是不太合适的，智利、波兰等较为成功的实行汇率弹性改革的国家在发生危机时也没有实行钉住美元的汇率安排，其实，如果想再次钉住美元可能需要规模较为巨大的外汇储备来进行干预，这是具有较高成本的，而且，在选择钉住美元的汇率安排度过危机之后，如果后续再次推进汇率弹性改革将会在一定程度上延缓整个汇率弹性改革的进程，所以，建立危机条件下人民币汇率异常波动的应急机制十分必要。

二、提升货币政策有效性的政策设计

就货币政策效果而言，由于利率市场化改革完成的时间并不长，以及货币政策传导渠道不畅等原因，我国货币政策的效果一直具有提升的空间。目前，人民币汇率正实现从事实上钉住美元的汇率制度到更富弹性的汇率制度的转换，鉴于汇率弹性与货币政策之间存在较为紧密的关系，所以，在人民币汇率弹性改革中可逐步提升我国货币政策的有效性。

第一，汇率弹性是影响我国货币政策有效性的关键变量，通过汇率弹性指数的测算发现，人民币汇率弹性具有明显增强的趋势，在汇率弹性增强的情况下，国内数量型和价格型的货币政策都是有效的，因而，进一步健全并完善人民币汇率形成的微观机制，让人民币汇率波动更充分地反映国内经济基本面的变化，可为国内的货币政策操作提供较大的政策空间。

2005 年 7 月汇率制度改革开始之后，中央银行通过外汇储备或利率对汇率走势的干预减弱，人民币汇率逐步具有一定的弹性程度，虽然在 2008 年发生全球性金融危机的情况下，人民币采用了钉住美元的临时汇率安排，但在 2010 年继续推进汇率制度弹性改革之后，中央银行在外汇市场上对人民币汇率的干预进一步减弱，我国的汇率制度更富弹性。根据因子增强的向量自回归模型的测评结果可知，潜因子中含有反映人民币汇率走势的宏观经济因子，即汇率弹性改革之后，汇率已成为宏观经济中居于重要地位的宏观经济变量，它将对我国宏观经济信息集中的变量产生较大影响，具体对于数量型和价格型货币政策工具而言，它们整体上是有效的，以货币供应量为代表的宽松的货币政策带来了产出的增加和物价的上涨，以利率为代表的紧缩的货币政策导致了产出的下降和物价的走低。另外，人民币国际化正在深入推进，我国货币在国际上的接受度和认可度得到明显提升，显然，增强汇率弹性也是人民币国际化的内在要求。因而，逐步增强人民币汇率增强，并在这一过程中逐步提升国内货币政策的效果是可行的。

事实上，只有不断健全人民币汇率形成的微观机制，在市场结构、市场参与者、市场交易产品和机制等方面进一步对外汇市场进行完善，才能让外汇市场真正反映市场供求，体现经济基本面在决定人民币汇率中的重要作用。从现有的研究成果来看，人民币兑美元汇率的变化目前对我国经济基本面的反映较好，经济基本面在决定这一汇率的变动中发挥了关键作用，人民币有效汇率的变化基本也是对国内经济基本面的反映，但人民币兑欧元、日元汇率则对国内经济基本面的反映相对较弱（周阳，2019）。因而，继续对有助于我国汇率波动的微观机制进行健全和完善，让人民币相对于各主要货币的汇率都能反映国内经济基本面的变化至关重要。在逐步放开汇率制度弹性的情况下，国内的货币政策操作势必将获得较大的政策空间。

第二，汇率弹性的增强将会经由直接渠道和间接渠道影响国内货币政策的有效性，但由于国内的汇率制度弹性改革还没有完成，人民币汇率仍不具有充分的弹性，因而，通过汇率向货币政策传导的渠道可能仍存在一定的阻滞，此时，不管是直接渠道抑或是间接渠道可能都无法发挥出完全的效果，因而，需要进一步疏通与汇率相关的国内货币政策的传导渠道，在汇率弹性增强的情况下逐步发挥我国货币政策的效果。

从汇率弹性增强影响货币政策有效性的直接渠道来说，人民币汇率的升值或贬值会对我国的进出口带来较大的影响，这会影响国内的产出和物价水平，因而，作为直接传导机制的汇率渠道目前已成为我国货币政策传导中较为重要的渠道，它在我国经济运行中发挥了显著作用。对于资产负债表渠道来说，目前国内政府、企业及居民等拥有一定规模的美元资产，这种情况下，人民币的升贬值会通过资产负债表渠道对国内的产出和物价产生效应，因而，资产负债表渠道在中国经济中也开始发挥效果。对于信贷渠道来说，人民币汇率的变化会影响到商业银行的资产和负债，这会增加或减少商业银行可用于贷款的资金数量，从而造成企业和家庭可获得贷款额度的增加或减少，并作用于消费和投资，进而使产出和物价发生变化，应该说，信贷渠道在我国经济运行中也具有一定的效果。但对于资产价格渠道和预期渠道来说，如果它们要发挥较大的作用，国内的企业必须普遍拥有一定规模的美元资产或债务，但总体来说，国内企业的资产和债务大部分都是以人民币标价的，这种情况下，人民币的升值或贬值对企业的影响来说总体较小，因此，资产价格渠道和预期渠道的作用仍有待提升。实际上，在汇率弹性没有完全放开的情况下，通过汇率弹性增强来影响货币政策有效性的渠道应该还无法发挥完全的效果。

第三，从汇率弹性增强背景下新兴市场国家的货币政策实践，尤其是渐进有序实现汇率制度弹性改革国家的货币政策实践来看，成功实现从固定汇率制度到弹性汇率制度转换的国家基本都经历了一个较长的时期，在这个较长的时期内，它们大多都实行了汇率稳定和物价稳定相结合的“双目标”货币政策，在汇率制度弹性改革的初期，往往更注重对汇率稳定目标的追求，在汇率制度弹性改革逐步深入时，往往更强调国内通胀目标，这值得我国中央银行借鉴。

在资本账户开放的条件下，一般不能同时兼顾到汇率稳定和物价稳定目标，从智利的成功经验来看，在放开汇率制度弹性的初期，智利比索在短期内的大幅贬值急剧推高了国内的物价水平，1984—1989年智利的物价水平甚至都超过了10%，但出于保护国内商品在国际市场上竞争力的需要，智利央行并没有立即通过提高利率的方式收紧货币政策，以推动国内物价水平的走低，而在汇率制度弹性改革进入到一定程度，国内经济主体都已适应汇率波动风险之后，智利央行才果断对外宣布了通胀目标的货币政策，这种“双目标”的货币政策是较为成功的。

如果将2005年7月的汇率制度改革作为人民币放开汇率弹性的起始期，则目前国内的汇率弹性改革已经历了超过16年的时间，但与智利、波兰这些国家当时汇率的波动区间相比，人民币的汇率弹性仍处于相对较低的水平，后续的人民币汇率弹性改革可能还要持续一个较长的时期，在这个较长的时期内，很好地平衡汇率稳定目标和通胀目标应该是我国需要重点思考的问题，选择“双目标”的货币政策也尤其值得我国央行借鉴。具体从我国的情况来看，在2005年7月汇率制度改革开始之后，中央银行的确更注重汇率稳定目标，当时个别年份的物价水平也较高，但在人民币汇率双向浮动的特征愈发明显之后，实际上我国的通胀水平也较低，这是国内重要的货币政策实践。

第四，积极与公众进行沟通，就未来中央银行可能采取的货币政策发布前瞻性指引，让公众对货币政策操作的工具及目标等有较为明确的认识，合理引导它们的行为，以此来提升汇率弹性增强背景下我国货币政策的效果，特别是在面临极端危机事件时，这种沟通尤其重要，当然，中央银行也可就汇率干预等向市场发出明确信号，以增加中央银行干预汇率的政策效果。

在向弹性汇率制度转换的过程中，中央银行及时向公众发布有关货币政策的信息较为重要，因为汇率弹性改革完成前后中央银行的货币政策框架是存在一定差异的，如果不向公众提前说明，就无法让公众形成合理的预期，同时也无法获得公众的理解和支持。从智利、波兰汇率弹性增强背景下的货币政策实践来看，智利在1989年就事先对外宣布它将在1990年实行通胀目标的货币政策，而波兰在1998年6月宣布将采用通胀目标的货币政策之前，就多次通过央行货币政策委员会成员对这种货币政策进行了说明，它们与公众之间的沟通交流发挥了良好效果，这不但有利于实现它们从固定的汇率制度向弹性的汇率制度的平滑转换，而且在较大程度上增加了这些国家货币政策的效果。但与此形成反差的是，捷克在快速向弹性汇率制度的转换中，却缺乏与公众的沟通交流，这在一定程度上影响了其货币政策效果。

需要强调的是，在发生极端危机事件时，这种沟通更为重要，因为这种情况下公众往往无所适从，中央银行及时发布这种货币政策的前瞻性指引有助于公众增强信心，可引导经济有效地走出困境（周阳和李雪蓉，2020）。比如，在发生新冠疫情危机时，中国人民银行就多次会同财政部、国家发展改革委及国家统计局等单位就货币政策的未来走向举行媒体发布会，这增强了我国民众对经济的信心，合理地引导了市场的预期，使我国经济在经历新冠疫情初始阶段的较大冲击之后，迅速从疫情中恢复过来。此外，在我国还没有真正完成汇率弹性改革之前，人民币始终有可能在一定的时期内出现单边走势，这是对国内经济基本面的反映，尤其在“调结构、促改革”的情况下，国内经济基本面的走弱可能使人民币出现单边贬值，这会招致投机资本的攻击，因此，必要时中央银行应该向市场发出明确的信号，使人民币汇率不要过多地偏离经济基本面，从而维护我国汇率及金融秩序的相对稳定。

第五，在我国汇率弹性增强和经济开放程度提高的情况下，外部冲击可能成为影响我国宏观经济稳定的来源，特别是美国近年来实行的强势美元政策以及量化宽松的货币政策对我国都存在一定的外溢效应，这将给国内的货币政策操作带来负面影响，对这些外部冲击进行关注并对国内的相关政策进行调整有利于更好地发挥我国货币政策的效果。

与封闭经济不同，在开放经济条件下国内商品的生产和销售是国际化的，国际上的原材料价格，主要经济体的利率、汇率等变化都会对国内经济带来一定的冲击，特别是在人民币汇率弹性放开之后，这种冲击可能还比较大，虽然汇率自身可通过其缓慢调整对这种冲击进行调节，但过大的外部冲击肯定会给我国经济运行带来负面效应，这就需要我国适时对国内的相关政策进行调整。比如，美国在特朗普上台之后采用了强势美元政策，这使广大新兴市场国家的货币面临着较大的贬值压力，此时，这些国家一般无法将美元作为货币锚来稳定本币汇率，这就给人民币推行国际化并发挥货币锚作用提供了较好机遇，只要我国维持人民币币值稳定就可成为这些国家备选的货币锚。再如，美国量化宽松的货币政策带来的全球流动性过剩也给我国经济带来了较大的负面冲击，特别是由此导致的国际大宗商品价格的上涨推高了国内企业的生产成本，使国内的相关企业面临着极大的生产和盈利压力，因此，通过国内货币政策的调整，以及相关的产业政策等可引导大宗商品价格下行，这总体上符合我国经济的利益。

第六，综合汇率弹性增强背景下新兴市场国家货币政策的实践及启示可知，渐进有序实现汇率制度弹性改革国家的货币政策更为成功，这意味着在我国汇率弹性改革的过程中，中央银行应避免在市场压力下过快放开汇率弹性，因为这有可能给国内的货币政策操作带来过大的压力，所以，我国应在渐进的汇率弹性改革中实现货币政策效果的稳步提升。

从智利、波兰这两个渐进实现汇率制度弹性改革国家的经验来看，汇率制度弹性改革的初期，这两个国家都公布了本币参考的货币篮子，并规定了本币汇率的最大浮动区间，这给国内的企业、居民、政府及银行等经济主体承受货币升贬值压力提供了窗口期，同时，也为国内货币政策框架的调整及具体的货币政策操作提供了较大的缓冲机会，特别是对于智利而言，为发展本国经济的需要，国内银行和企业实际上借入了一定规模的美元债务，当本币过快贬值时无疑会大幅增加国内经济主体的偿债压力，这种“货币错配”现象是20世纪拉美国家面临的普遍问题，也引致了拉美偿债危机，但智利却在渐进的汇率弹性改革中合理化解了这场危机，明显地，汇率弹性的逐步放开大幅弱化了国内经济主体可能面临的偿债危机。整体而言，巴西和捷克等在市场压力下快速实现汇率弹性改革的国家则受到了较大的冲击，这种在危机下从固定汇率制度迅速退出并采用通胀目标的做法成本相对较大，也会给国内货币政策操作带来极大的不确定性，不利于我国货币政策操作的成功实施。

我国是一个快速发展中的大国，人民币汇率弹性改革一定要考虑到国内经济的承受力，一定要从国内经济的现实情况出发，着重借鉴渐进有序实现汇率弹性改革国家的相关经验，对它们的货币政策实践和政策启示要反复研究。通常情况下，在逐步进行汇率弹性改革的过程中，国内的货币政策可以多次微调，并在这种微调中选定适合我国的货币政策；同时，这种货币政策操作实践也可逐步为央行货币政策操作积累经验，以在渐进的汇率弹性改革中实现国内货币政策效果的稳步提升。

第七，目前中央银行主要运用数量型和价格型货币政策工具对宏观经济进行调控，但由于影子银行等金融机构的存在，数量型货币政策工具的调控效果有下降的趋势，我国也提出向价格型货币政策工具转型，但在汇率弹性增强的背景下提高我国货币政策的有效性仍需进一步丰富国内货币政策的工具箱，完善货币政策调控宏观经济的方式。

传统上，我国一般通过改变银行存款准备金率、公开市场操作等方式改变各层次的货币供应量来对经济进行调控，因而，数量型的货币政策工具在稳定物价和促进国内经济增长方面发挥了重要作用，但随着近年来金融创新的不断加快，电子支付方式的日益盛行，影子银行等金融机构的存在使中央银行较难对经济中的货币供应量进行准确测度，这在一定程度上影响了央行数量型货币政策工具的效果。中国人民银行对外发布的货币政策执行报告明确表示国内的货币政策要向价格型的货币政策工具转型，诚然，利率市场化基本已经完成，这为我国利用利率这一价格型的货币政策工具对经济进行调控提供了便利，但目前国内的利率市场化仍显不足，诸如国内各家商业银行的存贷款利率基本都是一致的等，这种几乎无差异的利率水平较难实现资源的优化配置，所以，中央银行应进一步推进国内利率的市场化改革，真正让利率在我国宏观经济的调控中发挥基础性的作用。

为完善国内的宏观调控方式，中央银行近年来也创设了部分货币政策工具，以丰富货币政策的工具箱，比如，中国人民银行先后推出“常备借贷便利”“中期借贷便利”和“抵押补充贷款”等结构型的货币政策工具，这些货币政策工具在实现国内经济的定向调控方面发挥了明显效果，有效地推动了三农、民营经济的较快发展。所以，在汇率弹性增强的背景下，我国也可以进一步丰富货币政策工具，这些货币政策工具可重点对外向型经济部门或进出口行业进行调控，以继续提升我国货币政策的效果。

第八章　研究结论及研究展望

一、研究结论

开放经济是现阶段我国经济运行的重要特征，汇率作为开放经济中的相对价格变量，它根本上是对经济基本面的反映。与发达国家的汇率弹性增强仅对国内经济具有有限且滞后的效应不同，新兴市场国家汇率弹性的增强将会直接影响到本国的进出口状况，进而导致国内物价和产出的变化。对我国的货币政策来说，其需要维持国内物价及币值的稳定，并促进经济的增长。因而，将汇率弹性作为切入点，对汇率弹性增强背景下我国货币政策的有效性进行研究具有重要的学术价值和现实意义。

对国际汇率制度变革及其演变规律进行归纳，梳理人民币汇率制度安排及汇率弹性改革的措施，从经济开放程度、贸易集中度、对外部门的多元化、资本市场开放程度、经济发展程度及通胀之间的收敛性这些方面对决定汇率弹性的因素进行分析，结果显示，我国推行汇率制度改革，实行具有一定弹性的汇率制度是合适的。使用汇率、外汇储备及利率指标构建了人民币汇率弹性指数，研究发现，总体上人民币汇率是具有显著弹性的，这说明中央银行通过外汇储备和利率对人民币汇率的干预趋于减少，相对而言，汇率快速升值期人民币汇率弹性是偏弱的，金融危机时期人民币汇率几乎是没有弹性的，但汇率双向浮动期人民币汇率弹性则具有较大的跃升，它越来越多地反映了经济基本面的变化，进一步使用汇率干预指数及评估事实汇率机制的方法证实了以上对人民币汇率弹性的测算结果。

在对米德冲突、蒙代尔—弗莱明模型、“不可能三角”理论、利率平价理论和最优货币政策规则等相关理论进行回顾的基础上，对汇率弹性增强影响货币政策有效性的机制进行了梳理，其中，汇率弹性增强影响货币政策有效性的直接渠道为汇率渠道，此时，货币升贬值会对一国的进出口产生影响，进而导致国内物价和产出的变化，而汇率弹性增强影响货币政策有效性的间接渠道则包括资产负债表渠道、信贷渠道、资产价格渠道及预期渠道，当国内经济主体具有一定规模净的外币资产（债务）时，货币的升贬值会影响到外币资产（债务）的本币价值，这会经由以上间接渠道影响到国内经济主体的投资和消费决策，并最终作用于国内的物价和产出水平。

从国内经济的结构性特点出发，构建了包括代表性家庭、生产性企业、商业银行、进口商及中央银行在内的理论模型来研究弹性汇率制度下货币政策的有效性，汇率弹性主要通过进口商对进口商品的定价来引入。在对模型参数进行校准的基础上，着重对比了三种外部冲击下国内货币政策的效果，研究发现，对于出口冲击和国外利率冲击而言，不同的货币政策选择将使实际变量和名义变量之间存在交替关系，CPI 目标和国内价格目标的货币政策下实际变量偏离均衡目标的幅度更小，而名义变量偏离均衡目标的幅度更大，对国外价格冲击而言，标准泰勒规则的货币政策使实际变量和名义变量都经历了较大波动，而扩展的泰勒规则、CPI 目标及国内价格目标的货币政策则在宏观经济变量的波动方面存在一定差异，具体选择何种货币政策取决于中央银行更关注于实际变量还是名义变量，发达国家和新兴市场国家大多选择了 CPI 目标的货币政策，这为我国货币政策的选择提供了一定参考。

将 Bernanke et al.（2005）的含有单一货币政策工具的因子增强的向量自回归模型扩展为多种货币政策工具的因子增强的向量自回归模型，应用这种扩展的因子增强的向量自回归模型对汇率弹性与我国货币政策有效性的关系进行了测评。测评结果发现，汇率变量已被纳入国内宏观经济潜因子之中，它会对我国宏观经济信息集中的变量产生较大影响，而且，汇率弹性增强的情况下数量型与价格型货币政策工具对产出和物价具有显著影响，这说明我国的货币政策整体上是有效的。进一步对不同汇率弹性条件下货币政策有效性的测评结果表明，数量型货币政策工具在汇率弹性较强时期的效果明显更好，特别是在产出方面，这一工具的效果较为显著，而对于价格型货币政策工具而言，它在汇率弹性较强的时期是有效的，但整体来说其效果弱于汇率弹性较弱的时期，这可能是因为引入价格型货币政策工具之后，经济行为人在初始时刻对这一货币政策工具的反应过度有关。

从汇率弹性增强背景下新兴市场国家的货币政策实践及启示来看，这些国家可分为两类，一类是依据国内外的经济条件，渐进有序地实现了汇率制度的弹性改革，代表性国家为智利和波兰，它们在汇率弹性改革中实行了“双目标”的货币政策，在汇率制度弹性改革的初期，央行更加注重对汇率稳定目标的追求，以保持本国商品的国际竞争力，而在汇率制度弹性改革逐步深入时，它们优先选择了通胀目标，这些国家从汇率稳定目标到通胀目标的转换是较为成功的，并取到了较好的货币政策效果，另一类则是在面临市场压力时快速实现了从固定汇率制度到弹性汇率制度的转换，这些国家经历了原有汇率制度的崩溃，代表性国家为巴西和捷克，这些国家在采用完全弹性的汇率制度之后，就快速宣布将实行通胀目标的货币政策，这有效地缓解了经济的不确定性，为防止货币贬值后高通胀的回归作出了贡献，但总体而言，渐进有序实现汇率制度弹性改革国家的货币政策效果明显更好。

汇率弹性是影响货币政策有效性的关键变量，在使用货币政策工具对我国经济进行宏观调控时，需要着重推进人民币汇率弹性改革：(1) 结合国内汇率制度改革的实际，继续发挥市场的基础性作用，减少非理性行为对人民币汇率的冲击；(2) 采取合理措施化解债权式“货币错配”风险，减少这种“货币错配”风险对人民币汇率带来的升值压力，推进人民币汇率弹性改革的顺利展开；(3) 提高外汇市场的广度和深度，丰富外汇市场参与主体，增加外汇市场交易产品的种类，为国内经济主体提供充足的外汇避险工具；(4) 借鉴新兴市场国家的成功经验，在维护人民币汇率基本稳定的前提下，渐进有序地推进人民币汇率弹性改革；（5）建立危机条件下人民币汇率异常波动的应急机制，当危机发生导致人民币汇率异常波动时，中央银行应对汇率的异常波动进行干预，避免这种波动对国内经济造成较大影响。

而且，在人民币汇率弹性增强的背景下，可通过以下策略提升我国货币政策的有效性：（1）进一步健全人民币汇率形成的微观机制，让人民币汇率更充分地反映经济基本面的变化，为国内货币政策操作提供更大的政策空间；（2）疏通汇率弹性影响货币政策有效性的直接渠道和间接渠道，在汇率弹性增强的情况下逐步发挥我国货币政策的效果；（3）在渐进有序的汇率弹性改革中，"双目标"的货币政策尤其值得借鉴，这需要我国央行更好地平衡汇率稳定目标和通胀目标之间的关系；（4）积极与公众沟通，必要时就可能采取的货币政策发布前瞻性指引，以引导它们的行为并增强弹性汇率下国内货币政策的有效性；（5）汇率弹性改革有可能使外部冲击成为国内宏观经济的波动源，对国内政策进行调整以应对这种外部冲击有利于更好地发挥货币政策的效果；（6）中央银行应避免在市场压力下快速放开汇率弹性，因为这会给国内货币政策操作带来过大压力；（7）汇率弹性增强的背景下，可进一步丰富国内货币政策的工具箱，继续完善货币政策调控宏观经济的方式，从而提升我国货币政策的效果。

二、研究展望

1. 对汇率弹性决定因素及汇率弹性测度的研究。（1）汇率弹性决定因素。对汇率弹性决定因素的分析中，本研究主要是根据对这些因素变化趋势的讨论来说明人民币汇率是否应该增加弹性程度，后续的研究中可对经济开放程度、贸易集中度等决定因素进行量化，并根据汇率弹性的测算结果，建立时间序列或面板数据模型研究这些因素对人民币汇率弹性影响的具体程度，探讨这些决定因素在汇率弹性中所发挥的作用。（2）汇率弹性测度。使用汇率弹性指数对汇率弹性进行测算是目前使用较广并被广泛认可的方法，后续随着人民币汇率形成机制及汇率弹性改革的深入，可继续沿用这一方法对人民币汇率弹性程度进行测算，而且，汇率干预指数和评估事实汇率机制的方法也可从不同的侧面对汇率弹性进行测算，这两种测算方式是对汇率弹性指数的较好补充，其中，汇率干预指数可对各个时点上的汇率弹性程度进行测算，而评估事实汇率机制的方法则可分析人民币货币篮子的构成，并可给出汇率弹性的测算结果。

2. 对汇率弹性增强影响货币政策有效性相关机制的研究。本研究对汇率弹性增强影响货币政策有效性的渠道进行了梳理，但由于我国的汇率弹性改革还没有完成，汇率还没有完全放开，因而，这些渠道究竟将会发挥何种效果还需进一步研究，而且，排除研究中归纳的直接渠道和间接渠道之外，是否还有其他渠道会通过汇率弹性影响我国货币政策的有效性仍有待在理论上进行探讨，并通过建立实证模型的方式对这些渠道进行验证。应该说，后续在这方面还有待进行深入的研究。

3. 对弹性汇率制度下货币政策有效性模型的研究。本研究主要是从国内经济的结构性特点出发来构建模型的，这一模型考虑的我国经济的结构性特点主要包含两个方面的内容，第一，由于资本和金融账户上的管制，我国经济主体特别是企业还无法自由地到国际金融市场上借入美元债务来组织生产，商业银行是国内企业借贷资金的主要来源，第二，由于居民的高储蓄倾向，商业银行可获得大量的存款，而且，多年的贸易顺差导致了国内经济主体具有规模较大的美元资产或外汇储备。基于此，汇率弹性的放开尤其是汇率的大幅波动可能给国内经济主体带来较大风险，并进而影响到经济。目前来看，我国金融开放的步伐正在加快，所以，对资本和金融账户的管制会放松，这种情况下，国内经济主体也会逐步进入国际金融市场进行融资，因此，后续实际上仍可以根据我国经济的结构性特点对弹性汇率制度下货币政策有效性的模型进行完善。此外，在货币政策上，亦可进一步对各种备选货币政策的福利效应进行评估，这方面目前也有一定的文献可供借鉴（Woodford，2003；Benigno and Woodford，2012），这是后续一个重要的研究方向。

4. 对汇率弹性增强背景下货币政策有效性的测评研究。本研究主要是将含有单一货币政策工具的因子增强的向量自回归模型扩展为多种货币政策工具的因子增强的向量自回归模型，然后实证分析弹性汇率制度下我国货币政策的效果，目前，对于因子增强的向量自回归模型来说，仍有一定数量的研究试图在模型识别、模型估计及模型推断方面对因子增强的向量自回归模型进行完善，因而，后续的研究实际上仍可借助因子增强的向量自回归模型对弹性汇率制度下货币政策的效果进行更为深入的分析。而且，随着信息搜集技术的进步和统计数据的增加，有关经济方面的相关指标会逐步增多，这为我们构建国内宏观经济信息集提供了更为丰富的数据资源，这种情况下，适度增加宏观经济信息集中所含变量的个数将使因子增强的向量自回归模型中可包含更多的信息，这也为后续的研究提供了较为坚实的数据基础。

5. 对新兴市场国家汇率弹性改革中货币政策实践的研究。本研究对新兴市场国家汇率弹性改革及货币政策的实践进行了总结，但这些国家大多已完成汇率弹性制度改革多年，对这些国家原始资料方面的查阅存在一定的困难，基于此，本研究重点对 IMF 发布的相关研究报告进行了多次研读，并认真整理了这些国家央行网站的相关资料，而且，本研究根据 Wind 数据库中提供的数据对它们汇率弹性改革和货币政策实践的情况进行了归纳，对于后续的研究而言，实际上有必要在可能的情况下，进一步对这些国家相关的原始资料进行搜集。另外，从这方面的文献来看，除了智利、波兰、巴西及捷克这些具有代表性的国家之外，其他的国家在汇率弹性改革及提升货币政策有效性方面也有相关的经验，如，以色列也是渐进有序实现汇率制度弹性改革的国家，这一改革过程从 1985 年一直持续到 2005 年，在共计 21 年的汇率弹性改革中以色列也有较多的货币政策实践可供分析借鉴，又如，乌拉圭于 2002 年快速实现了汇率制度弹性改革，它的汇率弹性改革及货币政策的相关实践也值得总结。

6. 对推进汇率弹性改革和提升货币政策有效性相关政策的研究。根据我国汇率制度及货币政策的现实，结合新兴市场国家的经验，本研究分别从推进汇率弹性改革和提升货币政策有效性两个角度给出了相关的政策建议，这些政策建议包括的内容较为丰富，而且它们涵盖了学界在这方面的最新研究成果，有些政策建议还是首次提出，比如，在推进汇率弹性改革方面，提出要借鉴新兴市场国家的经验化解债权式“货币错配”风险，这一政策建议在现有的文献中涉及较少，而且，针对危机中汇率异常波动的情况，提出我国应建立人民币汇率异常波动的应急机制，从可查阅的文献来看，目前还没有这方面的相关研究；又如，在提升货币政策有效性方面，本研究提出汇率弹性改革中汇率稳定和物价稳定相结合的“双目标”的货币政策值得我国借鉴，这一货币政策在新兴市场国家的汇率弹性改革中得到广泛应用，但从国内的文献来看，鲜有文献对此展开论述，此外，疏通与汇率相关的货币政策传导渠道，积极与公众进行沟通以提升货币政策效果等在学界也缺乏较为深入的探讨，本研究在这方面进行了有益的探索，这为后续的研究提供了可资借鉴的思路。

参考文献

[1] 卞志村，胡恒强. 中国货币政策工具的选择：数量型还是价格型？——基于DSGE模型的分析[J]. 国际金融研究，2015年第6期。

[2] 曹永琴. 中国货币政策效应的区域差异研究[J]. 数量经济技术经济研究，2007年第9期。

[3] 陈雨露，周晴. 浮动汇率制度下货币政策操作模式及中国货币状况指数[J]. 世界经济，2004年第7期。

[4] 崔红宇，万志宏. 人民币兑美元汇率波动区间设定——基于货币冲击视角[J]. 世界经济研究，2016年第4期。

[5] 戴金平，金永军. 货币政策的行业非对称效应[J]. 世界经济，2006年第7期。

[6] 丹尼尔斯，范胡斯. 国际金融学[M]. 中国人民大学出版社，2016.

[7] 杜力，钱雪松. 影子银行、信贷传导与货币政策有效性——基于上市公司委托贷款微观视角的经验证据[J]. 中国工业经济，2021年第8期。

[8] 范小云，陈雷，祝哲. 三元悖论还是二元悖论——基于货币政策独立性的最优汇率制度选择[J]. 经济学动态，2015年第1期。

[9] 范志勇. 中国货币政策与汇率政策的协调与替代[J]. 世界经济，2005年第7期。

[10] 郭路，刘霞辉，孙瑾. 中国货币政策和利率市场化研究——区分经济结构的均衡分析[J]. 经济研究，2015年第3期。

[11] 贺光宇. 建立货币政策与汇率政策的有效协调机制[J]. 经济纵横，2013

年第 9 期。
[12] 何剑,魏涛.数字金融削弱了货币政策有效性吗?——来自上市公司投资行为的证据[J].财贸研究,2022 年第 2 期。
[13] 胡小文.汇率制度改革能否提升货币政策独立性与有效性?:双目标双工具政策的视角[J].世界经济研究,2020 年第 5 期。
[14] 胡再勇.我国的汇率制度弹性、资本流动性与货币政策自主性研究[J].数量经济技术经济研究,2010 年第 6 期。
[15] 黄炎龙,陈伟忠,龚六堂.汇率的稳定性与最优货币政策[J].金融研究,2011 年第 11 期。
[16] 黄志刚,陈晓杰.人民币汇率波动弹性区间评估[J].经济研究,2010 年第 5 期。
[17] 江春,赵欣颖.经济开放度与数量型货币政策有效性关系的实证分析[J].统计与决策,2017 年第 8 期。
[18] 蒋海,储著贞.总供给效应、适应性学习预期与货币政策有效性[J].金融研究,2014 年第 5 期。
[19] 姜再勇,钟正生.我国货币政策利率传导渠道的体制转换特征——利率市场化改革进程中的考察[J].数量经济技术经济研究,2010 年第 4 期。
[20] 金中夏,洪浩,李宏瑾.利率市场化对货币政策有效性和经济结构调整的影响[J].经济研究,2013 年第 4 期。
[21] 康立,曹湃.我国欠发达地区货币政策传导效率及影响因素研究——基于湖北省恩施州面板数据的实证检验[J].武汉金融,2018 年第 12 期。
[22] 科恩.货币强权:从货币读懂未来世界格局[M].中信出版集团,2017.
[23] 克鲁格曼,奥伯斯法尔德,梅里兹.国际金融[M].中国人民大学出版社,2021.
[24] 李婧.解析人民币钉住美元制[J].管理世界,2002 年第 9 期。
[25] 李连发,辛晓岱.银行信贷、经济周期与货币政策调控:1984—2011[J].

经济研究，2012 年第 3 期。

[26] 李若杨. 汇率制度对货币政策独立性的影响研究[D]. 中国社会科学院大学 2020 年博士论文。

[27] 刘达禹，徐斌，赵恒园. “利率走廊”上限击穿是否改变货币政策有效性？——兼论中央银行在经济反弹时期下的调控偏好[J]. 中国软科学，2021 年第 12 期。

[28] 刘启峰，张凯，廖慧杰. 我国货币政策有效性影响因素研究综述[J]. 山西财经大学学报，2007 年第 11 期。

[29] 刘晓辉，范从来. 人民币最优汇率制度弹性的理论模型与经验估计：基于价格稳定视角的研究[J]. 世界经济，2009 年第 2 期。

[30] 刘循循，朱莉莉. 汇改下的汇率弹性波动区间：基于资本流动的测度[J]. 长春理工大学学报(社会科学版)，2020 年第 3 期。

[31] 陆军，黄嘉. 利率市场化改革与货币政策银行利率传导[J]. 金融研究，2021 年第 4 期。

[32] 陆前进. 人民币汇率增加弹性和参考一篮子货币汇率形成机制研究[J]. 数量经济技术经济研究，2011 年第 11 期。

[33] 马理，何梦泽，刘艺. 基于适应性预期的货币政策传导研究[J]. 金融研究，2016 年第 8 期。

[34] 马勇，陈雨露. 经济开放度与货币政策有效性：微观基础与实证分析[J]. 经济研究，2014 年第 3 期。

[35] 梅冬州，龚六堂. 新兴市场经济国家的汇率制度选择[J]. 经济研究，2011 年第 11 期。

[36] 孟宪春，张屹山，李天宇. 中国经济“脱实向虚”背景下最优货币政策规则研究[J]. 世界经济，2019 年第 5 期。

[37] 欧阳志刚，薛龙. 新常态下多种货币政策工具对特征企业的定向调节研究[J]. 管理世界，2017 年第 2 期。

[38] 裴平，熊鹏，朱永利. 经济开放度对中国货币政策有效性的影响：基于

1985—2004年交叉数据的分析[J]. 世界经济,2006年第5期。
[39] 沈悦,王飞,郭培利. 汇率波动与货币政策调控的互动效应分析——基于人民币国际化的视角[J]. 经济经纬,2017年第4期。
[40] 宋清华,谢坤,邓伟. 金融科技与货币政策有效性:数量型与价格型工具的比较研究[J]. 国际金融研究,2021年第7期。
[41] 隋建利,刘碧莹. 未预期货币政策非中性的混频识别:行动与语言的信息效应[J]. 世界经济,2020年第11期。
[42] 孙东升,兰弘,范林青. 资本账户开放、汇率浮动与货币政策选择[J]. 国际金融研究,2017年第12期。
[43] 孙华妤. 传统钉住汇率制度下中国货币政策自主性和有效性:1998—2005[J]. 世界经济,2007年第1期。
[44] 孙永强,巫和懋,戴金平. 资本市场开放对我国货币政策有效性的影响[J]. 经济学家,2013年第4期。
[45] 田国强,尹航. 人民币汇率弹性变动与货币政策目标[J]. 金融论坛,2018年第23期。
[46] 王君斌,郭新强,王宇. 中国货币政策的工具选取、宏观效应与规则设计[J]. 金融研究,2013年第8期。
[47] 王少平,朱满洲,胡朔商. 中国CPI的宏观成分与宏观冲击[J]. 经济研究,2012年第12期。
[48] 王胜,周上尧. 零利率下限、汇率传递与货币政策[J]. 统计研究,2018年第12期。
[49] 王学龙,石振宇. 汇率波动、金融不稳定与货币政策调控[J]. 经济与管理,2021年第5期。
[50] 王艳真,李秀敏,黄栋. 中国国际资本流动与货币政策间的动态关系研究[J]. 国际金融研究,2018年第4期。
[51] 徐亚平. 公众学习、预期引导与货币政策的有效性[J]. 金融研究,2009年第1期。

[52] 严佳佳,何梅蓉. 公众预期视角下美国货币政策溢出效应的异质性研究——基于我国经济金融周期的实证分析[J]. 上海金融,2021 年第 10 期。

[53] 杨翱,赵向琴,陈国进. 不同经济开放度下灾难冲击的跨国传导效应与货币政策调控[J]. 国际贸易问题,2021 年第 12 期。

[54] 杨熠,林仁文,金洪飞. 信贷市场扭曲与中国货币政策的有效性——引入非市场化因素的随机动态一般均衡分析[J]. 金融研究,2013 年第 9 期。

[55] 原雪梅. 国际金融[M]. 山东人民出版社,2010.

[56] 曾先锋. 估算汇率弹性的模型和对人民币汇率的实证分析[J]. 数量经济技术经济研究,2006 年第 2 期。

[57] 战明华,应诚炜. 利率市场化改革、企业产权异质与货币政策广义信贷渠道的效应[J]. 经济研究, 2015 年第 9 期。

[58] 张翔,何平,马菁蕴. 人民币汇率弹性和我国货币政策效果[J]. 金融研究,2014 年第 8 期。

[59] 赵亮,沈坤荣. 内生信贷配给、直达式货币政策调控与中国中小企业融资[J]. 国际金融研究,2021 年第 9 期。

[60] 郑振龙,郑国忠,贾雅琴. 人民币汇率弹性空间测度——货币篮子组合与多尺度模式识别视角比较[J]. 国际金融研究,2016 年第 6 期。

[61] 周建,赵琳. 人民币汇率波动与货币政策调控难度[J]. 财经研究,2016 年第 2 期。

[62] 周阳. 人民币事实汇率制度安排及其区域效应[J]. 世界经济研究,2018 年第 1 期。

[63] 周阳. 人民币汇率波动反映了经济基本面吗——基于 FAVAR 模型的经验证据[J]. 财经科学,2019 年第 8 期。

[64] 周阳. 强势美元会影响人民币的货币锚地位吗——基于"一带一路"沿线 35 个国家的实证分析[J]. 当代财经,2021 年第 1 期。

[65] 周阳，李雪蓉. 中央银行的前瞻性指引有效吗——基于人民币汇率市场的实证检验[J]. 经济学家，2020 年第 12 期。

[66] 周阳，唐齐鸣. 估计汇率形成机制的一种新方法：以人民币汇率为例[J]. 国际金融研究，2011 年第 11 期。

[67] 周阳，原雪梅，范跃进. 事实汇率机制名义锚与汇率制度弹性检验——基于人民币汇率数据的国际比较分析[J]. 经济学家，2012 年第 8 期。

[68] 祝梓翔，高然，邓翔. 内生不确定性、货币政策与中国经济波动[J]. 中国工业经济，2020 年第 2 期。

[69] Ahmed, R., Aizenman, J., and Jinjarak, Y. Inflation and Exchange Rate Targeting Challenges under Fiscal Dominance[J]. Journal of Macroeconomics, 2021, 67: 1-20.

[70] Angelopoulou, E., and Gibson, H. D. The Balance Sheet Channel of Monetary Policy Transmission: Evidence from the United Kingdom[J]. Economica, 2009, 76(304): 675-703.

[71] Bagliano, F., and Morana, C. International Macroeconomic Dynamics: A Factor Vector Autoregressive Approach[J]. Economic Modelling, 2009, 26(2): 432-444.

[72] Bai, J., Li, K., and Lu, L. Estimation and Inference of FAVAR Models[J]. Journal of Business & Economic Statistics, 2016, 34(4): 620-641.

[73] Bai, J., and Ng, S. Determining the Number of Factors in Approximate Factor Models[J]. Econometrica, 2002, 70(1): 191-221.

[74] Bai, J., and Ng, S. Principal Components Estimation and Identification of Static Factors[J]. Journal of Econometrics, 2013, 176(1): 18-29.

[75] Belke, A., and Rees, A. Globalisation and Monetary Policy-A FAVAR Analysis for the G7 and the Eurozone[J]. The North American Journal of

Economics and Finance, 2014, 29: 306-321.

[76] Ball, L. Policy Rules for Open Economies, in Monetary Policy Rules, Eds. by Taylor, J. B. Chicago: University of Chicago Press, 1999: 127-156.

[77] Banerjee, R. , Devereux, M. B. , and Lombardo, G. Self－oriented Monetary Policy, Global Financial Markets and Excess Volatility of International Capital Flows[J]. Journal of International Money and Finance, 2016, 68: 275-297.

[78] Bayoumi, T. , and Eichengreen, B. Exchange Rate Volatility and Intervention: Implications of the Theory of Optimum Currency Areas[J]. Journal of International Economics, 1998, 45(2): 191-209.

[79] Benigno, P. , and Woodford, M. Linear－quadratic Approximation of Optimal Policy Problems[J]. Journal of Economic Theory, 2012, 147:1-42.

[80] Bernanke, B. , and Blinder, A. Credit, Money and Aggregate Demand[J]. American Economic Review, 1988, 78(2): 435-439.

[81] Bernanke, B. , and Blinder, A. The Federal Funds Rate and the Channels of Monetary Transmission[J]. American Economic Review, 1992, 82(4): 901-921.

[82] Bernanke, B. S. , Boivin, J. , and Eliasz, P. Measuring the Effects of Monetary Policy: A Factor-augmented Vector Autoregressive (FAVAR) Approach[J]. Quarterly Journal of Economics, 2005, 120(1): 387-422.

[83] Bernanke, B. , Gertler, M. Agency Costs, Net Worth, and Business Fluctuations[J]. American Economic Review, 1989, 79(1): 14-31.

[84] Boivin, J. B. , Giannoni, M. P. , and Mihov, I. Sticky Prices and Monetary Policy: Evidence from Disaggregated US Data[J]. 2009,

99(1): 350-384.

[85] Calvo, G. A. Staggered Prices in A Utility—Maximizing Framework[J]. Journal of Monetary Economics, 1983, 12(3): 383-398.

[86] Calvo, G. A., Reinhart, C. M. Fear of Floating[J]. Quarterly Journal of Economics, 2002, 107(2): 379-408.

[87] Cespedes, L. F., Chang, R., and Velasco, A. Balance Sheets and Exchange Rate Policy[J]. American Economic Review, 2004, 94(4): 1183-1193.

[88] Cheng, X., Chen, H., and Zhou, Y. Is the Renminbi A Safe—haven Currency? Evidence from Conditional Coskewness and Cokurtosis[J]. Journal of International Money and Finance, 2021, 113: 1-23.

[89] Chow, H. K., and Kim, Y. Does Greater Exchange Rate Flexibility Affect Interest Rates in Post — crisis Asia? [J]. Journal of Asian Economics, 2006, 17(3): 478-493.

[90] Clarida, R., Gali, J., and Gertler, M. Monetary Policy Rules in Practice: Some International Evidence [J]. European Economic Review, 1998, 42(6): 1033-1067.

[91] Clarida, R., Gali, J., and Gertler, M. The Science of Monetary Policy: A New Keynesian Perspective[J]. Journal of Economic Literature, 1999, 37(4): 1661-1707.

[92] Clarida, R., Gali, J., and Gertler, M. Monetary Policy Rules and Macroeconomic Stability: Evidence and Some Theory[J]. Quarterly Journal of Economics, 2000, 115(1): 147-180.

[93] Clarida, R., Gali, J., and Gertler, M. Optimal Monetary Policy in Open vs. Closed Economies: An Integrated Approach[J]. American Economic Review, 2001, 91(2): 248-252.

[94] Combes, J., Kinda, T., and Plane, P. Capital Flows, Exchange Rate Flexibility, and the Exchange Rate[J]. Journal of Macroeconomics, 2012, 34: 1034-1043.

[95] Cook, D., and Devereux, M. B. Exchange Rate Flexibility under Zero Lower Bound[J]. Journal of International Economics, 2016, 101: 52-69.

[96] Dabrowski, M. A., Wroblewska, J. Insulating Property of the Flexible Exchange Kate Regime: A Case of Central and Eastern European Countries[J]. International Economics, 2020, 162: 34-49.

[97] Devereux, M. B., Lane, P. R., and Xu, J. Exchange Rates and Monetary Policy in Emerging Market Economics[J]. The Economic Journal, 2006, 116(511): 478-506.

[98] Devereux, M. B., Yetman, J. Price Adjustment and Exchange Rate Pass— through[J]. Journal of International Money and Finance, 2010, 29(1): 181-200.

[99] Devereux, M. B., Yetman, J. Globalisation, Pass—through and the Optimal Policy Response to Exchange Rates[J]. Journal of International Money and Finance, 2014, 49: 104-128.

[100] Dungey, M., Fry, R. The Identification of Fiscal and Monetary Policy in A Structural VAR[J]. Economic Modelling, 2009, 26(6): 1147-1160.

[101] Fernald, J. G., Spiegel, M. M., and Swanson, E. T. Monetary Policy Effectiveness in China: Evidence from A FAVAR Model[J]. Journal of International Money and Finance, 2014, 49: 83-103.

[102] Filrelli, C., and Meliciani, V. Economic Growth in the Era of Unconventional Monetary Instruments: A FAVAR Approach[J]. Journal of Macroeconomics, 2019, 62: 1-20.

[103] Fleming, J. M. Domestic Financial Policies under Fixed and under

Floating Exchange Rates[J]. IMF Staff Papers, 1962, 9: 369-379.

[104] Frankel, J. A., Schmukler, S., and Serven, L. Verifiability and the Vanishing Intermediate Exchange Rate Regime[R]. NBER Working Paper, 2000.

[105] Frankel, J. A., and Wei, S. Yen Bloc or Dollar Bloc? Exchange Rate Policies of the East Asian Economies, in Macroeconomic Linkages: Savings, Exchange Rates and Capital Flows, Eds. by Ito, T. and Krueger, A. Chicago: University of Chicago Press, 1994: 295-333.

[106] Frankel, J. A., and Wei, S. Estimation of De Facto Exchange Rate Regimes: Synthesis of the Techniques for Inferring Flexibility and Basket Weights[R]. IMF Staff Paper, 2008.

[107] Frankel, J. A., Xie, D. Estimation of De Facto Flexibility Parameter and Basket Weights in Evoling Exchange Rate Regimes[J]. American Economic Review, 2010, 100(2): 1-8.

[108] Gali, J. Monetary Policy, Inflation and the Business Cycle[M]. Princeton: Princeton University Press, 2015.

[109] Gali, J., and Monacelli, T. Monetary Policy and Exchange Rate Volatility in a Small Open Economy[J]. Review of Economic Studies, 2005, 72(3): 707-734.

[110] Georgios, G. Examining Asymmetries in the Transmission of Monetary Policy in the Euro Area: Evidence from A Mixed Cross-section Global VAR Model[J]. European Economic Review, 2015, 75: 195-215.

[111] Girton, L., and Roper, D. A Monetary Model of Exchange Market Pressure Applied to the Postwar Canadian Experience[J]. American Economic Review, 1977, 67(4): 537-548.

[112] Goncalves, S., and Perron, B. Bootstrapping Factor-angmented

Regression Models[J]. Journal of Econometrics, 2014, 182(1): 156-173.

[113] Han, J., and Hur, J. Macroeconomic Effects of Monetary Policy in Korea: A Time-varying Coefficient VAR Approach[J]. Economic Modelling, 2020, 89: 142-152.

[114] Han, X. Tests for Overidentifying Restrictions in Factor-Augmented VAR Models[J]. Journal of Econometrics, 2015, 184(2): 394-419.

[115] Holden, P., Holden, M., and Suss, E. C. The Determinants of Exchange Rate Flexibility: An Empirical Investigation[J]. The Review of Economics and Statistics, 1979, 61(3): 327-333.

[116] Hwang, H. Two-step Estimation of A Factor Model in the Presence of Observable Factors[J]. Economics Letters, 2009, 105: 247-249.

[117] Ito, T. A New Financial Order in Asia: will A RMB Bloc Emerge? [J]. Journal of International Money and Finance, 2017, 74: 232-257.

[118] Jeisman, S. Exchange Market Pressure in Australia[J]. Quarterly Journal of Business & Economics, 2005, 44(1): 13-27.

[119] Kassi, D. F., Sun, G., Ding, N., Rathnayake, D. N., and Assamoi, G. R. Asymmetry in Exchange Rate Pass—through to Consumer Prices: Evidence from Emerging and Developing Asian Countries[J]. Economic Analysis and Policy, 2019, 62: 357-372.

[120] Kawai, M., and Pontines, V. Is There really A Renminbi Bloc in Asia?: A Modified Frankel-Wei Approach[J]. Journal of International Money and Finance, 2016, 62: 72-97.

[121] Kim, S. International Transmission of U. S. Monetary Policy Shocks: Evidence from VAR's[J]. Journal of Monetary Economics, 2011, 48: 339-372.

[122] Kireyev, A. How to Improve the Effectiveness of Monetary Policy in the West African Economic and Monetary Union[R]. IMF Working Paper, 2015.

[123] Krugman, P. Balance Sheets, the Transfer Problem, and Financial Crises[J]. International Tax and Public Finance, 1999, 6: 459-472.

[124] Levy-Yeyati, E., Sturzenegger, F. To Float or to Fix: Evidence on the Impact of Exchange Rate Regimes on Growth[J]. American Economic Review, 2003, 93(4): 1173-1193.

[125] Levy-Yeyati, E., Sturzenegger, F. Classifying Exchange Rate Regimes: Deeds vs. Words[J]. European Economic Review, 2005, 49(6): 1603-1635.

[126] Liu, J., Wei, W., Shi, Y., and Chang, C. The Nexus between Country Risk and Exchange Rate Regimes: A Global Investigation[J]. North American Journal of Economics and Finance, 2020, 51: 1-19.

[127] Marcellino, M., and Sivec, V. Monetary, Fiscal and Oil Shocks: Evidence Based on Mixed Frequency Structural FAVARs[J]. Journal of Econometrics, 2016, 193(2): 335-348.

[128] Meade, J. The Balance of Paysments[M]. London: Oxford University Press, 1951.

[129] Mundell, R. A. The Monetary Dynamics of International Adjustment under Fixed and Flexible Exchange Rates[J]. Quarterly Journal of Economics, 1960, 74(2): 227-257.

[130] Mundell, R. A. Capital Mobility and Stabilization Policy under Fixed and Flexible Exchange Rates[J]. Canadian Journal of Economics and Political Science, 1963, 29(4): 475-485.

[131] Obstfeld, M., Rogoff, K. The Mirage of Fixed Exchange Rate[J].

Journal of Economic Perspectives, 1995, 9(4): 73-96.

[132] Ono, S. The Effects of Monetary Policy in Russia: A Factor-augmented VAR Approach[J]. Economic Systems, 2021, 45(3): 1-18.

[133] Ozcelebi, O. Assessing the Impacts of Financial Stress Index of Developed Countries on the Exchange Market Pressure Index of Emerging Countries [J]. International Review of Economics & Finance, 2020, 70: 288-302.

[134] Potjagailo, G. Spillover Effects from Euro Area Monetary Policy across Europe: A Factor-augmented VAR Approach[J]. Journal of International Money and Finance, 2017, 72: 127-147.

[135] Reinhart, C., and Rogoff, K. The Modern History of Exchange Rate Arrangements: A Reinterpretation [J]. Quarterly Journal of Economics, 2004, 119(1): 1-48.

[136] Rohit, A. K., and Dash, P. Dynamics of Monetary Policy Spillover: the Role of Exchange Rate Regimes[J]. Economic Modelling, 2019, 77: 276-288.

[137] Senay, O., Sutherland, A. Optimal Monetary Policy, Exchange Rate Misalignments and Incomplete Financial Markets[J]. Journal of International Economics, 2019, 117: 196-208.

[138] Sims, C. Macroeconomics and Reality [J]. Econometrica, 1980, 48(1): 1-48.

[139] Sims, C. Interpreting the Macroeconomic Time Series Facts: the Effects of Monetary Policy[J]. European Economic Review, 1992, 36(5): 975-1000.

[140] Soares, R. Assessing Monetary Policy in the Euro Area: A Factor—augmented VAR Approach[J]. Applied Economics, 2013, 45(19):

2724-2744.

[141] Stiglitz, J. E., and Weiss, A. Credit Rationing in Markets with Imperfect Information[J]. American Economic Review, 1981, 71(3): 393-410.

[142] Svensson, L. E. O. Open-economy Inflation Targeting[J]. Journal of International Economics, 2000, 50(1): 155-183.

[143] Taylor, J. B. Discretion Versus Policy Rules in Practice[R]. Carnegie-Rochester Conference Series on Public Policy, 1993: 195-214.

[144] Tinbergen, J. On the Theory of Economic Policy[M]. Amsterdam: North—Holland Publishing Company, 1952.

[145] Tumala, M. M., Salisu, A. A., Atoi, N. V., and Yaaba, B. N. International Monetary Policy Spillovers to Emerging Economies in Sub-Saharan Africa: A Global VAR Analysis[J]. Scientific African, 2021, 14: 1-10.

[146] Varlik, S., and Berument, M. H. Multiple Policy Interest Rates and Economic Performance in A Multiple Monetary—policy—tool Environment[J]. International Review of Economics and Finance, 2017, 52: 107-126.

[147] Woodford, M. Interest Rate and Prices—foundation of a Theory of Monetary Policy[M]. Princeton: Princeton University Press, 2003.